浙江省传播与文化产业研究中心省社科规划课题“基于学科范式的新媒体理论建构研究”成果

新媒体研究总论

赵礼寿　李新祥　著

科学出版社

北京

内 容 简 介

互联网技术的发展带给媒体全新的变革，也拓展了媒体的研究领域，带来了全新的学术研究场域、新的信息技术体系、新的信息传播模式、新的信息载体样式、新的信息运营方式和新的信息治理体制，本书从新闻传播学角度对新媒体的知识体系进行了系统阐释，形成了新媒体研究的基本框架，丰富了新媒体的研究内容。

本书可以作为新媒体研究者的参考文献资料，也可以作为新媒体学习者的参考教材、新媒体从业者的学习参考书。

图书在版编目（CIP）数据

新媒体研究总论 / 赵礼寿，李新祥著. —北京：科学出版社，2022.5
（新媒体理论与实践探索丛书 / 李新祥主编）
ISBN 978-7-03-072284-3

Ⅰ. ①新… Ⅱ. ①赵… ②李… Ⅲ. ①传播媒介-研究 Ⅳ. ①G206.2

中国版本图书馆 CIP 数据核字（2022）第 082403 号

责任编辑：张 宁 赵 洁 / 责任校对：贾伟娟
责任印制：徐晓晨 / 封面设计：蓝正设计

科学出版社 出版
北京东黄城根北街 16 号
邮政编码：100717
http: //www.sciencep.com
北京虎彩文化传播有限公司 印刷
科学出版社发行 各地新华书店经销
*
2022 年 5 月第 一 版 开本：720×1000 1/16
2022 年 5 月第一次印刷 印张：14 1/4
字数：304 000

定价：98.00 元
（如有印装质量问题，我社负责调换）

作者简介

赵礼寿，2012年毕业于武汉大学，获管理学博士学位，复旦大学博士后，现为浙江传媒学院文化创意与管理学院副教授，硕士生导师。

研究方向为新媒体管理和出版管理，在《出版发行研究》《出版参考》《出版科学》《河南大学学报》等期刊发表论文30余篇；主持、参与科研和社会服务项目研究多项，代表项目为个人主持研究的国家社会科学基金项目“网络文学产业链健康发展的影响机制及治理对策研究”、浙江省哲学社会科学重点项目“网络文学知识产权资源的开发与运营研究”等。

李新祥，2013年毕业于武汉大学，获管理学博士学位，安徽时代出版传媒股份有限公司与中国科学技术大学联合培养博士后，现为浙江传媒学院文化创意与管理学院教授、硕士生导师、网络与新媒体专业负责人、互联网直播与网红研究中心主任。

研究方向为视频自媒体创作与运营、直播短视频与网红经济、数字阅读与出版理论，在《出版发行研究》《科技与出版》《出版科学》《中国出版》等期刊发表论文60余篇，出版《数字时代我国国民阅读行为嬗变研究》《抖音全效运营手册：营销、引流与变现方法》《出版学核心》等5部著作。

序　　言

新媒体是学界研究的热点，但是新媒体的研究对象、研究范畴和研究内容是什么，这些问题在学界的争议很大。作为浙江传媒学院网络新媒体的专业教师，在教学、科研和社会合作方面，我们常常会就这些问题进行非正式的探讨。随着探讨的时间和次数的累积，关于这些问题，我们也逐步形成了个人观点。于是我们萌发了写书的念头，尝试从科学的角度来对新媒体的研究内容和学科研究范式进行系统解答。这就是我们写本书的缘起。

书稿研究包括了六个部分：新媒体学术、新媒体技术、新媒体传播、新媒体形式、新媒体运营和新媒体规制。互联网技术的发展带给媒体全新的变革，也拓展了媒体的研究领域，带来了全新的学术研究场域、新的信息技术体系、新的信息传播模式、新的信息载体样式、新的信息运营方式和新的信息治理体制，具体内容如下。

第一章为新媒体学术，主要阐述了在第三次传播革命中的网络新媒体，给当下政治、经济、社会和文化等不同层面都带来了广泛影响。新媒体作为一门新兴的知识学科，其研究视野呈现出多元化的趋势，从传播、媒体和文化研究，到社会学、地理学、人类学、经济学、政治学等，呈现出十分显著的学科融合化趋势。随着新媒体学科的不断发展，我们从新媒体学科、新媒体本体、新媒体文化、新媒体思维与素养、新媒体教育等方面，探究在纷繁复杂的表象之下，我们究竟该如何认识新媒体的本质和内涵等内容。

第二章为新媒体技术，新媒体是新的技术支撑体系下出现的媒体形态，技术创新决定媒体变革。那么，在未来相当长的一段时间内，技术的变革尚未平息，各类技术仍将日新月异。如今我们也可以看到，大数据技术、移动互联网技术、虚拟现实技术、增强现实技术、人工交互等新技术的不断更迭，改变着我们的生活，也推动着媒体发生新一轮变革，给我们带来了媒体的新形态。在第二章，我们主要从新媒体终端技术、新媒体网络技术、新媒体应用技术以及新媒体技术发展趋势等方面，来体系化地探讨新媒体的技术现实，研究技术发展对媒体形态的影响。

第三章为新媒体传播，进入21世纪以来，新媒体的出现引起了大众传播领域的变革，导致大众传播主体的变迁，那些原先只能充当信息接收者单一角色的个体和机构，可以利用新媒体这一平台，进行大众传播活动，发出自己独立的声音，因而成为新的传播主体。同时，在新媒体环境下，用户也成了具有主动参与意识的用户，它不仅接收信息，而且还能创造信息。第三章从新媒体传播者切入，分析了新媒体受众到用户的转变，并探究了在此基础上新媒体内容的具体变化与特点，从而延伸到新媒体舆情以及新媒体传播效果的新状态。

第四章为新媒体形式，新媒体新的信息载体样式，即新媒体的呈现形式。具有艺术性的新媒体形式，才能更好地满足新媒体的用户信息需求。所以我们重点研究新媒体的形式艺术，并就新媒体发展下的新式文学——新媒体文学、新媒体广播与音乐以及新媒体影视与动画的内涵和特征进行了定性和分析阐述。

第五章为新媒体运营，新媒体运营是指整合新媒体产品、策划、宣传、公关和广告行为，形成的完整的科学的计划、组织、实施和控制的系统工作。新媒体运营并不是一个简单的概念，而是从战略到操作、从企业全局到细节执行的系统性工作。第五章从新媒体的用户运营、产品运营、内容运营以及新媒体广告等方面全面地分析了新媒体运营各个方面的特点及策略。

第六章为新媒体规制，新媒体在我国的社会政治经济文化中发挥越来越重要的作用，以数字化为基础的新媒体，打破了传统媒体点对面的固有传播模式，具有交互性、全息化、网络化等特点。然而新媒体在给我们带来便捷通信与海量信息的同时，高度自由的传播环境，也考验着新媒体使用人群的伦理规范与道德底线，因此新媒体需要一定的规制来使其得到更好的发展。第六章从新媒体政治传播、新媒体传播伦理、新媒体法律法规以及新媒体政府管理体制来分析和阐述新媒体规制的各个角度和层面的具体内容。

从萌发写作念头到最后成稿，过程曲折。首先是希望和共事的各位老师一起来完成书稿，由于各位老师事务繁多，家事、教学和科研使得他们难得闲暇。

我们深知，没有他们收集资料和贡献智识，书稿是不可能完成的，在这里我们要郑重感谢浙江传媒学院文化创意与管理学院网络与新媒体专业的每位老师，正是他们的关注和支持，才为书稿的正式出版打下基础。其次在书稿的正式写作过程中，我们的三位研究生马丽娜、王薛维和姜嘉豪参与了书稿的协助整理工作，马丽娜参与了第一章、第二章的书稿整理和全书的统稿工作，王薛维参与了第三章和第四章的书稿整理，姜嘉豪参与了第五章和第六章的书稿整理，在此一并表示感谢。

赵礼寿　李新祥

2021 年 8 月 19 日于钱塘江畔

目　　录

第一章

新媒体学术：新的学术研究场域

在人类文明进程中，传播文化三次革命展现了辉煌图景：首次革命是从印刷到报业，第二次传播革命是大众电子传播、广播电视的广泛应用，网络新媒体是第三次传播革命。[①]每一次传播革命都深刻而广泛地影响了社会结构和人们的情感结构，特别是第三次传播革命中的网络新媒体，它给当下政治、经济、社会和文化等不同层面都带来了广泛影响，对很多既存事物都进行了重构，例如知识获取、新闻流程、商业行为等，同时这也是一种机遇。对于一门新兴知识学科来说，新媒体研究视野有多元化的趋势，从传播、媒体和文化研究，到社会学、地理学、人类学、经济学、政治学等，呈现出十分显著的学科融合化趋势；跨学科、跨机构甚至跨国界的合作研究，都是未来新媒体发展的必然趋势。[②]

20 世纪 80 年代初，威尔伯·施拉姆（Wilbur Schramm）的《传播学概论》（*Media Communication and Human*）首次被译介到中国，奠定了传播学研究在中国兴起的理论基础；1997 年教育部把新闻传播学列为一级学科，把传播学列为二级学科；2013 年本科专业招生目录中开设网络与新媒体专业，这意味着新媒体作为一门新兴学科正式进入知识一般化生产体系。然而，技术实践的领跑使人们感觉日常生活变化如此之快，时常让人有些措手不及。因此，在纷繁复杂的表象之下，我们究竟该如何认识新媒体的本质和内涵？在传播历史中，新媒

---

① 周毅. 知识经济风暴中的新媒体——论第三次传播文化革命[J]. 新闻大学，2009（3）：138-143.

② 陈积银，刘颖琪. 国外新媒体研究 16 年发展脉络分析——基于 SSCI 期刊《New media & society》1999 年至 2014 年的实证研究[J]. 新闻大学，2015（6）：120-128. 注：“《New media & society》”正确写法应为 *New Media & Society*。

体该如何定位？讨论新媒体替代旧媒体这样的问题是否有必要？受众是否已摆脱大众传播的束缚，成为积极的“用户”？那些经典的大众传播理论是否还适用于喧嚣多变的新媒体时代？这些问题是我们面对新媒体带来的巨大变革通常萌生的疑问，而这些都波涛汹涌地把新媒体推向并衍生出一个新的学术场域。

第一节 新媒体学科

一、新媒体研究的学科定位

20世纪70年代中期，南加利福尼亚大学（University of Southern California）学者弗雷德·威廉姆斯（Fred Williams）最早开始新媒体研究，专注于新媒体课程建设和学科研究。2012年，我国为了适应互联网、移动互联网的发展对新媒体人才的需求，教育部在本科专业目录中增设了网络与新媒体专业。2013年，经专业名称修订，本科专业招生目录中不再有新媒体与信息网络、媒体创意、网络经济等专业，而是开设网络与新媒体专业。

进入21世纪，新媒体研究已经成为学界瞩目的重要内容，蓬勃发展的新媒体研究也推动了传播学研究的发展。新媒体研究不但发展迅速，而且成为当今社会科学研究的显学及时髦的研究课题。毫无疑问，新媒体研究的学术地位急剧上升，但它的定位是一个跨学科的领域，或是附属于其他学科的研究领域。新媒体研究从无到有、从小到大，已经在社会学科中占有一席之地。作为一门新兴的跨学科门类，新媒体研究诞生于传统的传播学，又在其基础上进行新的发展，融合电脑科学、控制论等其他前沿学科的知识和理论，发展为新兴的跨学科门类，并逐渐在社会科学领域站稳脚跟。当前，我国新媒体产业在网络协同和数据智能的双重驱动下，用户数量、产业规模、应用和服务的数量与质量都得到了快速发展，而互联网巨头是我国新媒体产业的主导力量和促进新媒体产业进一步发展的核心力量。[①]新媒体研究的方向更是将人与物联网、人工智能、声控传播、物体识别、情感化计算等新兴科技之间的互动勾连起来。

① 郭全中. 我国新媒体产业发展新趋势研究[J]. 新闻爱好者，2020（8）：4-9.

二、新媒体研究的多维视野

新媒体的强劲发展带动了新媒体研究，媒介发生的革命性变化为那些致力于网络与新媒体学习、教学和研究等相关行业人员提供了前所未有的机遇，展现在国内外学者面前的是同样未知的、可待开发的大片蓝海。新媒体在海外学术界已经成了热点关注课题，是社会科学研究的显学。虽然我国传播学研究深受西方特别是美国主导传播学的影响，但是对于新媒体研究来说，在这片处女地上，既不会有因美式标签而带来的复杂性，也不会有因国情不同而存在的社会结构制约，新媒介和网络精神的扩散解构了传统所带来的各种制约，给我们打开了一扇免于传统制约的学术大门。[①]新媒体技术革命风起云涌，改变的不仅仅是我们的生活方式，也改变了我们的思维方式。就中国的传播学研究而言，新媒体的研究成为仅次于大众传播的最重要的研究领域。新媒体研究的趋势分布在区块链技术、探索创新、运营模式、媒体应用、政务服务等多个方向。[②]总体来看，国内既有的新媒体研究十分丰富，但是也存在功用远大于严谨的学术理论构建的取向，狭隘理解社会科学研究的“现实性”，拿来主义、速度至上、过于功利的态度也使学术研究者们不断进行自我反思，因为这些行为将对科学研究本身的原创力、持续性与体系性造成损伤，对速度的追求与利益的谋求亦使得研究的初衷和动机产生扭曲，势必会带来理性精神渐消、对话机制缺失的危险。

新媒体这门学科的范畴极为丰富，包括新媒体对传统媒体的影响、应用和创新实践以及新媒体对经济社会发展、新媒体与用户、数字人文学等众多研究领域。厄尔·巴比（Earl Babbie）将科学研究的目的分为三类：探索、描述和解释。[③]总体而言，目前的新媒体学术研究常以探索性和描述性研究为起点，收集大量实证数据，以期从中发现某种规律、模式或关系，作为日后建立模式、发展理论的基础。[④]正是因为新媒体研究处于这种探索性和描述性为主要特征的阶段，研究视角、研究方法、聚焦点等都呈现出多维、交叉、融合的趋势。

① 杨伯溆. 新媒体传播：中国传播学的发展机遇[J]. 新闻记者，2014（12）：59-63.

② 郭全中. 我国新媒体产业发展新趋势研究[J]. 新闻爱好者，2020（8）：4-9.

③ Babbie E. The Practice of Social Research[M]. Cambridge: Wadsworth Publishing, 2006.

④ 刘洋，李喜根. 新媒体传播研究及知识增量[J]. 国际新闻界，2012，34（8）：72-78.

（一）媒介考古维度：从媒介发展历史和过程考察新媒介

新媒体之“新”使部分研究出现“唯新论”取向，每当媒介出现一种新形式、新问题，相当多的学术研究“就事论事”地概括特征、总结经验、描述特征。殊不知由于缺乏历史纵深感，新媒体研究并不能找到媒体发展的内在传承，也难以形成诸如“网络社会”这样具有高度概括力、精准度的理论术语及相关理论。南加利福尼亚大学的曼纽尔·卡斯特尔（Manuel Castells）教授，整合网络的发展、工业化社会的消失和新媒体的兴起等趋势，完整地提出后工业化社会将是以电脑为核心的网络社会。例如现在方兴未艾的社交媒体研究，有学者认为这并不是什么新鲜事物，从马库斯·图留斯·西塞罗（Marcus Tullius Cicero）和其他古罗马政治家用来交换信息的莎草纸，到宗教改革、美国革命、法国大革命期间印制的宣传小册子，过去跟同伴交流信息的方式依然影响着现代社会。此外，从盒式磁带录像机（Video Cassette Recorder，VCR）演变而来的数字硬盘录像机（Digital Video Recorder，DVR），从战场对讲机演变而来的智能手机，从无线到有线再到智能的交互电视，哈罗德·英尼斯（Harold Innis）的“媒介偏向论”和保罗·莱文森（Paul Levinson）的“补偿性媒介”理论为传播媒介发展史的研究提供了一种技术思维模式，从解读媒介形态的演化机制来了解新媒体与传统媒体在“媒介”层面上的承接性，会对新媒体的内涵有更全面和深入的认识，就不会停留在传统媒体是否会被完全替代等问题的表层讨论了。

近年来，新媒体研究学者热衷的历史方面的研究是对这一态势的回应。尼尔斯·布鲁格尔（Niels Bruegger）认为，只有对传媒科技的历史背景，对一个媒体的来龙去脉有深入的学习，才能够对今日的新媒体有全面的认识和了解。①美国学者为了推进新媒体学科的发展，出了一本书，题目就是《新媒体源远流长的历史》（*The Long History of New Media*）②；还有美国威斯康辛大学（University of Wisconsin System）人类学系周永明教授深入探析电报与互联网在历史中国和

---

① Bruegger N. Web historiography and Internet studies: Challenges and perspectives[J]. New Media & Society, 2013, 15(5): 752-764.

② Park D. W., Jankowski N. W., Jones S. The Long History of New Media: Technology, Historiography, and Contextualizing Newness[M]. New York: Peter Lang, 2011.

现实中国的政治参与情况，从历史的角度看技术和制度的双向互动是关注新媒体研究的必要尝试。

（二）媒介环境维度：从对文化和社会的影响层面考察新媒体

媒介环境学是对媒介环境的研究，与传播研究、文化研究的兴起是对 20 世纪重大的社会、经济和文化潮流的回应一样，媒介环境学关注媒介和技术对文化和社会在形式上和根本问题上的冲击，是用生态学的角度去理解媒介和技术的研究。尼尔·波兹曼（Neil Postman）、帕特里克·格迪斯（Patrick Geddes）、马歇尔·麦克卢汉（Marshall McLuhan）等都是媒介环境学的思想奠基人，他们主要揭示了大众媒介隐含的、固有的结构，揭示他们对人的感知、理解和感情的影响。

从媒介环境学的角度研究新媒体，不少学者不仅把传媒产业、技术等作为研究目标，同时把新媒体的使用及其影响放在整个社会发展的大环境之下进行审视。关注新媒体超越技术本身的文化力量，认识到新媒体并不是简单的技术革新。与印刷术、摄影术相比，计算机在更深层面影响了我们，我们正处于新媒体变革中，列夫·曼诺维奇（Lev Manovich）认为所有的文化都转变成了以计算机为中介生产的文化，计算机媒体（computer media）变革影响了文化传播的所有状态，包括采集、处理、存储和分布，它也影响了文本、图像、声音和空间结构等所有媒体类型。曼诺维奇首创了一种研究新媒体的方法论——数字唯物主义（digital materialism），这种方法论是从根本上构建的、不同于先验论的新媒体理论，通过仔细观察电脑硬件和软件的运行机制和在电脑上参与创造文化的行为，来揭示一种正在形成的新文化逻辑。[①]安德鲁·杜德尼（Andrew Dewdney）、彼得·里德（Peter Ride）将批判性评论、描述和历史叙述结合起来，与新媒体从业者，包括年轻的网络开发者、程序员、艺术家、作家和制片人，进行系列访谈，以处理新媒体本质的多样性；他们强调技术发展和独特的媒体使用文化的复杂连续性，而不是单纯去理解新媒体如何取代或突破以前的媒体。[②]

---

① Manovich L. The Language of New Media[M]. Cambridge: MIT Press, 2002.

② Dewdney A., Ride P. The Digital Media Handbook[M]. New York: Routledge, 2013.

由于媒介技术会给人们的既有习惯和接收模式带来强大冲击力，所以当一种新兴媒介出现的时候，人们往往会关注其技术本身，然而传播学视域中的新媒体研究恰恰要避免这种技术中心论，因为技术中心论会遮蔽更深层次的研究内涵，例如基于新媒体技术的传播、商业模式、政治行为等问题。新的信息环境改变了许多阿拉伯国家的政治结构，但这并不能单纯地归功于新媒体技术的进步，对于很多变革的出现，技术不过是提供了一个契机。

（三）记忆、共同体及建构维度：从人的自我认知与身份认同考察

媒介在记忆的保存、传播中居于关键节点的地位，尤其是在人们通过互联网等新媒体分享、传播、重构集体记忆方面都产生了巨大变化的社会语境下显得尤其重要。身份、记忆是当代意识的两个关键词，前者意味着一种独特的自我选择、一种特殊的自我承担、一种稳定的自我辨认，而记忆则意味着回忆、传统、风俗、习惯、习俗和风尚，覆盖了一个从有意识到半无意识的场域。[①]传统的集体记忆往往由族群中的精英建构，决定书写内容、书写方式，甚至记忆的传播渠道都可以由权威阶层控制。新媒体环境下的集体记忆则进入大众书写的时代，撰写和阐释集体记忆的权力被重新分配，这是一种话语权的转移。新媒体的普及带来的数字化、多媒体化以及搜索引擎化使得以影像为介质的集体记忆在虚拟空间里储存和传播，从而重新定义媒介对集体记忆的塑造，也重塑了人们的主观阶层的身份认同框架。互联网与手机的采纳与使用（特别是具体的使用情境与模式），均在不同程度上影响社会成员的阶层地位感知，特别是文化阶层认同。[②]所以，一方面新媒体受制于社会结构，另一方面新媒体的发展又可以重塑阶级或阶层。

以结构主义与建构主义视角来看新媒体的影响，通常体现在对某一群体或阶层的自我认知和身份认同方面，在信息化时代，信息传播技术的使用无所不在，如何利用信息传播技术缩小不同阶层的公众之间的鸿沟以及网络化行为，是新媒体研究的时代课题。新媒体成为都市移民在异地建立业缘关系网络的关键工具，社会变迁中的个体利用新媒体工具完成了自身群体的现代化转型。

---

① 皮埃尔·诺拉. 记忆之场：法国国民意识的文化社会史[M]. 黄艳红，等，译. 南京：南京大学出版社，2015.

② 周葆华. 新媒体使用与主观阶层认同：理论阐释与实证检验[J]. 新闻大学，2010（2）：29-40.

（四）受众、赋权及媒介事件维度：从微观社会学视角看新媒体传播

旧媒体展现事件，新媒体回应事件。新媒体往往寻求自己的接收空间、回应空间。换言之，新媒体的角色似乎站在公众一边。大众传播时代的遗产术语——“受众”，是否还适用于当下环境，成为经常被讨论的话题。人们认为“受众”内涵和外延都已经发生了重大变化，试图寻找更恰当的词语去概括当下网络社会中的公众行为，更多的研究开始采用新的语言来指称：用户、产消合一者、网众等。受众不仅打破了传统的传受关系，还能够在虚拟时空（虚拟社区、虚拟角色）和现实时空的穿梭和转移中不断强化或转变自己的身份和角色，增强自己在媒介事件中的影响力。①但是不管名称如何变化，都改变不了一个基本事实——新媒体的赋权功能。新媒体为公民记者赋权，促进了基于新媒体平台的社会与国家的互动，拓展了民主政治的空间；新媒体为底层群体赋权，成为社会动员和抗争的重要工具。新媒体特别是移动互联网的出现，重新书写了社会关系中的传统规则，对我们的社会生活、组织模式等都提出挑战，新媒体事件也不再是成品，而是一个时刻处于变动中的过程。例如网络上一个看似早已了结了的旧事件，可能会因为网民发现的一些新线索，或者与新事件存在的细微联系重新成为聚焦热点。

丹尼尔·戴扬（Daniel Dayan）与伊莱休·卡茨（Elihu Katz）在1992年合著的《媒体事件》（*Media Events*）中，提出共识性媒体事件类型的叙事常规3C，即挑战、征服、加冕（challenge、conquest、coronation），在2008年提出了超越媒体事件的“3D新模式”，即幻想破灭、脱轨、冲突（disenchantment、derailment、disruption）。前者关乎整合和共识，后者则不但传播异见，甚至创造分化。这里需要意识到，新的媒体事件中，新媒体并不是唯一的变量，不能认为新媒体是万能钥匙，这有夸大新技术功能的嫌疑。通信技术的发展，推动了现代媒介的变革，并产生了新的媒介形态，在5G时代，媒介的新形态如物联网、增强现实（Augmented Reality，AR）技术、虚拟现实（Virtual Reality，VR）技术等的发展重塑了媒介环境，改变了公众的认知和行为方式。从公众角

① 宋祖华. 从共识性仪式到冲突性实践：新媒体环境下“媒介事件”的解构与重构[J]. 新闻与传播研究，2015（11）：27-40.

度来说，消费习惯和选择偏好必然会带来改变，公众将会更加适应通过AR来观看现场直播，沉浸式的体验会有更好的体验感，在万物互联的时代，个性化的推荐将更加精准，人工智能（Artificial Intelligence，AI）将更加了解人的心理感受，能够捕捉到人类所不能注意到的信息，这些都是技术的突破所带来的更好的媒介体验。①

综前所述，新媒体研究既有宏观层面上对历史进程、环境变迁、时空关系等层面的观照，也有中观层面上对集体记忆、身份认同和共同体构建的研究，还有在微观层面上考察技术变革对公众的影响、对媒介事件的重新叙述。但是新媒体研究也存在着研究对象时效性过强、历史跨度不足等问题，研究的全面性、系统性、学科化还有待进一步提高。

三、新媒体学科体系

（一）研究对象与核心问题

一个常被引用的大众传播的定义是：大众传播由一些机构和技术所构成，专业化群体凭借这些机构和技术，通过技术手段（如报刊、广播、电影等）向为数众多、各不相同而又分布广泛的受众传播符号的内容。②1948年，美国政治学家哈罗德·拉斯韦尔（Harold Lasswell）提出了一个很有名的命题，即“5W”模式，“描述传播行为的一个方便的方法是回答五个问题”——谁（who）、说了什么（says what）、通过什么渠道（in which channel）、对谁（to whom）、取得了什么效果（with what effect），该命题又叫“拉斯韦尔公式”。虽然后来的研究者们认为拉斯韦尔公式很有用，但毕竟过于简单，R. 布雷多克（R. Braddock）就进一步发展了该模式，增加了传递讯息的具体环境和传播者发送讯息的意图，继而研究者们又提出了香农-韦弗模式、奥斯古德-施拉姆循环模式、丹斯螺旋传播模式等。尽管后来的研究者们意识到传统的直线性传播模式存在着各种弊端，但它们为揭示传播过程中所包含的要素和要素之间

① 常婉昕. 5G技术下媒介的变革和影响[J]. 采写编，2020（5）：8-9.

② [荷] 丹尼斯·麦奎尔. 麦奎尔大众传播理论：第五版[M]. 崔保国，李琨，译. 北京：清华大学出版社，2010.

的关系提供了基础，也为传播学研究范畴和边界的划定提供了参考。以拉斯韦尔的“5W”模式为例，传播过程的五个要素清晰表明了不同的具体研究领域。由此勾勒出的传播学研究范围包括：传播者研究（who）、内容分析（says what）、受众研究（to whom）、媒体研究（in which channel）和效果研究（with what effect）。

新媒体的研究对象不仅包括研究传播过程中的各个要素，分析传播过程中要素的属性和特征，更要关注传播过程中各个变量之间的关系以及对传播行为变化的影响，并揭示关系背后的作用机制，以此增加我们对传播过程和传播现象的了解。网络社会交往的拓扑结构也证明对某一要素的关注并不能真正透彻地分析问题所在。此外，在前新媒体时代，人们对传媒的认识总体上仅仅停留在将其作为一种认识和改造世界的工具层面，例如传媒具有的信息传递、宣传教育、提供消遣等功能，都是为了人们更有力地应付环境、适应生活，顺利地、有效地开展与自身生存和发展有关的一切行为。在新媒体时代，媒体第一次不是一个外在性的东西了，而是事件存在和自我发展、自我揭示的领域。[①]该领域内不存在单一变量，人和人、人和物、物和物都息息相关，换句话说，新媒体已经作为我们的生存方式而存在。

新媒体研究的核心问题是媒介，这里的媒介并不是狭义地指某一种或某些新技术，而是指新兴技术支撑的媒介形态、结构、特征、内容和传播方式，以及新旧媒体的差异和继承。不同阶段的媒介有自己的特性，而媒介之间又都有一定共性。此外，新媒体研究另一个核心问题是探讨新媒体传播对人的意义，人通过新的信息系统传播产生的新型关系，以及人与人、人与世界之间的关系问题。“以人为本”是新媒体学科研究须遵循的基本原则。当然，人文关怀是诸如政治学、社会学、人类学等社会科学的普遍追求，对新媒体传播过程中的情感动员与文化抵抗、情感卷入与阶层认同的观察研究等都是有益的探索。

（二）新媒体学科的研究目的

新媒体研究中的特征描述、现象分析等都属于浅层探讨，现象背后的主导

① 张骋. 新媒体时代传媒的转向——从工具到本体[J]. 编辑之友，2013（8）：65-67.

因素和传播现象所揭示的理论内涵才是建立一门学科知识的深层追求，停留在时尚的选题意识、单纯地追逐新鲜话题都将偏离新媒体学科作为社会科学学科最初的意旨和方向。概括地说，新媒体学科的研究目的主要有以下两个。

1. 产生知识增量

知识增量既有数量的含义，又是指研究成果的质量。具体来说，知识增量就是通过对具体对象的考察，增加我们对重大社会问题、社会事件、人的思想、态度和行为产生和变化规律的了解，对影响事物发展变化重要因素的了解，对重要社会现象所包含事物之间关系的了解，对人的行为、重要社会现象前因后果的了解。①反观新媒体研究，研究数量和研究质量显得有些失衡。然而这并非否认了学界对新媒体传播形式与特征的概括、对传播现象的简单描述，特别是对处于初始研究阶段的新兴学科而言，这些基础研究也非常重要。但是这些基础研究并不能使人们对我们生活的世界有更深入的认识。科学研究不是简单地回答疑问，给出关于事物及其相关现象的一般描述，而是要回答或者测试能揭示某种因果关系或规律的、可证伪的研究问题（research questions）和假设（hypotheses）②，对知识增量的追求是新媒体学科研究的第一目的。

2. 揭示信息传播规律

在信息化社会，新的媒介手段不断涌现，众声喧哗的网络社区、浮华万千的传播现象有时会妨碍人们看清事物的本来面目。新媒体的学科研究就是要揭示传播现象背后的信息传播规律，这一目标并不是通过对个案的总结和推断，而是需要经过大量的实证研究和系统、深入的分析研究。

（三）新媒体学科研究方法

目前的新媒体研究有两种取向：一种是偏经验性的，主要吸取了社会学和人类学等社会科学的研究成果，力图发现新媒体在不同层面对个体、群体及社会结构的影响；一种是偏纯理论的，这种视角主要来源于语言学、文学以

---

① 刘洋，李喜根. 新媒体传播研究及知识增量[J]. 国际新闻界，2012，34（8）：72-78.

② 刘洋，李喜根. 新媒体传播研究及知识增量[J]. 国际新闻界，2012，34（8）：72-78.

及哲学这些完全不同的传统，目的是分析媒体本身，此种分析将媒体“文本”从它的产品和消费的即时性语境中剥离出来，以考察意义是如何被建构的。然而这两种分析取向都具有“技术决定论”或“工具主义”的倾向，而忽略了基于本体论研究的意义以及缺少批判性的视野。[①]就具体研究方法而言，陈积银和刘颖琪曾对国际新媒体领域的顶级 SSCI 刊物《新媒体与社会》（*New Media & Society*）的 1999—2014 年 725 篇学术论文进行了分析，总结了国外新媒体研究 16 年的发展脉络，发现新媒体研究方法总体上是定性分析（如个案、访谈、民族志、文本分析、语义分析和观察法等）占主导地位，其次是混合分析（定性分析与定量分析结合），再次是定量分析（如问卷调查、实验研究、内容分析以及结构性观察等）；在具体方法上，访谈分析、民族志、案例分析、问卷调查使用最多。艺术学中的新媒体研究出现了通过眼动仪、脑电仪（Electroencephalograph）、事件相关电位（Event-related Potential）来研究美术、设计、广告作品的“神经学艺术史”及广告效果评估监测，除了上述研究方法之外，新媒体学科研究的分析方法还有以下四种。

1. 社会网络分析（Social Network Analysis）

起源于 20 世纪 30 年代的“社会网络分析”方法经过社会学家的运用，在 20 世纪 70 年代后成为社会科学领域重要的研究范式，它适用于探索社会关系结构，包括传播结构和关系网络。作为一种独立的社会研究方法，社会网络分析近年来已形成了自己的理论基础和方法论原则，在社会学中运用得最为成熟，多用于描述和测量行动者之间的关系或通过这些关系流动的各种有形或无形的东西，注重考察事物的关键节点、关系特征、多维因素以及社会结构。在社会网络分析研究中，分析的基本单位是“关系”（relation）而非不同类别的个体受访者（如男性、内向者、重度网络用户），采用的数据类型是关系数据（relational data）而非属性数据（attribute data）[②]，这种方法用来分析被编织在互联网情境中的知识生产、交往模式、用户行为等社会关系非常有效，为辨识关系属性

① 朱艳. 文化维度下的西方当代新媒体研究综述[EB/OL]. https://www.doc88.com/p-995230325022.html, (2012-11-20)[2022-04-06].

② 张明新，刘于思. 社会交互式传播技术与青少年的同辈关系网——基于社会网络分析的经验研究[J]. 国际新闻界，2013，35（7）：37-50.

带来了新的研究视野。

2. 多模态话语分析（Multi-modal Discourse Analysis）

多模态话语分析是建立在语言学基础上的分析方法，重视文字语言与图像、声音等非语言符号的结合，从整体角度分析各类符号所组成的表义系统并探索其话语意义，以更好地解释人类传播中的交往和互动行为。该分析方法的代表人物 G. 克雷斯（G. Kress）和 T. 凡·利文（T. van Leeuwen）提出的“多模态话语”概念中，包含了以“再现意义”、“互动意义”和“构图意义”为核心内容的分析视觉图像的语法框架，专门研究包括语言在内的各种模态符号对实际交往的作用，关注在社会情景下所有的符号模态构建意义的过程。新的技术环境改变了人类交往方式，其话语体系也正在被重塑，特别是新媒体话语建构的多元开放的话语体系打破了由传统媒体话语建构的单一威权的话语格局。多模态话语分析不仅分析文本，还包括图文、表情包、口号标语、音视频、色彩等复合话语，因为语言符号和非语言符号共同建构社会意义，这种研究方法切入的新媒体研究试图探索人们的视觉、听觉和触觉等更为全面的社会交往，例如对新旧媒体时代的图文关系研究、对二维与三维媒体对人的交往的影响的研究，不同符号在多模态话语中可以起到互补作用。

3. 数据挖掘与分析（Data Mining and Analysis）

数据挖掘与分析融合了统计学、数据库、机器学习和人工智能等多学科的视野，数据挖掘是数据分析的基础和前提，前者侧重技术能力，后者更侧重综合能力，在对数据的计算过程中发现信息传播规律和建设性结论的研究方法。随着近年来对大数据研究范式的关注，数据挖掘与分析也逐渐被运用到新媒体研究中。美国研究机构高德纳咨询公司（Gartner Group）这样定义大数据：大数据是需要新处理模式才能具有更强的决策力、洞察发现力和流程优化能力，是海量、高增长率和多样化的信息资产。在数字化时代，公众行为、企业决策、国家治理等不同领域的主体都会留下可处理的海量数据，数据是对客观世界的测量和记录。每个时代都有自己的数据特征，但在新媒体研究视野里，以字节、图片、视频图像、超文本标记语言（Hypertext Markup Language, HTML）等不同格式文件储存的可处理数据与传统媒体时代的数据有很大差异。互联网技术的发展助推了数据的指数化升级，诸如百度、微博、微信、抖音、谷歌（Google）、推特（Twitter）、脸书（Facebook）等新媒体的诞生，更是掀起了新一波数据狂潮，加之多种社会化平台下的用户内容生产与分享，催生的数据之大可谓海量。

新媒体学科中的大数据研究方法正是借助于可获得的数据，按照“挖掘-搜集-清洗-处理-分析”的基本流程进行研究。数据挖掘和分析是一种研究方法，在新媒体时代，数据就是资源和竞争力，但同时要避免走进偏狭的“数据中心论”的陷阱。

4. 思辨与批判研究（Speculative and Critical Research Methods）

新媒体学科研究来源于传播学，在以往实证研究作为主导范式的传播学领域，也出现了与之相对应的人文主义的思辨与批判研究，如媒介环境学、传播政治经济学、文化研究、传播学史研究、海外汉学中的新闻史研究等。批判研究方法基于理论宏观的思维方式更能接近事实的本质，更能提出创新性成果；批判研究方法有破有立，批判与建构的有机结合是其深层内涵，在论述方式上往往也采取了宏观与微观分析结合的框架、多角度审视、多层次逻辑演绎等方法[①]，以思辨见长的批判研究方法与学界推崇的实证研究方法都是新媒体学科研究的重要方法。

（四）新媒体学科特征与价值

相比其他社会学科，新媒体是一个新兴学科，其理论基础和研究方法具有交叉性、探索性和融合性的特征。新媒体学科对社会发展有着重要的意义，有益于进一步认识信息传播规律，推动资讯传播的进步，进而促进了知识、科技的传播，从而推动生产力的发展。

从传播学角度来看，新媒体学科对传播各个要素的研究都带来深刻变化。比如以大数据为研究方法的传播研究为清晰呈现传播者、接收者、资讯内容、传播渠道、传播效果的基本描述提供可能性，关系分析方法对关键节点的关注进一步推动传播学中意见领袖（opinion leader）的理论发展，新媒体在经济发

① 何志武. 批判研究方法的科学性问题[J]. 新闻与传播研究，2009，16（5）：22-27，107-108.

展和社会转型中的重要角色为新媒体学者提供了丰富的课题和研究契机。

要提升新媒体研究的学术地位，使之成为一个独立的、广受尊重的学科，需要加强新媒体的理论建设，这也正是新媒体研究的理论意义所在；同时，新媒体研究极具社会现实意义，人们的日常生活离不开新媒体，新事物、新现象层出不穷，及时关注微观层面的新媒体对人们所生存的环境的影响是新媒体研究的重要维度，这也是目前已有的研究成果总体呈现现实功用性远大于理论构建的原因之一。因此，认识和理解新媒体不仅拥有丰富的实践价值，更是认识人类社会从工业化向信息化社会演变的关键。

第二节　新媒体本体

一、界定新媒体

新媒体（new media）这个术语是新近出现的，《牛津英语词典》把新媒体术语的第一次使用归功于麦克卢汉。麦克卢汉在1953年的一篇论文讨论传播科技的电子信息采集和全球性传播范式时，使用了“新媒体”一词。①美国哥伦比亚广播公司（Columbia Broadcasting System，CBS）技术研究所所长彼得·戈德马克（Peter Goldmark）在1967年也使用了“新媒体”这一概念，之后“新媒体”一词流行开来。但是，戈德马克所指的新媒体既不是网络媒体也不是手机移动媒体，而是今天看来已经过气的“有线电视技术”。如今，我们将新媒体看作是建立在网络技术、数字技术和移动通信技术基础之上的各类媒介的总称，数字化、互动性是其本质属性。②

所以，“新媒体”这个概念的意涵，要视特定历史时期阶段的传播科技而定，不同时期的技术不同，其新媒体内涵也不同。新媒体与传统媒体最初的差别在于是使用数字化技术，还是采用旧的模拟技术来进行信息传播。然而，在

① Peters B. And lead us not into thinking the new is new: A bibliographic case for new media history[J]. New Media & Society, 2009, 11(1-2), 13-30.

② 蔡泉水. 新媒体环境下我国主流意识形态安全研究[D]. 南昌大学，2016.

媒介研究学科领域内，就连这种差别也一直是激烈争论的主题，特别是基于计算机技术的媒介之“新”也被激烈争论，原因在于模拟媒介和数字媒介具有非常重要的连续性①，所以不能很武断地把两者硬性分开，这种连续性体现在模拟媒介里有数字媒介的影子，而数字媒介也留有模拟技术的印记，例如早期电影业的很多特点现在被认为是数字媒体所特有的。还有美国学者提出“再生型媒体”（renewable media）的概念②，以避免出现新的媒体技术必称为“新媒体”的谬误，也有美国学者使用“新兴媒体”（emerging media）的概念，以避开“新媒体范畴太大，内涵变化太快”的误区。具体而言，对新媒体的界定有以下四个方向。

1. 从系统论和关系传播的角度定义

新媒体不单是一个平台、一个管道的问题，更是涵盖媒体生态——从系统、内容、平台、传媒渠道到终端，把新媒体当作一个系统来看待，就可以避免将系统中的部分当作全部。从经营者的角度，把新媒体当作一个价值链来认识，从内容生产、加工、平台传送、网络服务、终端产业，形成共生共利的整体，从中可以理解单一的传媒很难生存。L. A. 列夫洛夫（L. A. Lievrouw）和S. 利文斯顿（S. Livingstone）认为：“新媒体是信息传播技术和与之相关联的社会关系。”③美国连线杂志（*Wired*）将“新媒体”定义为：“所有人对所有人的传播。”凡·克劳斯比（Vin Crosbie）则将新媒体视为与人际媒体和大众媒体并列的第三种媒体形态，完全个性化的信息可以同时送达几乎无数的人；每个参与者（不论是出版者、传播者还是消费者）对内容拥有对等的和相互的控制。④

2. 从新媒体的核心要素和多元特征界定

曼诺维奇从对电影和视觉艺术的解读，概括了新媒体的五个原则：数字化、

① Gane N., Beer D. New Media—The Key Concepts[M]. Oxford: Oxford International Publishers Ltd, 2008.

② Peters B. And lead us not into thinking the new is new: A bibliographic case for new media history[J]. New Media & Society, 2009, 11(1-2), 13-30.

③ Lievrouw L. A., Livingstone S. The Handbook of New Media[M]. London: Sage, 2002.

④ Vin Crosbie. What is New Media[EB/OL]. https://www.docin.com/p-378536913.html, (2012-04-08)[2022-05-03].

模块化、自动化、多样性和可变性。[①]曼诺维奇对新媒体的学术研究偏重将感官经验作为其主导范式，他的研究补充了从单纯技术角度对新媒体的界定。崔保国认为今天的“新媒介”的主要特征是集中了数字化、多媒体和网络化等最新技术。[②]喻国明认为解读新媒体必不可少的几个关键词包括：数字化、传播语境的“碎片化”、话语权的阅众分享、全民出版（自媒体模式）[③]。匡文波认为，新媒体是借助计算机（或具有计算机本质特征的数字设备）传播信息的载体，与传统媒体相比，新媒体具有如下特征：即时性、开放性、个性化、分众性、信息的海量性、低成本全球传播、检索便捷、融合性等。但是新媒体的本质特征是技术上的数字化、传播上的互动性。[④]

3. 从新媒体的具体形式界定新媒体范围

郭炜华列举出包括新媒体形式、硬件、软件或者新的媒体经营模式等约30种热门的新媒体话题，如数字电视、直播卫星电视、移动电视、交互式网络电视（internet protocol television，IPTV）、楼宇视屏、移动多媒体、虚拟社区、博客、播客、搜索引擎、电子邮箱、门户网站等。[⑤]

国家广播电视总局网络视听节目管理司副司长董年初则将视听新媒体的形态分为七类：移动数字电视、有线数字电视、IPTV、网络广播、网络电视、手机电视、楼宇电视。[⑥]

互联网实验室按传播网络的不同，列举了新媒体的多种形态，其中基于互联网的有电子杂志、电子书、网络视频、博客、播客、视客、群组、其他类型的网络社区等；基于数字广播网络的有手机电视、数字电视、车载电视、公交电视等；基于无线网络的有手机短信、手机WAP等；基于跨网络的有IPTV等。

4. 从信息传播方式上界定传统媒体与新媒体

熊澄宇认为新媒体是一个相对的概念、时间的概念和发展的概念，通常是

---

① Manovich L. The Language of New Media[M]. Cambridge: MIT Press, 2002.

② 崔保国. 新媒体，老媒体：谁主沉浮[J]. 中国青年科技，2005（2）：28-30.

③ 喻国明. 解读新媒体的几个关键词[J]. 广告大观：媒介版，2006（5）：12-15.

④ 匡文波. 关于新媒体核心概念的厘清[J]. 新闻爱好者，2012（19）：32-34.

⑤ 郭炜华. 探究新媒体[J]. 中国传媒科技，2006（3）：51-54.

⑥ 佚名. 新媒体阵营与布局[J].中国记者，2006（6）：31-34.

指在计算机信息处理技术基础之上出现和影响的媒体形态。[①]

综上所述，我们很难给新媒体一个完美的定义，就像学者拉斯马斯·尼尔森（Rasmus Nielsen）说的："新媒体就是我们还不知道如何谈论的媒体。"[②]虽然这有些不可知论的嫌疑，但也有一定合理性。当前的新媒体通常指数字媒体，本书无意于给新媒体下定义，必须要明确的是，为新媒体下定义不是目的，通过新媒体的界定尽可能地让人们全面地认识、了解新媒体才是终极目的。

但本书认同以下几点可作为理解新媒体的基础。首先，新媒体是一个相对的、流动性的概念。如今新媒体视野中的"网络媒体""社交媒体""数字媒体"等，可能会在未来某个时刻也变成"旧"媒体。当前人们所谈论的传统媒体、旧媒体，在它们刚诞生的时候何尝不是"新媒体"，比如在 1839 年 8 月 19 日，当路易·雅克·芒代·达盖尔（Louis Jacques Mandé Daguerre）在巴黎学院展示他的"银版摄影法"时，整个巴黎都轰动了，这种当时的"新"媒体如今早已失去了它最初的光环，成为"旧"媒体中的一员，这样的案例不胜枚举。其次，目前的新媒体主要指基于互联网和数字信息传播技术所形成的媒介形态及其社会关系。再次，当前新媒体的主要特征是数字化、开放性、参与感和定制化。最后，新媒体不仅仅在技术层面具有新意，更重要的是它是现代社会和文化结构的驱动力之一。

二、新媒体分类

保罗·莱文森（Paul Levinson）在《新新媒介》（*New New Media*）中将媒介进行"三分法"：旧媒介、新媒介、新新媒介。他认为互联网诞生之前的一切媒介都是旧媒介，它们是空间和时间定为不变的媒介，而新媒介是互联网上第一代媒介，诞生于 20 世纪 90 年代中期；新新媒介是互联网上第二代媒介，诞生于 20 世纪末，兴盛于 21 世纪。新新媒介的特征是：消费者即生产者、生产者多为非专业人士、新新媒介一定程度上可以超越用户的控制等。

① 佚名. 清华大学熊澄宇教授 2 月 1 日做客传媒沙龙谈"新媒体与文化产业"[EB/OL]. http://news.sohu.com/20050128/n224149266.shtml，（2005-01-28）[2022-04-06].

② 转引自 Peters B. And lead us not into thinking the new is new: A bibliographic case for new media history[J]. New Media & Society, 2009, 11(1-2): 13-30.

实际上，我们可以从不同角度认识新媒体类型。

（一）从介质终端来看

新媒体的终端从介质终端来看可分为计算机终端、手机终端，以及以数字电视和可穿戴设备为主的其他终端。本书在第二章会具体展示不同的新媒体终端技术。

首先是计算机终端。计算机，是一种按照程序运行，自动、高速处理海量数据的电子计算工具。科学家最初的设想是利用它的超强计算能力代替人工进行精密的数字运算，但随着科学技术的快速发展，它的功能逐渐丰富，如今已突破原有界限，被广泛应用到各行各业进行信息收集分析处理、图像识别、文章翻译等。

其次是手机终端。手机最初是人际交流的工具，但是随着手机技术的发展，它在大众传播领域中扮演的角色也日益明显。1902 年，美国人内森・斯塔布菲尔德（Nathan Stubblefield）在肯塔基州默里的乡下住宅内制成了第一个无线电话装置，这部可无线移动通信的电话就是人类对手机技术最早的探索研究。1938 年，美国贝尔实验室为美国军方制成了世界上第一部移动电话。1973 年，美国著名的摩托罗拉公司工程技术员马丁・库珀（Martin Cooper）发明了世界上第一部推向民用的手机，这种模拟的移动电话就是第一代手机（1G），库珀由此也被称为现代“手机之父”。由于当时的电池容量限制和模拟调制技术需要硕大的天线和集成电路的发展不足等制约，这种手机能成为移动但算不上便携，很多人把这种手机形象地称为“砖头”或是“黑金刚”。

最后是其他终端。VR、AR 等新兴的互联网技术的发展塑造着新的新媒体终端。数字电视和可穿戴设备便是其中的典型代表。

数字电视（Digital Television），是指使用数字技术进行音频、视频和数据信号的源编码调制、接收和处理的电视系统。国际上认为数字电视是一种视听系统，它通过数字技术压缩、编码、传输和存储运动图像、声音和数据，并实时发送和传输以供观众接收。

可穿戴设备是又一典型代表。可穿戴设备（Wearable Device）在 2012 年随着谷歌发布的谷歌眼镜（Google Glass）成为信息产业市场关注的焦点，其实可穿戴设备的概念在 20 世纪 60 年代就已经萌芽。可穿戴设备的上一级更为宽泛的概念为可穿戴式计算机（Wearable Computer），它是指一种有别于传统方式的人机交互。20 世纪 70 年代，以斯蒂夫·曼恩（Steve Mann）为代表的一批学者开拓了相关领域的研究。曼恩是多伦多大学电子计算机工程系的教授，同时也是电气与电子工程师协会（Institute of Electrical and Electronics Engineers）的高级会员，被称为可穿戴计算机（设备）之父。曼恩在《可穿戴计算机的定义》中给出了明确定义："可穿戴计算机应该是持续的，它总是处于工作、待机或可储存状态；可穿戴计算机应该主动提供服务，增强人的感知能力；同时它应该能够过滤掉无用的信息。"①

（二）从信息传播主体来看

从信息传播主体来看，新媒体可分为个人自媒体、群体或组织媒体等。自媒体的概念最早出现在 2001 年美国人唐·吉尔默（Tang Gilmer）对"新闻媒体 3.0"的定义当中，Web 1.0 指的是"旧媒体（冷媒体）或传统媒体"，Web 2.0 的定义则是指媒体（新媒体），Web 3.0 是指自媒体。2003 年 7 月，美国新闻协会发表了由谢因·波曼（Shein Bowman）、克里斯·威利斯（Chris Willis）合著的研究报告《自媒体》（*We Media*），给出的自媒体定义是：在通过数字技术授权并连接到全球知识系统之后，大众提供和分享自己的事实和新闻的一种方式。②

"自媒体"一词被学者们广为借鉴和采纳的定义是谢因·波曼以及克里斯·威利斯两人于 2003 年 7 月在美国新闻学会媒体中心发表的《自媒体：受众如何影响未来的新闻和信息》（We Media: How Audiences Are Shaping the Future of News and Information）中提出的。他们对自媒体的权威定义是："自媒体就是在数字科技强化并与全球知识体系相连之后，普通大众参与生产并提供与分享他们真实想法和自身新闻的传播途径。"③

国内学者夏德元在他的著作《电子媒介人的崛起》中为自媒体下了定义，

① Summer. 可穿戴设备简述 [EB/OL]. http://mtw.so/5NEKfB,（2019-10-08）[2022-05-20].

② Bowman S., Willis C. We Media: How Audiences Are Shaping the Future of News and Information[M]. Reston: The Media Center at the American Press Institute, 2003.

③ Bowman S., Willis C. We Media: How Audiences Are Shaping the Future of News and Information[M]. Reston: The Media Center at the American Press Institute, 2003.

得到了许多国内学者的认可。他认为自媒体就是为私人化、平民化、自主化的传播个体提供信息生产、积累、共享、传播的独立空间，可以从事面向多数人的、内容兼具私密性和公开性交互信息传播的传播方式总称。[①]自媒体的核心是普通公众对信息的自主提供与分享。

（三）从传播内容来看

从传播内容看，新媒体可分为图、文、音、像等类别。当前主要侧重视觉和听觉的新媒体类型较多，但进一步开发人类触觉和嗅觉等其他感官的智能新媒体也在发展中，比如嗅觉屏幕。从信息获取方式上来看，智能新媒体可分为搜索引擎类、定制推送类、浏览类等。

三、新媒体特征

托尼·费尔德曼（Tony Feldman）在其所著专著《数字媒体导论》（*An Introduction to Digital Media*）[②]中总结了数字媒体的关键特征，特别提到数字媒体可以使信息更加具有可操作的、网络化的、集中化的、可压缩的、公正的特点。本书在综合其他观点的基础上认为，当前新媒体还具有数字化、开放性、参与感、定制化的特征。

（一）数字化

当前的新媒体主要是指具有数据化特征的媒体，传播形式、传播内容甚至是传播行为都可以用数字技术进行处理，信息的采集、存取、加工、管理和分发都变得可以操作了，数字化是新媒体的基本特征。不同于以往的模拟技术，数字化技术可以使原来靠不同介质传播的信息用“0”和“1”的字符来表示，这意味着文字、图片、视频、音频都可以被统一编辑，并在同一个终端上输出。目前人们已经对这种数字化操作习以为常了，因为我们正沉浸于数字新媒体的技术环境中，已很难感受到不同传播媒体的区隔了。对于新闻媒体行业，数字

---

① 夏德元. 电子媒介人的崛起——社会的媒介化及人与媒介关系的嬗变[M]. 上海：复旦大学出版社，2011.

② Feldman T. An Introduction to Digital Media[M]. London: Routledge, 1996.

化更是媒介融合的基础性工作，新媒体时代传统媒体仅仅开通新闻网站远远不够，新媒体矩阵成为国内媒介融合的重要策略。

2013 年 4 月，《纽约时报》（*The New York Times*）因《雪崩：特纳尔溪事故》（Snow Fall：The Avalanche at Tunnel Creek）（以下简称《雪崩》）的全媒体报道获得了普利策新闻奖。《雪崩》报道的案例，可以说是媒体融合时代的一个典型。《纽约时报》用现场音视频、3D 图片、气象图表、文字报道、动漫等多种表现形式在 PC 端、平板电脑和智能手机上同步发布，获得了专家和读者的一致好评。该报道最大的特色在于多媒体交互的现场感体验。资深媒体人欧姆 · P. 马利克（Om P. Malik）对《纽约时报》这一新媒体探索评价道："以这类型的数字化报道模式为起点，'雪崩'开创了一种新的商业模式，它重新定义了新闻报道，是 21 世纪的新闻模式。"①

数字化转型已经成为所有组织应对挑战的主要战略。全球 1000 强企业中 67%、中国 1000 强企业中 50%的企业都把数字化转型作为企业的战略核心。② 2017 年 11 月 14 日，由 IDC 中国主办的"2017 数字化转型年度盛典暨第二届中国数字化转型领军用户颁奖典礼"上，春雨医生凭借在线问诊开放平台项目获得了"数字化转型颠覆者"大奖。我国著名的杂志《读者》和《意林》基于传统内容，创建了在线的数字内容平台，获得了读者的认可。它们的在线平台将一些高质量的摘要转换为音频，并添加音频模块，不仅丰富了相对有限的期刊内容，也为读者提供了一种更方便、更灵活的在线阅读方式。

（二）开放性

"所有人对所有人的传播"意味着信息的层级式传播模式被打破，这也意味着传统的叙事文化正在发生巨变。每个人都可以进行传播，每一个个体既是信息传播的中心，也是传播过程中的一个节点。个人传播技术的进步与普及为公民参与新闻发布提供了平台和渠道。数码相机、摄像机、智能移动设备等新型传播工具为公民发布信息提供了物质上的支持，而网络论坛（Bulletin Board System，

① 佚名. 刘笑盈、康秋洁：转型迎战数字化大潮，没有完成时[EB/OL]. http://by.cuc.edu.cn/2014/0717/c1529a 25837/page2.htm, (2014-07-17)[2022-04-06].

② 佚名. 2017 IDC 数字化转型年度盛典 8 大奖项 22 家企业揭晓[EB/OL]. http://cio.zhiding.cn/cio/2017/1115/3100528.shtml, (2017-11-15)[2022-04-06].

BBS）、微博、微信、短视频、直播平台等提供了实现随时发布信息的可能性。

“处处皆中心，处处无中心”，这是新媒体的典型特征。以网络技术支撑的新媒体一改几千年来单中心、单向的文化扩散模式，向多中心、网状裂变传播方式转变。新媒介、新工具、新平台、新渠道改变了文化生产、呈现及扩散的物理空间和线性时间。详细地讲，新媒体的“分散化”包含两个方面。一方面，中心是一个相对的概念，“分散化”则是指外围或边界。基于新媒体建立的网络连接，可以将每个节点视为中心。另一方面，中心是空间的概念，即空间中的位置。由新媒体构建的虚拟空间基本上是一个“流动空间”，社会空间的界限也是自由的，包括中心与外围之间的分隔。因此，在社会学家曼努埃尔·卡斯特斯（Manuel Castells）看来，这种类型的流体空间的社会意义恰恰是它可以用于实现不同的社会和功能目标，因为它基本上提供了灵活性。

（三）参与感

面对20世纪汹涌的媒介技术革新浪潮，麻省理工学院比较媒介研究中心主任亨利·詹金斯（Henry Jenkins）在其著作《文本盗猎者：电视粉丝与参与式文化》（*Textual Poachers: Television Fans and Participatory Culture*）中提出了“参与式文化”（participatory culture）这一概念。他还颇具建设性地指出：当今不断发展的媒介技术使普通公民也能参与到媒介内容的存档、评论、挪用、转换和再传播中来，媒介消费者通过对媒介内容的积极参与而一跃成为媒介生产者。[①]

用户参与是新媒体的本质特征之一。美国新闻网站《赫芬顿邮报》（*The Huffington Post*）也是原生网络媒体，没有传统媒体的母体，但它充分利用3000人规模的稳定博客队伍和12 000多名“公民记者”，创造了一种生产者与消费者之间的“共享事业”。新媒体时代的传播格局，应该是新媒体用户与媒体专业人员共同参与的一种格局。[②]在新闻传播领域，公民作为主体参与到新闻活动中的“参与式新闻”（participatory journalism）带来了新闻模式变革，营造出一种崭新的新闻样态。

---

① 转引自陶东风. 粉丝文化读本[M]. 北京：北京大学出版社，2009.

② 彭兰. 领悟新媒体法则——从《The Daily》的失败中学习什么?[EB/OL]. https://www.docin.com/p-805247073.html, (2014-05-04)[2022-04-07]. 注：“《The Daily》”的正确写法应为 *The Daily*。

以网络为代表的各种新媒体构建起一套全新的参与式文化体系，越来越多的政府机构、媒体和企业看到了参与式文化的发展趋势和潜在价值，它们在完善自身运作的过程中都努力调动受众的参与积极性。例如，传统时代的两会报道是从上而下的信息“发布-接收”模式，但是微信、微博等新媒体的出现，为两会代表了解获取更多人民诉求开拓了新的途径，同时也为广大人民群众参与政治生活提供了新的渠道。

参与式新闻是新媒体参与感这一特征最好的体现。新媒体背景下的参与式新闻与传统新闻相比，实现了前所未有的互动性，它的存储信息、超链接所带来的新闻背景立体化的呈现及其个性化的服务，使得普通公众可以借助现代网络数字技术参与到传播中来，从而使得每一个人都可以成为记者。

大多数研究认为参与式新闻给新闻带来了重大的影响。参与式新闻赋予受众的信息传播能力，增加了传受过程中的互动性。原来的传统媒体是单向传播，是一种点对面的传播。这种传统的传播模式所支撑的只是点对面的信息流动，然而缺少面对点的信息流动。如果说传统媒体是一种“讲座”式信息流通，那么参与式新闻更像是一种“对话”式的信息流通。在这种信息流通中，沟通、反馈是流通中的重要组成部分。

现代社会是信息社会，信息成了一种重要的资源，社会的发展离不开信息的流通。如果信息一直都是被垄断的话，那也就意味着权力一直被垄断着。参与式新闻就是要打破信息的垄断，使得信息像市场经济体制中的一种普通商品一样自由流通。参与式新闻在这一点上可以说提升了公众的参政意识。

（四）定制化

大众传播时代的“大众”是混沌的、模糊的、不确定的，报纸发行者并不确定报纸的真正阅读者，电视制作人并不能非常精确描述电视机前的观看者。大众传播强调强大的发行量、开机率、视听率，而基于大数据全新算法的新媒体可以向人们推送非常精准的产品和服务，数据不再是静止的、固态的，而是可以满足现实中人的需求。新媒体可以做到满足不同用户对于信息的阅读、消费等方面的偏好，公众在网络中每一个点击行为都可以成为数据资源，新媒体可以持续跟踪公众是否会完成某一信息消费行为，将大众分解为小众、个体，实现传播内容的精准匹配。

《卫报》（*The Guardian*）、《华盛顿邮报》（*Washington Post*）、《纽约时报》（*The New York Times*）、美国有线电视新闻网（Cable News Network，CNN）等西方主流媒体每年都会投入巨额金钱和巨大精力做大数据分析，让内容生产直接与用户连接，包括了解在媒体网站上、在社交媒体上，阅读主体是谁、阅读时长是多少、有无反馈等非常详细、具体的问题，进而准确为用户画像，改进和修正现有报道。目前很多新闻客户端下载的时候，会专门有界面让用户选择感兴趣的话题和领域，选择之后，针对不同的用户，后台会自动推送不同的新闻。电子消费更是如此，亚马逊、天猫、京东等对用户消费行为的了解非常精确，这种定制化信息提供的程度在传统媒体时代是难以想象的。

定制化强调以用户为中心的传播理念，不同于以产品为中心，定制化“只关心受众所关心的内容”。麦克卢汉在《理解媒介：论人的延伸》（*Understanding Media:The Extensions of Man*）中说：“新媒介绝不是旧媒介的赘加物，也不会让旧媒介过清净日子。它绝不会停止压迫旧媒介，直到它为这些旧媒介找到新的形式和新的位置。”①

第三节　新媒体文化

文化通过引导和培育个人在言语、行为和创造上的潜质、能力，从而塑造了个人。人们创造文化，同时也被文化所塑造。新媒体文化是作为社会成员的人利用新媒体所掌握和接收的知识、信仰、艺术、道德、法律、风俗以及任何其他的才能和习惯的复合体。新媒体文化是随着新媒介的出现，以新媒介为载体、以新媒介特有的表达方式传播信息的当代特有文化现象，新媒体文化促进了人们日常生活结构的形成。道格拉斯·凯尔纳(Douglas Kellner)认为媒介文化有助于塑造世界观和价值观，是图像文化、产业文化、商业文化、高科技文化等多重文化的集合。②

作为媒介文化的分支，新媒体文化可以表达当下这个时代占主导地位的价

① 马歇尔·麦克卢汉. 理解媒介：论人的延伸[M]. 何道宽，译. 北京：商务印书馆，2000.

② 道格拉斯·凯尔纳. 媒体文化：介于现代与后现代之间的文化研究、认同性与政治[M]. 丁宁，译. 北京：商务印书馆，2004.

值观、政治意识形态以及社会发展和创新等，也可以帮我们理解新媒体怎样参与塑造日常生活、怎样影响我们的思维和行为方式、影响我们如何看待自己和他人以及如何形成自身的认同性。

随着信息技术的不断发展，互联网、手机、数字电视等新媒体出现在人们的视野中，这不仅丰富了人们的日常生活，也给文化传播创造了便利。通过新媒体的融合应用，文化传播在内容和形式上有了新的突破，文化传播范围也得到了进一步扩大，面向世界范围进行传播和交流，使得文化传播内容更加丰富多彩，不仅满足受众精神需求，而且为促进文化产业发展奠定基础。①新媒体文化是随着时代的发展而出现的、以新媒体为载体的一种特定的社会文化现象，近年来发展势头迅猛。

一、新媒体文化基本特征

新媒体文化体现了作为社会成员的人利用新媒体的所思、所想、所为，是一种新型文化模式，具有开放、互动、戏谑等基本特征。

（一）开放性

美国学者克莱·舍基（Clay Shirky）曾预言，未来社会将变成具有高度黏性的人人社会，即人与人要靠社会软件联结交往，人与人之间可以凭借一种微妙的关系，相互吸引、相互组合、相互分享、协同合作。这种合作基于一个共同的开放平台，并呈现出当代特有的开放性文化。

与传统媒体相比，新媒体具有人际传播和大众传播的双重功能，具有更强的参与性与互动性。个人既是传播者，又是受者。在传播过程中，个人既是信息的加工者也是信息的传播者，同时能够根据信息的变化及时调整信息内容。

通过新媒体实现的开放平台是借助云计算技术实现互联互通和云传播的一种基本方式，已成为大数据生成、传播和分析利用的基础平台。1984年，理查德·斯托尔曼（Richard Stallman）发起的自由软件运动以及后来兴起的开放源代码软件（Open Source Software）运动都倡导软件的主人应该基于共享目的，

① 张思雪. 浅析新媒体文化传播与实践[J]. 中国有线电视，2020（5）：553-555.

根据开源授权原则，将软件的源代码提供给其他使用者，供后者学习和改进。开放平台的本质就是构建围绕自己的生态链，通过应用程序接口的能力开放，将自己不擅长的事情开放给第三方来做，补足自身短板，最终将用户“粘在”自己的平台上。例如亚马逊、谷歌、脸书、微信、抖音、支付宝等应用程序提供的网络应用编程接口都将它们的平台开放给第三方开发者。英国《卫报》是第一家让受众自产内容、众包内容成为其核心支柱之一的媒体，也是第一家自发转型成为一个真正的数据共享公共平台的媒体,其数字化转型的核心就是“开放”，包括开放评论平台、开放数据平台、开放技术平台、开放新闻生产平台。中国工程院院士胡启恒认为互联网的特殊精神气质是“开放网络、自由访问、信息共享”，开放共享是当前网络新媒体的核心精神和文化特质。①

新媒体文化的开放性很大程度上体现在它的大众性。与新媒体文化相比，传统文化肩负传播重任的是官员、学者等群体，传播对象是受教育程度高或文化素质较高的少数人群，传播内容常常被赋予道义、理想和使命。然而新媒体文化则改变了这一局面，新媒体搭建了更加开放的话语表达平台，建构了更加自由的舆论氛围。

（二）互动化

以门户网站为代表的 Web1.0 时期,新媒体文化以发布海量信息服务为发展方向，但信息产品的传播依然延续了传统媒体的逻辑，即偏重单向传播、缺乏及时互动，更不用说早期传统媒体在互动性方面的匮乏。当前新媒体文化中的互动基于个人传播技术的进步和普及，互动性的本质是赋予屏幕前的“受众”权利，使其充分发挥主动性，能够自主地搜索、观看、发表意见和观点。

曼诺维奇认为如果将互动定义得过于广泛并不利于我们的理解，真正的互动既有身体因素也有心理因素。只有当互动获得了心理维度，它才能进入文化实践的层面。②换句话说，互动并不是简单地敲击鼠标、打开网页的动作行为，而是与我们的主体性相关。作为主体，我们要打开的是当前的新闻网页，而不

① 胡启恒. 什么是真正的互联网精神[EB/OL]. http://www.71.cn/2016/0412/883864.shtml, (2016-04-12)[2021-10-20].

② Manovich L. The Language of New Media[M]. Cambridge: MIT Press, 2002.

是另外一个游戏网页；我们对特定的观点发表评论，而不是就所有的信息发表观点；我们可以选择志趣相投的圈子，与“圈友”分享、交流个人经验。这些行为是作为主体的自主选择，人们借助新媒体进行信息获取、交流沟通、政治参与、娱乐休闲的时候，只有当自主选择成为人们的一种普遍共识和行为时，整个社会的文化面貌才会截然不同。

比如弹幕是新媒体时代用户之间一种新的交互方式。区别于传统文本评论，基于弹幕的交互满足了视频用户的求新心理，也满足了用户的娱乐需求。弹幕塑造的“围观”体验可以满足视频用户的自我认同需要，也可满足用户的自我表现需要。基于视频内容，新媒体用户可以匿名并即时发表自己的看法，发表的弹幕内容可以与视频内容有关，也可能与他人发布的弹幕内容有关，还可以与视频内容完全无关。弹幕族的存在给青年文化带来了一定程度的影响，主流文化和亚文化可以实现一定的互动，主流文化可以考虑如何塑造、引领亚文化及建构其传播平台。弹幕具有受众反馈即时性、评论的针对性和碎片化以及表达多样化的特点，弹幕视频无限更新循环的传播模式区别于传统网络视频多中心裂变式的传播模式，给受众的观感体验带来巨大的变化，并实现了人与人之间关于视频的实时互动。

（三）戏谑化

“狂欢”最初的概念来自苏联文学批评家、哲学家米哈伊尔·巴赫金（Mikhail Bakhtin）对“狂欢节”的追溯。[①]狂欢不同于日常的生活，“提供了打破日常生活压抑的机会，提供了被压抑者的声音在最大时可被听到的机会，提供了社会接受它通常所压制和否定的快乐的机会。狂欢的本质是它对规范着日常生活的规则的逆转，狂欢的必要性源自被压制者最终对屈服于社会规范的拒绝”[②]。沉浸于狂欢中的人们不分等级和地位，不分演员和观众，摆脱了一切约束、禁令等现实中的秩序。由于网络传播的匿名性提供了一片自由的天地，所以这种与现实分离的虚拟空间无疑构筑了类似狂欢广场式的自由语境。

嘲讽、恶搞、反语、暗喻等话语表达形式表现了新媒体文化的戏谑性特征，

① 宫承波. 新媒体文化的生存悖论审视[J]. 山东社会科学，2010（10）：31-34.

② 约翰·菲斯克. 解读大众文化[M]. 杨全强，译. 南京：南京大学出版社，2001.

如果说舆论是我们的社会皮肤，那么语言就是我们的社会神经，它对社会结构的不同层面变化的感知最为敏感。语言是社会事件和社会思想在网络新媒体上的集中体现，微博体、微信体、直播体成为直接催生新词语的重要平台。这些新的话语表达方式具有显著的戏谑化倾向，戏谑化不仅表现在日常生活现实和非正式语境，也表现在一些网络流行语的语境中。网络流行语蕴含了明示或暗示的某种负面情绪，同时也渲染了消极或焦虑的心态，向受众传播了一种负能量。一些恶俗的网络流行语破坏了网络空间的文化氛围，会对整个社会的价值取向特别是青少年的价值观产生负面引导。所以戏谑化在解构严肃话语表达的同时，也在建构一种新的符号体系，主流媒体要注意进行适当的规范和引导。

二、新媒体文化构成要素

社会学家们一般认为，文化由如下六种基本要素构成。

（1）信仰是关于世界如何运转的观念。对于以“类”的方式存在的人来说，文化是人与动物相区别的重要标志。“没有特定的文化传承机制，人成为‘类’——同种同文同构的社会群体——是无法想象的。”[①]人的生命存在的一个重要特征就是生存在一个自己创造的人文世界中。作为人的一种精神状态，信仰虽然属于根植于现实的一种精神性现象，但它的价值却是终极性的人文关怀。因此与其说它是人的一种精神机制，还不如将它作为人之特有的社会文化现象来理解。

（2）价值观是道德评价的标准，是人们在实践活动中逐渐形成的关于生活中基本价值的信念、信仰、理想等思想观念的总和。价值观作为一种认知形式，对于事物的真假、美丑等进行评判，是人类实践活动的一种反映。

（3）规范和法律是行为的指导方针。规范即约定俗成或明文规定的标准；[②]法律是由国家制定或认可并以国家强制力保证实施的，反映由特定物质生活条件所决定的统治阶级意志的规范体系。[③]它是统治阶级意志的体现，是国家的

① 姜琳琳. 寻找属人的生命意义[D]. 吉林大学，2013.

② 丁立福. 辑录字母词入“典”规范四题[J]. 出版科学，2013，21（6）：21-24.

③《思想道德修养与法律基础》编写组. 思想道德修养与法律基础（2018 年版）[M]. 北京：高等教育出版社，2018.

统治工具。法律是法典和律法的统称，其对公民在社会生活中可做和不可做的事务进行了明确的规定。由拥有立法权的立法机关依法制定、修订和颁布法律，并通过国家强制力确保国家基本法律和普通法律的实施。

（4）符号是观念和价值观的表征。对符号及其相关要素做了最全面概括的是英国学者特伦斯·霍克斯（Terence Hawkes）。他认为，任何事物只要它独立存在，并和另一事物有联系，而且可以被“解释”，那么它的功能就是符号。①

（5）科技是科学技术的简称。科学是人类在长期认识和改造世界的历史过程中所积累起来的认识世界事物的知识体系。技术是指人类根据生产实践经验和应用科学原理而发展成的各种工艺操作方法和技能，以及物化的各种生产手段和物质装备。

（6）语言就广义而言，是采用一套共同处理规则来进行表达的沟通指令，指令会以视觉、声音或者触觉方式来传递。所有人都是通过学习从而获得语言能力，语言的目的是交流观念、意见、思想等。一般把语言看作是一种由三部分组成的符号交流系统：记号、意义和连接两者的符码。符号学负责研究符号过程、记号和意义如何组合，以及记号的使用和解释。记号可以由声音、手势、字母或符号组成，当用于交流时，记号由发送者编码并通过信道发送给接收者，后者对其进行解码。

新媒体文化的构词分两部分：新媒体和文化。那么新媒体文化的要素则是指文化在新媒体层面的主要构成，社会学对文化的要素界定、对新媒体文化的理解也大有裨益。

一般而言，新媒体文化的构成要素可分为支撑实体、思想与价值观及行为模式等三部分。第一部分的支撑实体是指当前支撑新媒体运作的各种技术，包括互联网技术、通信技术、触屏技术、眼球追踪技术、语音识别技术、云计算、大数据等新技术。数字时代的预言家尼古拉斯·尼葛洛庞帝（Nicholas Negroponte）在1995年就预言世界将完成从原子到比特的飞跃，原子是物质世界的组成单位，比特是信息世界的组成单位，像报纸、杂志、电视、广播等都是由原子构成的物质实体，而没有重量、光速传播、无成本拷贝、无地域限制的信息社会由比特构成，这将使信息传播摆脱时空限制，带来全球共享，为人

① 特伦斯·霍克斯. 结构主义和符号学[M]. 瞿铁鹏，译. 上海：上海译文出版社，1987：132.

们的生活带来更多便利。

第二部分的思想与价值观是指在新媒体的介入下，人们的头脑所作出的认知、理解、选择或判断，并表现出的态度、爱好、品位、倾向等思维和观念。这些思维和观念受到个人的媒介文化身份影响。媒介的文化身份具有持久性，同时也始终处于不断的变化中。它与群体文化身份的形成过程一样，受外界因素的影响，具有一个建构与再建构的历史。每个人同样属于每个不同的部落群体，受不同成长环境的影响，有着自己的文化身份和文化立场。但是媒介让人们接触和参与到了不同的文化体系。[①]通过传播媒介人们可以找到与自己的思维观念相共鸣的现实情形和知识，也可能找到对于自身思维观念及文化身份的反思。

第三部分行为模式是指在思想和价值观的导向下，人们显性或隐性的行为方式、方法和基本框架。美国文化人类学家鲁思·本尼迪克特（Ruth Benedict）认为，人的行为的大部分是受文化条件制约的，在任何一种文化中人的行为都被文化有选择性地限定。文化给个人提供了生活的素材，个人正是被局限在这种素材中发展，在长期的生活过程中，形成了符合自己文化特点的人格特征和行为方式。[②]新媒体改变了我们的生活，它一边对传统文化进行着解构，一边又对当前文化进行着重构，重构这一时代的文化意义与文化范畴。新媒体文化作为一种大众文化，它促进了开放性人格特征的形成，拓展了人们的心理空间，构成了文化人格的多面性、立体性，在潜移默化中构成了人们显性或隐性的行为方式、方法和基本框架。

第四节　新媒体思维与素养

一、新媒体思维

（一）新媒体思维内涵

新媒体思维是具有鲜明时代特征的思维，是人们立足于新媒体去思考和解

---

① 陶雪玉. 新媒体文化特征研究[D]. 华南理工大学，2010.

② 鲁思·本尼迪克特. 菊与刀[M]. 贾文峰，译. 北京：台海出版社，2018.

决问题的思维，是新媒体发展和应用实践在人们思想上的反映。这种反映经过沉淀内化成人们的认知方式或思维结构，同时是一种高度重视网络与新媒体的思维，倡导人们了解、重视、学习互联网带来的变革甚至是颠覆的思维，是一种要求与时俱进、适应时代发展和技术进步的思维，是一种重视用户需求与偏好的思维。①

当下，网络新媒体已经越来越广泛地深入生产生活的方方面面，已经成为人们的一种生活方式，人际交往、工作方式、商业模式、政府机构、企业形态、文化传播等，都因为互联网的出现而发生了深刻变化。学者杰瑞米·里夫金（Jeremy Rifkin）提出“零边际成本”社会的概念，认为未来社会的主要经济模式将是协同分享模式，在这样的经济模式下，诸多经济活动的边际成本都接近零，出版产业的寡头垄断地位和运营模式将被颠覆，这也意味着我们要用新眼光、新思维重新审视周遭世界了。②人们无法用过去的思维、经验、逻辑和行为去判断一些新事物，人工智能设备遍布人们生活的各个角落，微信、微博、抖音等新媒体平台让人们目不暇接。

新媒体之“新”表现在丰富的传播现象和行为上，但创新思维才是网络新媒体的精髓、灵魂与精神。北京奇虎科技有限公司创始人周鸿祎认为互联网创新是要做与众不同、特立独行、别人做不到的事情，想到别人想不到的方法，这不仅仅是技术上的，还有商业模式、产品模式以及用户模式方面的创新。新媒体的创新思维不仅仅是产品、用户、商业模式、平台模式、服务模式等多方面的创新，更重要的是思维观念的创新。在网络新媒体领域，新媒体思维决定发展方向。③

（二）新媒体思维的主要内容

新媒体思维的主要内容是具备求变的基本思维，重点包含了平台思维、内容思维和产品思维。

---

① 周文彰. 谈谈互联网思维[EB/OL]. http://mtw.so/5MMG6n, (2016-04-09)[2022-04-07].

② Rifkin J. The Zero Marginal Cost Society: The Internet of Things, the Collaborative Commons, and the Eclipse of Capitalism[M]. New York: St. Martin's Press, 2014.

③ 胡世良. 互联网思维：别光说，还得练[J]. 中国电信业，2014（8）：35-38.

1. 基本思维

求变是新媒体的基本思维。在新闻业，过去制作新闻的规则不再是唯一有效的规则，旧规则有效之处依然行之有效，比如新媒体信息的流动规制。专业记者依然是其中的重要人物，但是非专业的参与者越来越多，比如《纽约时报》曾经为多少记者所追求，但是谁也想不到这份在全球发行且有相当影响力的报纸有一天会因为网络化信息的冲击而衰落。

美国的未来学研究所所长埃米·韦布（Amy Webb）认为，至少在过去 5 个世纪里，新思想完全渗入一种文化所必需的时间一般为 30 年，他把这称为“30 年法则”①。新媒体文化渗入人们生活的现实速度似乎让该法则失效了，我国学者陈力丹教授指出每隔 10 年移动通信领域就会发生巨大变化；每隔 10 年新的移动通信技术就会普及。②

20 世纪 80 年代末第一代移动通信网络诞生，然后 20 世纪 90 年代末的全球移动通信系统（Global System for Mobile Communications，GSM）问世，随后是 21 世纪初第三代移动通信技术（即 3G 网络）的普及，再到 2010 年第四代移动通信技术（即 4G 网络）出现，截止到现在最新的第五代移动通信技术（即 5G 网络）商用在 2019 年正式启动。5G 网络传输速率快，能够满足高清视频、虚拟现实等大数据量传输，也能满足自动驾驶、远程医疗等实时应用。2021 年 4 月 19 日，时任工业和信息化部副部长刘烈宏在国务院新闻办公室举行的国务院政策例行吹风会上表示，我国已初步建成了全球最大规模的 5G 移动网络。③数字技术的迭代速度越来越快，也影响了媒介形态的更迭，所以保持对新媒体的求变思维是新媒体时代的应有之义。

2. 平台思维

新媒体思维第二个重要内容是平台思维，目前平台模式早已渗入我们的现实生活，并被应用到多种行业领域，包括社交网络、电子商务、包裹快递、信用卡、第三方支付、搜索引擎、在线游戏、地产开发、商品现货和期货交易所

① 罗杰·菲德勒. 媒介形态变化：认识新媒介[M]. 明安香，译. 北京：华夏出版社，2000.

② 陈力丹. 以互联网思维看互联网和关于互联网的研究[J]. 新闻界，2015（20）：21-24，42.

③ 张辛欣. 中国初步建成全球最大规模 5G 移动网络[EB/OL]. https://baijiahao.baidu.com/s?id=1697553660387771957&wfr=spider&for=pc, (2021-04-20)[2021-10-20].

以及航空陆路交通枢纽等。

平台思维并不是单纯地把平台视为渠道或中介，而是围绕平台有一套精密规则和运行机制。比如美国的苹果公司以全新的方式对产业进行重组，凝聚音乐、出版、电信等各个环节。21 世纪新媒体时代的平台因为技术的发展而焕发出新的活力，互联网技术为平台概念的产生提供了前所未有的契机，比如对于音乐、小说、电影等体验性产品来说，技术的发展让其复制、传播的成本几乎为零。阅文集团旗下的起点中文网连接了作家与读者这两个原本处于产业链两端的群体，取代了出版商、经销商、零售商的角色，打碎并重组了整个产业结构。[①]目前在全球最大的 100 家企业里，已有 60 家企业的主要收入源自平台商业模式，其中包括苹果公司、思科系统公司、花旗集团、谷歌公司等。国内公众所熟知的阿里巴巴集团控股有限公司、百度公司、深圳市腾讯计算机系统有限公司、北京字节跳动科技有限公司、网易公司等，同样是通过平台商业模式获利并持续扩大市场份额的。

平台思维的产生其实是随着现代城市生活的展开和人类交往模式的扩大而扩大的。平台思维不仅仅汇总产品相关信息，而且不用生产更多的东西就可以产生更多优质的服务。桑基特·保罗·邱达利（Sangeet Paul Choudary）认为平台途径是重新定义“产品”并找到更多的方法解决同样的问题。[②]有了平台思维，很多既存的产品、服务、盈利模式等都面临重新定义。比如世界上最大的视频网站优兔（YouTube)可以不用设置新站点就能增加内容；爱彼迎（AirBed and Breakfast）作为全球最大的房屋共享平台，打破人们出行住标准化酒店的习惯，催生了充分利用每一个有空余房间并且愿意通过平台运营小旅馆的想法。说到底，平台思维的最终目的是为创新与求知创造必要的环境，既有的很多行业知识和传播模式都可以靠平台思维完全颠覆以往的旧模式。

3. 内容思维

新媒体时代的内容思维是以承认渠道选择的自由化和多元化为前提的。随着数字技术的发展，新媒体依然要坚持以内容为核心。例如抖音平台在 2019

① 陈威如，余卓轩. 平台战略：正在席卷全球的商业模式革命[M]. 北京：中信出版社，2013.

② 杰奥夫雷·G. 帕克，马歇尔·W. 范·埃尔斯泰恩，桑基特·保罗·邱达利. 平台革命：改变世界的商业模式[M]. 志鹏，译. 北京：机械工业出版社，2017.

年对于一些品牌企业，无论是初创公司还是大型上市公司，都进行了明显的内容投放红利，在抖音官方推出“星图”KOL 接单平台。因此无论传播方式和新媒体行业如何变化，在不断变化和发展的传播环境中，依然要坚持的核心价值是内容思维，即创造优质内容，聚焦信息价值的本身，提升全社会的沟通和传播效率。

4. 产品思维

产品思维的第一要义就是重视用户，真正做到“换位思考”，知道服务的用户是谁、用户需求是什么、用户的产品体验如何，从模糊的、不确定的受众海洋中为用户画像，在满足需求中不断创新。

另外，产品思维还要有不断迭代更新的意识。所谓迭代，就是产品是一个不断升级、持续完善的过程，每个产品都是一个不成熟的试验品，推向市场后，都面临不同用户的需求，产品的不完美推动着产品制造者不断想办法补足漏洞。因为新媒体时代技术和内容更新都很快，要保持长时间的优势我们需要保持不断更新的产品思维。例如字节跳动旗下的抖音短视频社交软件不仅在国内具有好的产品示范效应，在走出海外的进程中也取得了不错的成绩，在美国、日本、泰国、印度尼西亚等国的社交媒体类 APP 下载量排行中频频取得靠前名次，这是运用产品思维的典型代表。①具备产品思维是保持创造价值的重要途径。

二、新媒体素养

新媒体的发展，使得新媒体与现实生活的联系更加紧密，新媒体成为现实生活的一部分。公民也需要不断提升新媒体素养来更好地运用新媒体获取信息进行沟通交流和传播等活动。

（一）新媒体素养的内涵

美国媒介素养中心（Center for Media Literacy，CML）认为媒介素养是指人们面对媒体各种信息时的选择能力、理解能力、质疑能力、评估能力、创造能力、生产能力和思辨的反应能力。媒介素养的问题实际上是现代社会公民如何

① 周雪. 抖音短视频海外传播与国家形象自塑研究[J]. 视听，2019（9）：151-152.

通过利用媒体参与社会、推进社会发展的问题。不同时期的媒介素养的内涵和外延都有所差异。从全世界范围看，媒介素养历经了几次变化。[①]

最新的一次媒介素养变化是由新媒体的产生带来的，也称为新时代的新媒介素养。2005 年，美国新媒介联合会（New Media Consortium）发布的《全球性趋势：21 世纪素养峰会报告》（A global imperative：The report of the 21st century literacy summit）中对“新媒介素养”给出了如下定义：“由听觉、视觉以及数字素养相互重叠共同构成的一整套能力与技巧，包括对视觉、听觉力量的理解能力，对这种力量的识别与使用能力，对数字媒介的控制与转换能力，对数字内容的普遍性传播能力，以及对数字内容进行再加工的能力。”[②]从这个复杂的定义中，我们可以看出当前新媒体时代的媒介素养要求更高，不仅要有基本的辨识能力，还要有一定的信息传播能力和参与能力，媒介素养的高低直接决定新媒体信息内容的传播效果。

如上所述，我们界定新媒体素养，是相对于传统的媒体素养在新时代的条件下所给予的新内涵。传统的媒体素养包括对报纸、广播、电视等媒体信息的选择、接收、观看或收听、理解、质疑、评估和再创造的能力；新媒体素养则在此基础上增加了对于新媒体信息的选择、接收、观看、收听、理解、质疑、评估和再创造生产的能力。[③]

（二）新媒体素养的内容

新媒体素养主要包括语文素养、视觉素养和影视素养三个方面的内容。

第一个是语文素养。大众传媒几乎完全以文字为中心。创作媒介信息、理解信息含义的行为构成媒介素养，也就是需要词汇、语法和其他写作阅读技能。这些都是后天习得的，可教可学，无人生来就会。

语文素养是一种以语文能力为核心的综合素养。当代的语文素养，也称识字率，与生产力和经济繁荣程度一样都是衡量现代文明的标志，三者之间密不可分。高识字率通常与人均收入存在正向相关关系。语文素养是新媒体素养的

---

① 陈韬文，陆晔，卜卫，等. 媒介素养的国际发展与本土经验[EB/OL]. https://www.doc88.com/p-849576644039.html, (2012-06-21)[2022-04-07].

② New Media Consortium. A global imperative: The report of the 21st century literacy summit[R], 2005.

③ 吴奕欣. 中学思想政治教师新媒体素养提升研究[D]. 河南大学，2019.

基础，是用户理解新媒体信息的基础能力。

第二个是视觉素养。视觉素养包括三个部分。一是视觉思维，它指经过视觉感知的物理过程，将思想、观念和信息转换成各种有助于传递相联系信息的图画、图形或形象。二是视觉交流，它是指当图画和其他形象用于表达观念或传授给人们时，为使视觉交流有效，信息接收者应能从所看到的视觉形象中建构意义。三是视觉学习，它是通过图画和媒体学习的过程。①

大众传播者能够在一定程度上控制信息的传播，实现自己的意图。漫画小说家斯科特·麦克劳德（Scott McCloud）提出，这些控制技巧包括形式、风格、结构等手段。大众传播者技巧掌握愈娴熟，其传达的信息就愈有冲击力，表现出的视觉素养和语文素养也就愈强。另外，站在新媒体用户的角度，对这些技巧的辨识程度越高，他们对大众传播过程的参与度就越高。麦克劳德等视觉素养理论家坚持认为，尽管我们需要视觉素养，才能在一个高度复杂的世界中生存和交流，但视觉素养并不能取代语文素养，两者相辅相成，需要兼顾，只有这样才能充分传播和理解新媒体信息的含义。

第三个是影视素养。摄影等静态图像经过数十年发展，逐步融入了大众传媒，随着电影业的大繁荣、大发展，高新科技在影视生产中的应用，催生了用户影视素养。比如，观众慢慢不再恐惧屏幕上比真人高大的男女主角，也慢慢不再为电影的闪回倒叙手法所困惑。渐渐地，电影大师运用的技巧也被应用到同为动态媒介的电视屏幕上，其中五花八门影视手法的应用传达了最微妙的情感，但是经验丰富的影视迷一眼便可察觉。所以提高影视素养，可以加深新媒体用户的观影体验。

（三）提升用户媒体素养水平的基本途径

互联网自 1994 年进入中国至今，网络新媒体平台已经成为公众获取信息、发表言论、进行社会化交往的主要领域。在近三十年的发展过程中，新技术不断涌现，新渠道、新思想、新文化都要求用户与时俱进。我们生活在由各种媒介围绕的环境中，媒介素养已经成为新媒体用户终身学习的“通识”课程。

具备一定媒介素养的新媒体用户，就会更为合理地认知、使用媒介，不仅

---

① 徐亚男，张舒予，蔡冠群. 浅论大学生视觉素养培养[J]. 重庆广播电视大学学报，2009，21（1）：18-20.

如此，新媒体时代的用户还应学会对媒介信息进行质疑和批判性思考，学会理性、智慧地参与而不是盲目跟风，并进一步拓展到媒介参与能力和传播能力上，更好地让新媒体促进个体发展。因此提升媒介素养水平对构建现代社会意义重大。

由于目前多数关注媒介素养教育的人集中在高校或科研领域，因此媒介素养教育的对象范围偏小，主要集中在青少年群体，它本应该包括所有人，不同阶层、不同岗位的现代人都需要对新媒体时代传播的信息有基本的认知、辨别能力，而不应仅仅局限在中小学或大学等课堂上。媒介素养水平可基于个体、家庭、学校和社会四个基本途径，通过线上或线下的专业课程、人际交流、社群交流等多种方式进行提升。

1. 个体层面

新媒体用户要积极主动地学习和了解有关新媒体的知识、特征和功能，学会辨别一般信息的真伪。近年来，以老年人和在校学生为对象的电信诈骗案件不断增多，一个最主要的原因就是这两类人缺乏对诈骗信息的认识，不注重保护个人信息。例如老年人群体在线娱乐偏好多以社交、短视频和资讯为主，其中观看短视频的人数占到了老年群体的 58.6%。与 2018 年 12 月相比，2019 年 6 月 50 岁以上用户对短视频的使用率已经上升到 66.7%，老年人群中，抖音月人均使用时长已经接近 1000 分钟。抖音中“银发网红”的出现，更是让老年人以全新的形象出现在大众面前。如今，“银发网红”横跨时尚、军事、美食、娱乐等领域，成为越来越多年轻人的偶像。老年人群体在使用短视频的过程中也一定程度上提高了对新媒体知识的运用能力。[①]所以在个体层面培养自觉提高新媒体素养的意识非常重要且有效。

2. 学校层面

放眼全球，各地媒介素养教育的发展历程都不一样，各国都有自己的策略。在美国，媒介素养名词还没出现之前，中学就已经开设了新闻传播方面的课程，几十年前，高中就已经开设了电影、文化研究、编排报纸等课程，都记入学分。虽然这不是新媒体环境下的媒介素养教育，但从今天的语境理解，这方面的教

① 徐丽娟.“银发网红”的自我呈现与形象塑造——基于抖音短视频的框架分析[J]. 新媒体研究，2020，6（9）：49-51，59.

学也有助于推广媒介素养。[①]目前中国的高校开设媒介素养课程比较常见，通过学校的系统教学能让在校学生学会正确合理使用新媒介、能够理解各种新媒介传递的信息意义以及能够独立判断其价值。所以，学校的媒介素养教育对于提升用户的新媒体素养意义重大。

3. 社会层面

我们生活在由各种媒介构成的现实环境中，某种程度上，媒介扮演了个体完成社会化的关键角色。另外，随着新媒体技术的不断升级，现代社会参与的广度和深度还将进一步加大，而这种参与式文化已经成为一种全球性文化。然而，伴随着新媒体繁荣发生的，还有信息泛滥、隐私泄露、网络成瘾、电信诈骗、网络恐怖主义等严重社会问题。因此，作为社会人，每个新媒体用户都应从社会交往、社群交流、网络社区等社会层面提升自身的媒介素养水平。

主流媒体要加强舆论引导，增强社会责任，坚持媒体发展的社会主义方向，坚持党的领导，坚守主流意识阵地，践行社会主义核心价值观。针对网络焦点事件，要坚持正面引导，发挥政治导向功能，坚持“引导不误导、鼓舞不鼓动、通俗不庸俗”的方针，切实履行媒体义务。新媒体运营平台要加强行业自律，要做好网络内容建设，发布权威、健康、正能量的信息，杜绝低俗、媚俗的不健康信息，坚决切断有害信息传播链，净化新媒体空间，减少娱乐信息的发布，改变泛娱乐化的倾向。新媒体公众人物要自觉承担起提升新媒体素养的责任，公众人物要时刻注意自己的传媒形象，以积极、健康、正能量示人，要利用自己的网络影响力发挥示范效应，引导公民遵守网络法律法规和网络文明，遵守网络道德和公序良俗。理性认识网络现象，做遵纪守法的网络公民。[②]

4. 政府层面

我国政府一贯重视媒体的引导作用，出台了相关的网络管理政策，规范新媒体用户行为，建构了较为完善的媒介监督和保障体系，保障了媒体的舆论监督功能。2019 年 6 月 25 日，唐绪军主编、中国社会科学院新闻与传播研究所

---

① 陈韬文，陆晔，卜卫，等. 媒介素养的国际发展与本土经验[EB/OL]. https://www.doc88.com/p-849576644039.html, (2012-06-21)[2022-04-07].

② 刘广浩. 新媒体语境下青少年媒介素养的提升[J]. 黑河学刊，2021（3）：64-67.

主持编撰的《中国新媒体发展报告 No.10（2019）》面向社会发布。报告指出，要坚持依法治网，重视网络安全，加大依法保护数据力度，进一步完善网络空间综合治理体系。政府要提高数字治理能力，推动互联网治理进一步精准化和精细化，加强网络主流意识形态建设，强调新媒体报道人文价值，通过新媒体讲好中国故事，防止出现信息娱乐化倾向。[①]

新形势下，政府要进一步加强网络管理，积极推进网络法治建设，健全网络法律法规体系。完善网络监管机制，严格网络执法，加大执法力度，依法严厉打击网络违法犯罪活动。落实执法责任，建设一支政治水平高、业务能力强的网络执法队伍。要加强对网络舆情监管，及时回应网络热点信息，提高突发事件的网络应对能力，提高政府公信力。要抓好网络重点环节管理，规范网络信息传播秩序，加强网站备案登记，加强对网络平台的运行监管。深入开展网络低俗信息、非法信息专项治理活动，切实维护网络健康有序运行。[②]

第五节　新媒体教育

随着传播技术的日新月异和传播环境的复杂多变，基于互联网等的新兴媒介形态对新闻传播行业及整个社会都产生了巨大推动，这使当前的新媒体教育也面临着新一轮变革。

新媒体教育也称为新媒体媒介教育，其核心是培养普通大众使用、分析和创造媒介以及对各种信息的批判性认知能力。根据2005年美国新媒介联合会发布的《全球性趋势：21世纪素养峰会报告》所提出的定义，新媒体教育是由听觉、视觉以及数字素养相互重叠共同构成的一整套能力与技巧，包括对视觉、听觉信息的理解能力，对这种信息的识别与使用能力，以及对数字内容进行再加工的能力。近年来，新媒体教育已经是各国教育普遍关心的问题，被认为是现代社会公民教育必不可少的重要内容。[③]

① 唐绪军. 中国新媒体发展报告 No. 10（2019）[M]. 北京：社会科学文献出版社，2019.

② 刘广浩. 新媒体语境下青少年媒介素养的提升[J]. 黑河学刊，2021（3）：64-67.

③ 闫欣洁. 新媒体时代高校“媒介教育”求变思考——以新媒体概论课程为例[J]. 菏泽学院学报，2019，41（4）：64-67.

一、现状及问题

新媒体的特征不仅改变了社会的传播生态，也引起了学术科研、教育教学领域的深刻变革。[①]2012 年，为了适应互联网、移动互联网的发展对新媒体人才的需求，教育部在本科专业目录中增设了网络与新媒体专业。2013 年，经专业名称修订，本科专业招生目录中不再有新媒体与信息网络、媒体创意、网络经济等专业，开设网络与新媒体专业。经过十年左右的发展，很多院校都开设了网络与新媒体专业，该专业受社会关注度也越来越高。

2014 年 12 月，在北京召开的“网络与新媒体专业教育发展论坛”讨论了国内涌现出的网络与新媒体专业的四类主要模式。一是以中国人民大学、西北大学为代表的，依托原有新闻传播学优势学科进行改造，以数字新闻为方向的宽口径、厚基础的培养模式，培养综合型的泛媒体新闻传播人才。二是以中国传媒大学、暨南大学为代表的全力打造新专业，强化面向互联网各类应用需求的实践性人才培养模式。比如中国传媒大学广告学院新媒体系的课程体系，紧紧围绕新媒体传播运营与管理，开设了内容与产品、互动营销、产业经营三个核心的专业课程模块，在专业课程覆盖、质量和实验室配套方面走在了前列。三是以中山大学、南京师范大学为代表的以应用型、实践型新媒体人才为培养方向，但是把握细分领域、突出重点的培养模式，比如中山大学强调产品设计，南京师范大学突出视频内容。四是以浙江大学、上海外国语大学为代表的国际化、外向型新媒体培养方向，通过国际合作或双语教学来强调学生更宽广的视野和国际传播能力。

尽管我国的新媒体教育在高校得到了迅速的发展，但是就目前来看，我国的新媒体教育还存在不少问题。

首先，对新媒体教育的认知略显狭隘，虽然网络与新媒体专业被教育部批复为本科新增专业，但仔细考量，这次调整实际上并没有解决以往存在的一些问题，如根据媒体介质特点进行专业划分（新闻学专业、广播电视专业、网络与新媒体专业），但传播学专业与其他专业的区分尚不清晰（新闻、广告也可视为传播的分支）。专业划分比以往更细，但专业同质化严重，各专业培养特

---

① 王妍. 新媒体教育传播现状及趋势研究[D]. 郑州大学，2017.

色不明确。

其次，在人工智能技术的影响下，传统的新闻传播教育理念与教学实践正在遭遇不同程度的解构，其生成的知识体系、市场效应以及人才质量已经无法与新时代的需求实现完美接洽与融通，致使新闻传播教育陷入了徘徊不前，甚至倒退的窘迫境地。[①]

最后，受新闻传播传统教育的影响，新媒体教育易落入窠臼，难以平衡因循与创新的关系。例如课程设置方面要么片面理解网络与新媒体，将网络加上采写编评便作为主要课程框架，要么是完全舍弃新闻传播基础知识，忽视对学生批判精神和探索精神培养的问题，追随最新技术设置教育内容，过于注重学生的技术使用能力。

二、调整策略

在人工智能的强力渗透下，新闻生产实践日益走向了智能化的道路，从线索搜集到选题策划，再到采访撰稿，直至信息传播等一系列流程都耦合与嵌入了人工智能的话语逻辑，对既有的新闻传播理念以及生产实践产生了巨大的震荡，重构着新闻传播的生态格局。

在新媒体时代，传统的新闻传播教育理念、模式与方法，很大程度上已无法适应巨变的媒介生态环境，改革与调整势在必行。当旧思想遇上新问题，很多理念、模式和方法与新媒体时代的新要求有脱节现象，但这并不是一概否定传统新闻传播教育的所有努力，而是在媒介生态发生巨大改变、传受关系面临重新定义、媒体经营模式被颠覆、业务流程需要再造的现实面前，传统的教育理念、教学方法、课程设置及师资队伍的教育系统都需要重新思考。新媒体教育的调整策略有以下四种。

第一个策略是调整理念偏差，革新教育模式。立足人工智能时代，新闻传播教育理念唯有不断更新，才能更好地指导新闻传播教育实践，促进教育事业发展。当前新媒体教育的理念偏差表现在两方面：一是仍旧沉浸在传统的新闻传播教育领域，一味强调新闻专业主义伦理规范，无视当前媒介的生态变化；

① 赵红勋，冯奕翡. 人工智能时代新闻传播教育的变革逻辑[J]. 中国编辑，2021（1）：78-81.

二是片面追求就业导向的技术培训，长期以来，我国习惯于从政治诉求、经济发展、市场需要等功利主义角度出发，追求新闻教育的“工具理性”与“社会本位”，自觉不自觉地规避对“价值理性”与“个人本位”的叩问，导致了新闻教育中品行操守教育乏力、价值引导错位、受教者的价值结构失衡与个人价值取向出现偏差等。[①]就新闻传播历史进程而言，杨保军认为现已进入“后新闻业时代”[②]，传统媒体时代的传播者主导性地位及偏向内容生产的观念不能直接嫁接到新媒体传播实践中。这意味着职业新闻传播观念由偏向“传播主体中心”转向“共同主体中心观”，由偏向“宣传引导中心观”转向“服务公众中心观”，由偏向“意识形态属性中心观”转向“多元属性统一观”。

促成这些转向的主要因素是新的媒介生态的发展，新媒体传播在很大程度上颠覆了传统的新闻传播理念，具有自身的传播特性，特别是社会化媒体的兴起改变了传统的信息传播规则，对固有的新闻传播模式产生了很大冲击。要根据社会媒介的特点调整新媒体教育理念偏差，革新教育模式的关键在于树立前瞻性思维，把握好传统新闻传播教育的“度”非常重要。

第二个策略是改革教学方法，创新教学手段。新媒体教育革新的第二个方面就是改革教学方法，在原有的教学手段基础上进行创新。在新媒体时代，如今的年轻人更愿意自我选择、主动寻求与生产、传播、共享属于他们的“知识”。知识生产及其本身也都面临重新定义的局面，学习者需要多种技能处理海量信息、辨别有价值信息、利用网络与新媒体创造新内容等。

这些变化都要求高校新媒体教学在教学方法上，应紧贴现实环境，转变传统思维，实行以学生为主的开放式教学方法，因势利导地去传授专业知识。在各个高校的新闻传播教学当中，要利用微信公众平台等新媒体平台进行传播，这是一种新的教学方式和思维。在教学过程当中，通过对这些新媒体平台的正面利用来丰富课堂，能够让学生对这些新媒体平台有一个系统的掌握，能够让学生真正地了解新媒体语境的特点和操作方式，提升课堂教学质量。[③]

---

① 朱清河. 市场化趋势下高校新闻教育改革价值取向的反思[J]. 国际新闻界，2011，33（8）：6-12.

② 杨保军. 我国职业新闻传播观念的几个宏观转向——以“后新闻业时代”开启为背景[J]. 新闻记者，2014（5）：3-9.

③ 王冬. 新媒体语境下新闻传播教育面临的困境与革新[J]. 新闻前哨，2020（12）：10-11.

第三个策略是科学安排教学框架，精心设置核心课程。在新媒体环境下，新媒体教育的课程体系也应适时调整。首先，课程内容要有技术导入。课程的设置要结合业界前沿和人工智能的大趋势。根据国内高校的新媒体人才培养方案来看，高校的课程设置往往侧重于采、写、编、评的知识阐释，但伴随着网络技术和新兴媒体的发展，智能推荐、传感器、无人机等在之前看似离我们很遥远的传播技能如今已被成熟地运用到新闻生产中。

其次，课程设置要有人文特色。近年来，虽然新闻事业在不断发展，但各大院校新媒体人才培养的人文环境、师资力量、硬件设施等却不尽如人意，难以真正达到行业的要求，很难满足全媒体深度融合的媒介生态环境。由此，高校的课程设置中要加大人文素养和媒介素养类课程的比重。①

第四个策略是建设新媒体教育的师资队伍。2017 年全国高校新闻学与传播学专业教师教学需求问卷调查显示，56.8%的新闻学与传播学专业教师没有运营过新媒体或有相关工作经历，但被调查者所任职的高校有 74.4%已经开设了网络与新媒体专业或与之相关的专业课程。虽然被调查者并不全部都是新媒体专业的教师，但是同意选择引进业界教学内容中的新媒体实践操作的被调查者高达 90.8%。

综合来看，新媒体教育的师资队伍既需要精通新闻传播学的专业知识，也需要拥有跨学科的交叉视野；既需要熟悉专业的理论体系，也需要敏锐地察觉新媒体的应用实践；既需要深刻理解中国的具体国情与发展阶段，也需要了解世界的前沿动态与趋势。在新媒体环境下，师资队伍需要具备以下知识与能力：跨学科知识基础、跨媒体理论基础、跨文化思维基础；教学新技术的使用能力、学科研究的科学工具使用能力等。

三、新媒体教育的未来发展方向

面对新媒体时代媒介融合发展的大趋势与大变革，融媒体智能化转向为我们绘制了新媒体的未来影像，也为新媒体教育的未来发展方向带来了新的启示。

第一，具备大数据素养的能力。伴随着数据与智能技术的发展，数据新闻

① 赵红勋，冯奕翡. 人工智能时代新闻传播教育的变革逻辑[J]. 中国编辑，2021（1）：78-81.

风靡世界。利用数据挖掘可以延伸新闻中单一事件、当前信息的时空意义，展示新闻事实的逻辑关系、发现常规新闻中难以体现的逻辑，新闻样态也从封闭式转换为开放式，帮助用户获取和理解多元的信息。哈佛大学尼曼媒介实验室（Nieman Lab）为2019年新闻业做的年度预测中，认为数据技能将会成为未来媒体人的基本技能。

第二，立足中国本土模式的创新能力。中国至少在680所大学开设了1300多个新闻传播专业，这在全世界也是空前的，从数量上来说中国已经是新闻教育的世界第一大国。在未来，中国要立足本土，寻求自己的教育模式。例如清华大学新闻与传播学院创办以来，与时俱进地推行创院院长范敬宜先生提出的“素质为本、实践为用，面向主流，培养高手”的方针，以马克思主义新闻观为指导，在实践教育方面创出“大篷车模式”“浸入式实践教育”，通过自己的特色教育，努力培养各类国家战略型、社会需求型人才，是中国新闻教育模式的根本。①

第三，培养复合型人才。随着互联网及新媒体技术的迅速发展，媒介融合成为当前及未来很长一段时间内传媒发展的基本趋势，新媒体教育最重要的是理念和思维的转变。当下新媒体时代同时也是各大媒介融合的时代，媒介融合对新媒体教育在课程融合、人才培养方面都提出了更高要求。从教育的角度出发，需要培养适应新媒体时代未来发展所需要的全能型和复合型新媒体人才，我们一方面需要加强未来的新媒体教育的基本理念，弘扬人文精神和本体价值；另一方面，需要面向未来，开阔视野，革新教学模式，探索实践教学新形式，努力构建具有复合型知识结构的新型传媒类人才培养模式。

① 陈昌凤. 21世纪的新闻教育：如何培养创新型人才？[J]. 新闻大学，2020（9）：10-21，119.

第二章

新媒体技术：新的信息技术体系

新媒体是新的技术支撑体系下出现的媒体形态，技术创新决定媒体变革。那么，在未来相当长的一段时间内，技术的变革尚未平息，各类技术仍将日新月异，将会出现什么样的新技术呢？可以预见的是，大数据技术、移动互联技术、VR 技术、AR 技术、人工交互等新技术将进一步改变我们的生活，推动着媒体发生新一轮变革，给我们带来媒体新形态。

媒体是指传播信息的媒介，媒介的主要支撑技术是网络通信，通过网络通信从而形成全球互联网。互联网技术的发展打通了全世界的网络连接，出现了所有网络形态都汇聚到互联网上，进而不断诞生出大量基于互联网技术的新媒介形态，极大促进了全球信息资源共享。

具体而言，新媒体技术是指以现代化的数字技术、网络技术以及通信技术等全新技术为基础，能够向用户提供需要的信息服务的媒介手段。具体包括如下几种形式。①

第一种是图像与图形信息处理技术：对从现实世界中通过数字化设备获取的图像，称为取样图像、点阵图像和位图图像（简称图像）以及计算机合成的图像，称为矢量图（简称图形）进行处理的技术。

第二种是声音信息处理技术：把在时间和幅度上都是连续的声音信号进行采样、量化、编码的技术。

第三种是视频信息处理技术：将活动图像进行采样、量化、编码的技术，以及计算机动画处理技术。

① 刘海波. 利用新媒体引导凝聚青年并创新共青团工作研究[J]. 法制与社会，2012（18）：183-184.

第四种是流媒体技术：流媒体（streaming media）是指将一连串的媒体数据压缩后，经过网上分段发送数据，在网上即时传输影音以供观赏的一种技术与过程，如音频、视频或多媒体文件。[①]流媒体在播放前并不下载整个文件，只将开始部分内容存入内存，流媒体的数据随时传送、随时播放，只是在开始时有一些延迟。流媒体系统的组成包括音视频源的编码和解码、存储、流媒体服务器、媒体流传输网络、用户端播放器。

本章将从新媒体终端技术、新媒体网络技术与新媒体应用技术来系统化地探讨新媒体的技术现实，研究技术发展对媒体形态的影响。

第一节　新媒体终端技术

一、计算机终端

计算机是一种按照程序运行，自动、高速处理海量数据的电子计算工具。科学家最初的设想是利用它的超强计算能力代替人工进行精密的数字运算，但随着科学技术的快速发展，它的功能逐渐丰富，如今已突破原有上限，被广泛应用到各行各业进行信息收集分析处理、图像识别、文章翻译等。

17 世纪后，西方工业革命的到来，推动了计算工具的进一步发展，在欧洲出现了能实现加、减、乘、除运算的机械式计算机。艾伦·麦席森·图灵（Alan Mathison Turing）是“计算机科学之父”，在 1936 年首次提出了现代通用数字计算机的数学模型，为后世进行计算机逻辑框架搭建提供了思路，后人把其称为“图灵机”。

（一）计算机的产生

1944 年美国物理学家霍华德·海撒威·艾肯（Howard Hathaway Aiken）领导完成了第一台机电式通用计算机的制造，主要组件采用继电器，是一台可编程序的自动计算机。世界公认的第一台通用电子数字计算机，是美国宾夕法尼

① 王雷，冯湘. 高等计算机网络与安全[M]. 北京：北京交通大学出版社，2010：173.

亚大学约翰·威廉·莫克利（John William Mauchly）和约翰·普雷斯伯·埃克特（John Presper Eckert）领导的科研小组制造的，取名为“电子数字积分计算机”（Electronic Numerical Integrator and Computer，ENIAC）。1946 年约翰·冯·诺依曼（John von Neumann）与莫尔学院的科研组合作，提出了“程序存储”的概念，设计了冯·诺依曼型计算机，奠定了现代电子计算机的基础。

计算机的发展与电子开关器件的发展密不可分，因此经常采用逻辑开关元件来划分计算机的发展年代，如表 2-1 所示。

表 2-1　计算机发展历程

计算机	逻辑开关元件
第一代计算机	电子管
第二代计算机	晶体管
第三代计算机	集成电路
第四代计算机	大规模集成电路

第一代计算机（1946～1957 年）：逻辑开关元件采用电子管，主存储器采用延时线，体积庞大，功耗高，运算速度较低，奠定了计算机发展的基础。第二代计算机（1958～1964 年）：逻辑元件采用晶体管，主存储器采用磁芯和磁盘，在软件方面已开始使用高级程序语言。第三代计算机（1965～1971 年）：逻辑元件采用集成电路，主存储器开始使用半导体存储器，性能和可靠性大大提高。第四代计算机（1972 年至今）：逻辑元件采用大规模集成电路，发展速度快，功能比以前更为强大。

（二）硬件系统

在计算机几十年的发展过程中，计算机硬件经历了多次革新，更新换代速度极快。经过数十年的科学技术发展，计算机制造技术突飞猛进，外形正在逐渐轻薄化，海量信息处理的功能越来越强大，一些终端已经成为人们日常生活和工作中不可或缺的存在，比如平板电脑、智能手机等。

计算机硬件系统通俗来说是组成一台计算机的各种物理元件，主要由各种电子、机械和光电元件构成。它是计算机运行和工作的基础，直接影响着计算机的工作效率和工作状况，主要包括机械部件、电子和光电。它的硬件系统直接决定了整体运行效率和服务的可用性。

一般来说，计算机硬件可以分为五个部分：存储器、运算器、控制器、输入设备和输出设备。计算机的核心部件被称为中央处理单元，它由控制器、运算器、寄存器组成。存储器是计算机用以保存或“记忆”信息的重要部件。参与运算的数据和处理过程都要预先通过输入设备存入存储器中保存起来。运算器对数据进行加工处理，可以进行算术运算和逻辑运算。控制器负责从存储器中取出指令，并对指令进行编译以保证各部件协调一致地工作，从而正确地完成各种操作。

计算机的输入设备按功能可分为以下几类。第一类是字符输入设备，例如键盘；第二类是光学阅读设备，例如光学标记阅读器、光学字符阅读器等；第三类是定位设备，例如鼠标、操纵杆、触摸屏幕和触摸板、轨迹球、光笔等；第四类是图像输入设备，例如摄像机、扫描仪、数码相机等；第五类是模拟输入设备，例如语音输入设备、模数转换器等。计算机的输出设备种类很多，常用的有打印机、显示器、绘图仪、投影仪及音响等。

（三）计算机操作系统（PC 操作系统）

操作系统（operating system）是配置在计算机硬件上的软件，是对硬件系统的首次扩充，能够有效控制计算机中的各种运行程序，且能够指挥和控制计算机的硬件设备。随着时代的进步，操作系统的新技术不断出现，功能不断增加，并逐渐形成从开发工具到系统工具再到应用软件的一个平台环境，更加满足了尽可能多用户的需要。

计算机操作系统的发展历程大致可分为以下几个阶段。

第一阶段：手工操作阶段。该阶段的计算机主要依靠电子管进行运作，运行的速度较慢，且需要用户运用机器语言完成程序编写，高度依赖人工操作，因而使用用户多为专业的技术人员。

第二阶段：批量处理阶段。这一阶段晶体管替代了电子管，计算机运算速度得到大幅提升，同时在此期间软件也开始出现并得以发展，操作系统也初见雏形。

第三阶段：多道程序系统阶段。这一阶段为提升 CPU 的利用率，引进多道程序设计技术，并进一步推动了计算机科学史上一个新的分支的产生，即传统操作系统的出现。

第四阶段：现代操作系统阶段。这一阶段得益于大规模及超大规模集成电路的支持，生成了微处理器，并促使计算机体积缩小的同时运行速度也得到了质的提升。随着其发展不断向着操作便捷和功能全面等方向发展，可将其进一步分为批处理系统、分时系统、实时系统、网络操作系统和分布式操作系统阶段。①

二、手机终端

从手机通信技术的发展来看，到目前为止，它主要经历了五代技术。第一代是模拟手机时代，也称为 1G 时代，它采用的是模拟和频分多址（frequency division multiple access，FDMA）技术，它只能实现语音通话；第二代是 GSM 数字网络时代，也称为 2G 时代，这个时代的 GSM 技术带来了多样化的手机应用；第三代是宽带移动网络时代，也称为 3G 时代，它带来了图文音像多种媒体形式，提供了多种信息服务；第四代是高速移动网络时代，也称为 4G 时代，主要是提供了更高速的数据传输服务。第五代是万物互联网络时代，也称为 5G 时代，传输速度更快，计算机的计算能力也更强。

从手机终端的发展来看，经过数十年的发展，手机实现了从功能手机到智能手机的发展。世界上第一台智能手机是国际商业机器公司（International Business Machines Corporation，IBM）在 1993 年推出的 Simon，它也是世界上第一台使用触摸屏的智能手机。随着手机的进一步发展，不同的智能手机开始出现了不同的操作系统，主要有 iOS、Android 等操作系统。智能手机的发展也促进了互联网用户的增加。《2019 年全球互联网趋势报告》显示，2018 年，全球约有 51%的人（38 亿人）是互联网用户，智能手机是全球许多用户的主要互联网接入点。②

三、其他终端

在互联网的影响下，许多传统媒体的受众转向了互动性更强的互联网，同

① 褚骁骁. 计算机操作系统的功能、发展及分类[J]. 科技资讯，2010（2）：19.

② 佚名. 互联网女皇 2019 报告：全球互联网用户超 38 亿，智能手机出货量下滑[EB/OL]. http://mtw.so/5M2Mc4,（2019-06-12）[2022-04-07].

时互联网技术新的发展塑造了更多的新媒体终端，比如，增强现实技术终端、虚拟现实技术终端、数字电视终端、可穿戴设备等。

增强现实（Augmented Reality）技术就是人们常说的 AR 技术，也被称为混合现实技术。它能够将虚拟的信息应用到真实世界，并将计算机生成的虚拟物体、场景或系统提示信息叠加到真实场景中，从而实现对现实的增强。利用 AR 技术，用户可以和虚拟世界进行多维交互，实时地获取现实世界的感官反馈，突破时间和空间的客观限制，增强视觉冲击力，达到身临其境的真实体验效果。

虚拟现实（Virtual Reality）技术就是人们常说的 VR 技术，又称灵境技术。它是运用计算机制作生成一个可交互的三维环境，即一个集视、听、触觉为一体的模拟环境，用户可以借助设备以自然的方式进入虚拟世界进行交互体验，通常体验者会不自觉地沉浸到虚拟环境中，会有身临其境的真实感受，仿佛置身于虚拟世界里。

数字电视是指使用数字技术进行音频、视频和数据信号的源编码，调制、接收和处理的电视系统。它的使用主要包含三种主要技术。第一种是伴随电视图像和音频的压缩和编码技术。第二种是诸如纠错编码之类的信道编码技术，它将提高数字电视广播的可靠性。第三种是多数字调制技术，它可以改善频率传输带宽的使用。与传统的模拟电视相比，数字电视具有信号稳定、声音图像效果好、系统具有可扩展性、传输效率更高等优点。

可穿戴设备，即直接穿在身上，或是整合到用户的衣服或配件的一种便携式设备。可穿戴设备不仅仅是一种硬件设备，更可以通过软件支持以及数据交互、云端交互来实现强大的功能。可穿戴设备将会对我们的生活、感知带来很大的改变。目前可穿戴设备的产品形态种类繁多，功能多样，如表 2-2 所示。

表 2-2　可穿戴设备按不同形式分类情况

分类角度	分类情况及可穿戴设备列举
按产品形态	头戴：眼镜和头盔
	手戴：手表和手环
	外穿：外衣、内衣和鞋类
按产品功能	人体健康、运动追踪类：小米手环、华为手环、Glass up、Fitbit Flex。
	综合智能终端类：Google Glass 等
	智能手机辅助类：Pebble 等

续表

分类角度	分类情况及可穿戴设备列举
按技术角度	高端产品：智能手表、眼镜和头戴式可穿戴设备 工作应用：智能手表和运动跟踪器 专业市场：健康医疗、健身和时尚类型的产品

第二节　新媒体网络技术

一、互联网

互联网络是网络与新媒体的基础设施，网络技术是网络与新媒体的基础技术，本节主要介绍互联网和移动互联网的基本原理和发展概况。

（一）互联网的概念

互联网是“计算机互联网络”的简称。计算机网络是指将分布不同地理位置的多台具有独立功能的计算机通过外围设置和通信线路互联起来，在功能完善的管理软件的支持下，实现资源相互共享的系统。[①]不同的学者对于互联网的定义有不同的理解。郭家堂和骆品亮认为互联网是互联网技术、互联网平台、互联网思维和随之而来的网络效应的综合体。[②]

基于当前互联网同社会生产的结合程度，本书认为一个完整的互联网络内涵包括以下三个组成部分。第一个是互联网技术，即根据在网络中所提供的服务的不同，可分为服务器和工作站，随着技术不断进步尤其是在以移动互联网为代表的新一代互联网技术与物联网技术的结合下，互联网技术移动性和一体化程度大幅提高，性能功耗更低。[③]第二个是互联网通信协议，即计算机之间

① 周贤善，王祖荣. 计算机网络技术与 Internet 应用[M]. 北京：清华大学出版社，2011：1.

② 郭家堂，骆品亮. 互联网对中国全要素生产率有促进作用吗？[J]. 管理世界，2016（10）：34-49.

③ 王素云. 互联网与我国对外贸易发展：动因、机制与效应研究[D]. 上海社会科学院，2019.

在通信时必须遵守的规则，是通信双方使用的通信语言。[①]第三个是互联网应用，即在电子信息产业和计算机技术飞速发展的条件下，以满足用户需求为目标的虚拟形式产品，互联网应用是互联网技术与通信协议的实践表现。[②]

目前，全球最大的互联网是因特网（Internet）。从网络通信的角度来看，因特网是一个以传输控制协议/网际协议（Transmission Control Protocol/Internet Protocol，TCP/IP）连接各个国家、各个地区、各个机构的计算机网络的数据通信网；从信息资源的角度来看，因特网是一个集各个部门、各个领域的各种信息资源为一体，供网上用户共享的信息资源网。

因特网的内涵包含三个层面的内容：一是因特网是一个基于 TCP/IP 协议的国际互联网络；二是因特网是一个网络用户的集合，用户使用网络资源，同时也为该网络提供各类资源，以丰富网络的内容；三是因特网是所有可被访问和利用的信息资源的集合。

因特网可以被看作是一个地理范围涉及全球，连接上亿台计算机或服务器的庞大的国际性计算机网络，它通过路由器连接多个广域网和局域网。因特网是一个具有极大影响力的计算机网络，是一个全球的信息资源库，为用户提供诸如邮件、浏览、信息查询、电子商务、在线娱乐等服务。

简而言之，因特网是一个全球性的巨大的计算机网络体系，它把全球不同地理位置的计算机网络进行互联，蕴藏了难以计数的信息资源，向全世界提供信息服务。[③]因特网的出现，是世界由工业化走向信息化的必然和象征。

（二）互联网的发展历程

互联网发展主要经历了五个阶段。第 1 代（20 世纪 50～60 年代）以计算机终端系统的产生和发展为主要代表，主要特点是“终端-计算机”通信，有明显的主从关系；[④]第 2 代（20 世纪 60 年代末～70 年代）以因特网的前身阿帕网（ARPAnet）和各种网络体系的产生和发展为主要代表，主要特点是“计算机-

① 王群. 计算机网络安全技术[M]. 北京：清华大学出版社，2008.

② 宋鲁华. 快速交付互联网应用产品运作模式分析[D]. 电子科技大学，2015.

③ 周贤善，王祖荣. 计算机网络技术与 Internet 应用[M]. 北京：清华大学出版社，2011：50-51.

④ 王群. 计算机网络安全技术[M]. 北京：清华大学出版社，2008：21.

计算机”通信，没有主从关系，但体系结构差异较大，不利于互联，以通信为主要目的[①]；第 3 代（20 世纪 70 年代末～90 年代）以开放式网络互联标准（OSI）与因特网的并行发展为主要代表，主要特点是全网具有统一的体系结构，以资源共享为主要目的[②]；第 4 代（20 世纪 90 年代末至今）以因特网在全球范围的普及与发展为主要代表，该阶段的互联网向高速化、宽带化、多媒体方向发展，具有开放性、综合性和智能化特点；第 5 代（20 世纪 90 年代至今）20 世纪 90 年代后，计算机网络和普通人们的生活紧密地联系在一起，个人电脑（Personal Computer，PC）、交换机和路由器、全球广域网（World Wide Web，Web）技术的诞生和发展为互联网的兴起和发展提供了技术保障，改变了人们的生活方式和工作方式。

21 世纪，在 3G、4G 加持下的移动互联网兴起以及互联网传输宽带网速提高，互联网技术进入崭新的快速发展阶段，开始渗透到人们生活的方方面面以及社会各个角落，线上线下开始走向融合，互联网逐渐成为社会的基础公共设施。互联网帮助人们突破了时空的限制与束缚，给人们的生活和工作带来了极大的便利。人们对互联网发展的探索没有停歇，物联网、云技术、5G 网络正在逐步走入人们的视野，成为互联网未来发展的新方向。[③]

（三）中国互联网的发展现状

《第 47 次中国互联网络发展状况统计报告》显示，截至 2020 年 12 月，我国网民规模达 9.89 亿，较 2020 年 3 月增长 8540 万，互联网普及率达 70.4%，较 2020 年 3 月提升 5.9 个百分点。截至 2020 年 12 月，我国农村网民规模为 3.09 亿，占网民整体的 31.3%，较 2020 年 3 月增长 5471 万；城镇网民规模为 6.80 亿，占网民整体的 68.7%，较 2020 年增长 3069 万。截至 2020 年 6 月，我国 IPv6 地址数量为 57634 块/32，较 2019 年底增长 13.3%。[④]

---

① 王群. 计算机网络安全技术[M]. 北京：清华大学出版社，2008：21.

② 王群. 计算机网络安全技术[M]. 北京：清华大学出版社，2008：22.

③ 刘璐，潘玉. 中国互联网二十年发展历程回顾[J]. 新媒体与社会，2015（2）：13-26.

④ 中共中央网络安全和信息化委员会办公室，中华人民共和国国家互联网信息办公室，中国互联网络信息中心. 第 47 次中国互联网络发展状况统计报告[EB/OL]. http://www.cac.gov.cn/2021-02/03/c_1613923423079314.htm,(2021-02-03)[2021-12-10].

2020 年，面对突如其来的新型冠状病毒肺炎疫情，互联网显示出强大力量，对打赢疫情防控阻击战起到关键作用。互联网为抗疫赋能赋智。近年来，网络扶贫行动向纵深发展取得实质性进展，并带动边远贫困地区非网民加速转化，网络扶贫成效显著。

总体来看，我国的互联网发展近年来在各个方面都取得了新的突破。我国网络零售连续八年全球第一，有力推动消费“双循环”，我国成为全球最大的网络零售市场。网络支付使用率近九成，数字货币试点进程全球领先。未来，数字货币将进一步优化功能，覆盖更多消费场景，为网民提供更多数字化生活便利。同时，短视频行业也获得了迅速发展，短视频的用户规模增长超 1 亿，节目质量有了飞跃性的提升。2020 年，我国在量子科技、区块链、人工智能等前沿技术领域不断取得突破，应用成果丰硕，释放了行业发展功能。截至 2020 年 12 月，我国互联网上市企业在境内外的总市值达 16.80 万亿人民币，较 2019 年底增长 51.2%，再创历史新高，集群化发展态势明显。2020 年，党中央、国务院大力推进数字政府建设，切实提升群众与企业的满意度、幸福感和获得感，我国政府的在线服务水平全球领先。①

二、移动互联网

（一）移动互联网的基本概念

移动互联网是以“固定”连接为基础，以“移动”特征为主导的互联网，目标是实现无论移动终端还是移动子网，都可以在任何地方以任何方式接入到互联网，保持通信不中断。②可见，移动互联网是一个新型的融合型网络，在该环境下，用户可以用手机、电脑或者其他终端通过移动网接入互联网，随时随地享用互联网上的服务。③移动互联网是相对于目前的计算机互联网而言的。

① 中共中央网络安全和信息化委员会办公室，中华人民共和国国家互联网信息办公室，中国互联网络信息中心. 第 47 次中国互联网络发展状况统计报告[EB/OL]. http://www.cac.gov.cn/2021-02/03/c_1613923423079314.htm, (2021-02-03)[2021-12-10].

② 张宏科，苏伟. 移动互联网技术[M]. 北京：人民邮电出版社，2010：1-3.

③ 卢赫. 国内外移动互联网发展现状及问题分析[J]. 现代电信科技，2009，39（7）：28-31.

从技术角度看，移动互联网和固定互联网的主要区别在于终端和接入网络，以及由此而带来的应用和服务的差别。

目前移动互联网的概念有两种：一种是宽带移动互联网，移动终端通过宽带无线通信网络接入公共互联网，与固网宽带用户相比仅仅是接入网络不同；另外一种是采用无线应用协议的互联网，即窄带移动互联网，终端主要是手机。[①]通常所说的移动互联网指的是第一种情形。移动互联网包括基于蜂窝技术、通用分组无线服务技术、通用移动通信系统、无线宽带、射频识别、全球微波互联接入等网络技术。[②]移动互联网的主要应用模式有企业对企业（business-to-business，B2B）、企业对消费者（business-to-consumer，B2C）和企业对雇员（business-to-employee，B2E）等。按照通用移动通信系统（Universal Mobile Telecommunications System，UMTS）组织的分类，移动门户主要有移动内部网和外部网门户、客户信息门户、多媒体信息服务门户、移动因特网门户网站、基于位置服务的门户等五种类型。[③]

移动互联网正在改变互联网的应用类型，改变互联网的覆盖范围和方式，改变互联网的用户群，改变人们对互联网的理解和使用，并将极大地改变互联网的社会化应用的广度和深度。[④]无线网取代有线网，就像移动电话代替固定电话一样，绝不仅仅是上网方式的简单改变，它是一种全新的信息化模式，意味着法律法规、制度标准、安全管理等各方面要求的提高，意味着更多的机遇、挑战与责任。[⑤]

（二）移动互联网的关键技术

移动互联网的关键技术包括面向服务的体系结构（SOA）、页面显示技术（Web2.0 和 HTML5）以及主流开发平台安卓系统（Android）、苹果移动操作

① 伍佑明，杨国良，丁圣勇. IPv6 技术及其在移动互联网中的应用[J]. 电信科学，2009，25（6）：18-23.

② Balocco R., Mogre R., Toletti G. Mobile Internet and SMEs: A focus on the adoption[J]. Industrial Management & Data Systems, 2009, 109(2): 245-261.

③ 陈德华，席利宝，唐守廉，等. 基于科技接受模型的移动互联网营销策略研究[J]. 移动通信，2009(10)：78-82.

④ 何宝宏. 移动互联网是第三代互联网[J]. 中兴通讯技术，2009，15（4）：35-38.

⑤ 吴倚天. 从桌面互联网到移动互联网[J]. 信息化建设，2009（5）：16-17.

系统（iOS）。

1. 架构技术

面向服务的体系结构（service-oriented architecture，SOA）是一种新兴的软件构架部署形式，它以粗粒度、松耦合服务架构为主体，通过简单、精确的定义接口进行通信；它封装好的服务可以被任何应用轻松调用，并且通过使用证书等方式确保通信途中的数据安全。正因为其封装的独立性，无论是实现功能的扩展或是上层平台的扩展均拥有出色的表现。

分布式应用程序是目前实现面向服务架构模型的主要技术，是一个平台独立的、低耦合的、自包含的、基于可编程的 Web 的应用程序。它可使用可扩展标记语言（extensible markup language，XML）标准来描述、发布、发现、协调和配置这些应用程序，用于开发分布式的互操作的应用程序。服务架构模型支持将业务转换为一组相互链接的服务或可重复业务任务，可以对这些服务进行重新组合，以完成特定的业务任务，从而使业务能够快速适应不断变化的客观条件和需求。

2. 页面显示技术

页面显示技术（HTML5）是互联网的下一代标准，是构建以及呈现互联网内容的一种语言方式，被认为是互联网的核心技术之一。[①]HTML 产生于 1990 年，1997 年 HTML4 成为互联网标准，并广泛应用于互联网应用的开发之中。HTML5 是 HTML 的第 5 个版本，也是最新的版本。

HTML5 具体包括 HTML、串联样式表(cascading style sheets，CSS)和 JavaScript 在内的一套技术组合。它希望能够减少浏览器对于需要插件的丰富性网络应用服务，并且能提供更多可以有效增强网络应用的标准集。具体来说，HTML5 添加了许多新的语法特征，并整合了可缩放矢量图形（scalable vector graphics，SVG）的内容，这些元素的添加使得在网页中添加和处理多媒体和图片内容更加容易。总的来说，HTML5 简化了页面设计，促使了布局和样式的分离，降低了脚本的复杂度，减少了对插件的依赖性。

① 李慧云，何震苇，李丽，等. HTML5 技术与应用模式研究[J]. 电信科学，2012，28（5）：24-29.

3. 主流开发平台

移动的主流开发平台主要包括安卓系统、苹果移动操作系统。安卓系统是目前全球市场份额占比最高的移动操作系统。安卓系统是一种基于 Linux 的自由及开放源代码的操作系统，主要用于移动设备，如智能手机和平板电脑。从整体上来看，安卓系统是一个功能全面的平台，满足了用户对多种功能的需求。此外以安卓系统为载体的手机厂商众多，让用户拥有了不同品牌、不同机型的产品选择。同时由于安卓系统通常以开放性的思维方式进行功能设定，一项功能任务往往提供多种途径和方式供用户选择，更加体现用户的个性化。

苹果移动操作系统是由苹果公司开发的移动操作系统，以 Darwin 为基础，属于类 Unix 的商业操作系统。它主要应用于 iPhone、iPad 以及 Apple Watch。苹果移动操作系统通常是以引导式的思维方式进行功能设定，一项功能任务往往提供给用户有限的途径和方式，并且在一定程度上限制用户的其他选择。虽然苹果移动操作系统在功能全面性方面不如安卓系统，但提供了统一的手机界面、确保质量的应用程序、系统化的手机更新，在单品技术方面用户体验更好。

（三）我国移动互联网的发展现状

《第 47 次中国互联网络发展状况统计报告》显示，截至 2020 年 12 月，我国手机网民规模达 9.86 亿，较 2020 年 3 月增长 8885 万，网民使用手机上网的比例达 99.7%，较 2020 年 3 月提升 0.4 个百分点。同时使用电视上网的比例为 24.0%；使用台式电脑上网、笔记本电脑上网、平板电脑上网的比例分别为 32.8%、28.2%和 22.9%。手机作为第一大上网终端设备的地位更加巩固。①

2020 年 1 月至 12 月，移动互联网接入流量消费达 1656 亿 GB。2020 年我国个人互联网应用增长较为平稳。其中，短视频、网络支付和网络购物的用户规模增长最为显著，增长率分别为 12.9%、11.2%和 10.2%。基础类应用中，即时通信、搜索引擎保持平稳增长态势，用户规模较 2020 年 3 月分别增长 9.5%、2.6%。网络娱乐类应用中，网络直播保持快速增长，增长率为 10.2%；网络视

① 中共中央网络安全和信息化委员会办公室，中华人民共和国国家互联网信息办公室，中国互联网络信息中心. 第 47 次中国互联网络发展状况统计报告[EB/OL]. http://www.cac.gov.cn/2021-02/03/c_1613923423079314.htm, (2021-02-03)[2021-12-10].

频、网络音乐的用户规模较 2020 年 3 月分别增长 9.0%、3.6%。[①]

截至 2020 年 12 月，APP 数量排在前四位的占比合计达 59.2%。其中，游戏类 APP 数量达 88.7 万款，占全部 APP 数量的比例为 25.7%。日常工具类、电子商务类和生活服务类 APP 数量分别达 50.3 万、34.0 万和 31.0 万款，分列第二、三、四位，占全部 APP 比重为 14.6%、9.9%和 9.0%。[②]

第三节　新媒体应用技术

在新媒体终端技术与互联网技术的支持下，新媒体应用飞速发展。本节研究了新媒体应用形态的基本技术原理、技术架构，以及未来技术应用的发展趋势，主要包括上篇的门户网站、搜索引擎、电子商务、即时通信和下篇的网络游戏、网络视频和移动应用软件。

一、新媒体网络应用技术（上）

（一）门户网站

门户网站这一概念的内涵有狭义和广义之分。从狭义上讲，门户网站是一个入口，一个通向某类综合性互联网信息资源并提供有关信息服务的应用系统。从广义上讲，门户网站是一个应用框架，它将各种应用系统、数据资源、互联网资源整合集成到一个庞大的信息管理平台上，并以统一的用户界面提供给用户，便于用户获取相关信息和内容。[③]门户网站主要提供新闻、搜索引擎、网络接入、聊天室、电子公告牌、免费邮箱、影音资讯、电子商务、网络社区、

① 中共中央网络安全和信息化委员会办公室，中华人民共和国国家互联网信息办公室，中国互联网络信息中心. 第 47 次中国互联网络发展状况统计报告[EB/OL]. http://www.cac.gov.cn/2021-02/03/c_1613923423079314.htm, (2021-02-03)[2021-12-10].

② 中共中央网络安全和信息化委员会办公室，中华人民共和国国家互联网信息办公室，中国互联网络信息中心. 第 47 次中国互联网络发展状况统计报告[EB/OL]. http://www.cac.gov.cn/2021-02/03/c_1613923423079314.htm, (2021-02-03)[2021-12-10].

③ 谭辉煌，刘淑华. 新编新媒体概论[M]. 重庆：重庆大学出版社，2018.

网络游戏、免费网页空间等。

雅虎（www.yahoo.com）是美国最早的最著名的互联网门户网站，也是 20 世纪末互联网奇迹的创造者之一。20 世纪 90 年代中期，雅虎公司以分类搜索为基础，开始将其自身打造成用户接收线上内容的统一入口，并在首页提供天气、新闻、财经、体育等内容服务。鼎盛时期，雅虎还提供整站托管、聊天室、群组和邮件等服务，并成功构建起互联网发展史上最早的可以实现规模化收入和赢利的商业模式。

在国内，搜狐、新浪、腾讯以及网易并称为中国互联网的四大门户网站，它们最初的模式都参照雅虎。以中文网站的搜索引擎为切入点，打造网民与企业之间的桥梁，进而开始为用户提供各种新闻、资讯、信息以及商务服务。

新浪网公司成立于 1998 年 12 月，由四通利方信息技术有限公司和华渊资讯公司合并而成。新浪网向广大用户提供包括地区性门户网站、移动增值服务、搜索引擎及目录索引、兴趣分类与社区建设型频道、免费及收费邮箱、博客、影音流媒体、楚游、分类信息、收费服务、电子商务和企业电子解决方案等一系列服务。①

网易是中国领先的互联网技术公司，在开发互联网应用、服务及其他技术方面，网易始终保持在国内业界的领先地位。网易门户网站为互联网用户提供了以内容、社区和电子商务服务为核心的中文在线服务。在网站的内容频道方面，网易同国内外上百家网上内容供应商建立了合作关系，提供比较全面的网上内容，推出了多个各具特色的网上内容频道。②

搜狐是我国最早的互联网公司，是基于搜索引擎而成立的公司。搜狐所提供的互联网服务从媒体资讯、无线增值、互动沟通扩展到产业服务、搜索引擎、网络游戏和生活服务等多个领域。③

腾讯成立于 1998 年 11 月，是中国浏览量最大的中文门户网站，是腾讯公司推出的集新闻信息、互动社区、娱乐产品和基础服务于一体的大型综合门户网站。最初腾讯的业务是拓展无线网络寻呼系统，其后来构建的腾讯网门户网

① 李良荣. 网络与新媒体概论[M]. 高等教育出版社，2014.

② 谭辉煌，刘淑华. 新编新媒体概论[M]. 重庆：重庆大学出版社，2018.

③ 匡文波. 新媒体概论（第 3 版）[M]. 北京：中国人民大学出版社，2019.

站逐渐形成了种类丰富的内容频道。

随着网络技术的发展，传统的门户网站发展势头减弱，逐渐进入衰落期，发展态势开始出现下滑。移动互联网、物联网、人工智能等新技术都对门户网站造成了巨大冲击。随着用户阅读视线由 PC 端向移动终端转移，门户网站的流量和吸引力被削弱。用户不再将目光只停留在同一个信息源上面，转而寻求更具专业属性的垂直网站、社交网站和兴趣聚合社区。具有大众传播属性的门户网站不再是网民获取需求信息的有效途径，门户网站时代也因此成为过去。

（二）搜索引擎

搜索引擎是指根据一定的策略、运用特定的计算机程序从互联网上搜集信息，在对信息进行组织和处理后，为用户提供检索服务，将用户检索的相关信息展示给用户的系统。①搜索引擎本身就是可以为用户提供网页目录的万维网上的一个站点，也是可提供与用户输入的关键字相匹配的网页内容的一种程序。搜索引擎包括全文索引、目录索引、元搜索引擎、垂直搜索引擎、集合式搜索引擎、门户搜索引擎与免费链接列表等。

随着搜索引擎的不断完善和发展，目前搜索引擎已成为互联网获取信息的重要工具。目前人们使用最多也最为熟悉的搜索引擎有谷歌（Google）、百度、搜狗等。

搜索引擎的目的是帮助人们寻找信息资源。因此搜索引擎并不真正搜索互联网，它搜索的实际上是预先整理好的网页索引数据库。搜索引擎以一定的策略在互联网中搜集、发现信息，对信息进行理解、提取、组织和处理，并为用户提供检索服务，从而起到信息导航的作用。

搜索引擎主要由四部分组成：搜索器、索引器、检索器和用户接口。搜索器的功能是在互联网中发现和搜索信息，它要尽可能快、尽可能多地搜集各种类型的信息，同时还要定期更新已有信息，避免死链接和无效链接。索引器的功能是理解搜索器所搜索的信息，从中抽取出索引项，用于表示文档以及生成文档库的索引表，建立起自己的索引数据库。一个搜索引擎的有效性在很大程

① 温昱. 搜索引擎数据痕迹处理中权利义务关系之反思——以两起百度涉诉案例为切入点[J]. 东方法学，2020(6)：34-46.

度上取决于索引的质量。检索器的功能是根据用户的查询在索引库中快速检出文档，进行文档与查询的相关度评价，对将要输出的结果进行排序，并实现某种用户相关性反馈机制。用户接口的作用是输入用户查询、显示查询结果、提供相关性反馈给用户。[①]

搜索引擎可按不同的标准来进行划分，如按照信息搜集方法和服务提供方式的不同，可以分为目录式搜索引擎、机器搜索引擎和元搜索引擎；按照查询类型来划分，可以分为分类型搜索引擎和词语性搜索引擎；按照信息搜集方法、服务提供方式和系统结构的不同，搜索引擎系统可以分为不同的类别。

全文搜索引擎的代表是网络爬虫，网络爬虫是一个自动提取网页的程序，它为搜索引擎从因特网上下载网页，是搜索引擎的重要组成。它是通过从互联网上提取的各个网站的信息（以网页文字为主）而建立的数据库中，检索与用户查询条件匹配的相关记录，然后按一定的排列顺序将结果返回给用户，因此它们是真正的搜索引擎。

目录式搜索引擎由 Web 站点主动提交或用半自动方式搜集信息，由人工对 Web 站点进行评价、分类、形成摘要，使其按树型作主题分类组织，从树根逐层向下形成各级分类，叶节点则包括指向 Web 信息资源的链接。

元搜索引擎是对用户的查询请求进行预处理，转换为底层搜索引擎能够处理的格式，向多个搜索引擎递交，再对各搜索引擎的检索结果进行组合，排除重复，排序等处理后返回给用户。其返回结果信息量更大，更全，但往往需要作更多的筛选。

垂直搜索引擎是专门针对某一个行业的专业搜索引擎，对于网页库中的某类专门的信息进行处理、整合，定向分字段抽取出需要的数据进行处理后再以某种形式返回给用户。它能保证信息收录齐全且更新及时，具有深度好、检出结果重复率低、相关性强、查准率高的特点。

搜索引擎技术功能强大，提供服务全面，它们的目标不仅仅是提供单纯的查询功能，而是把自己发展成为用户首选的互联网入口站点。目前的搜索引擎系统在信息收集、分类、可视化、个性化以及检索结果的准确性等方面仍有一定的不足，如何利用自然语言处理、人工智能、数据挖掘等技术来提高搜索引

① 匡文波. 新媒体概论（第 3 版）[M]. 北京：中国人民大学出版社，2019.

擎的性能表现将是未来搜索引擎技术的重要发展趋势。

（三）电子商务

电子商务是参与方之间以电子方式而不是以物理交换或直接物理接触方式完成的业务交易活动，是整个事务活动和贸易活动的电子化。它将事务活动和贸易活动中发生关系的各方面有机地联系起来，使得信息流、资金流、物质流迅速流动，能提高企业生产效率，降低经营成本，优化资源配置，从而实现社会财富的最大化。①

随着互联网技术的发展，电子商务也在不断被赋予新的内涵。目前，电子商务通常是指在全球各地广泛的商业贸易活动中，在互联网开放的网络环境下，基于浏览器或服务器应用方式，买卖双方不谋面地进行各种商贸活动，实现消费者的网上购物、商户之间的网上交易和在线电子支付以及各种商务活动、交易活动、金融活动和相关的综合服务活动的一种新型的商业运营模式。②

电子商务的主要应用形式包括：B2B（business to business）、B2C（business to customer）、O2O（online to offline）、C2C（customer to customer）等应用模式。

B2B 是指企业与企业之间通过专用网络或互联网，进行数据信息的交换、传输，开展贸易活动的电子商务。B2B 的交易主体可以是企业与供应商，也可以是企业与政府机构或企业与其他各类企业。B2B 应用模式是指进行电子商务交易的供需双方都是商家，它们使用了互联网的技术或各种商务网络平台，相互之间进行产品、服务及信息的交换。

B2C 是指企业与消费者之间的电子商务。也就是通常说的网上零售，企业通过网络直接面向消费者销售产品和服务。B2C 电子商务具体是指通过信息网络以电子数据信息流通的方式实现企业或商业机构与消费者之间的各种商务活动、交易活动、金融活动和综合服务活动，是消费者利用互联网直接参与经济活动的形式。从企业和消费者买卖关系的角度看，B2C 主要分为卖方企业—买方个人、买方企业—卖方个人两种模式。

---

① 李卫东. 网络与新媒体应用模式：创新设计及运营战略视角[M]. 北京：高等教育出版社，2015.

② 匡文波. 新媒体概论（第 3 版）[M]. 北京：中国人民大学出版社，2019.

O2O 是指将线下交易与互联网结合在一起的新的应用模式，即网上商城把线下商店的消息推送给线上用户，用户在获取相关信息之后可以在线完成下单、支付等流程，之后再凭借订单凭证等去线下商家提取商品或享受服务。目前，O2O 电子商务模式在各个领域都有广泛的应用，常见的包括出行购票、房产、酒店预订、虚拟优惠券等。总而言之，O2O 模式就是在移动互联网时代，生活消费领域通过线上（虚拟世界）和线下（现实世界）互动的一种新型电子商务应用模式。

C2C 模式是指个体商户与个人之间通过双方的电子设备，利用互联网自行实现商品贸易活动的营销模式。该模式买卖双方均为个人，与前几种模式的不同之处在于，只要买方手持移动设备处于网络状态下，就可以随时进行交易。C2C 模式的特点在于，交易的网络化、交易的个体化、交易的随意性。

信息经济的崛起带来了电子商务的快速发展。电子商务作为当今时代的新媒体形态，在现代商业竞争中的地位不容小觑。可以预见的是，将来商业的发展方向将很大程度依赖电子商务的发展。①

（四）即时通信

即时通信（instant messaging，IM）是基于计算机网络的一种新兴应用，它最基本的特征就是信息的即时传递和用户的交互性，并可将音视频通信、文件传输及网络聊天等业务集成为一体，为人们开辟了一种新型的沟通途径。即时通信功能强大、应用面广，无疑是网络时代最受欢迎的交流方式。即时通信软件是通过即时通信技术实现在线交流互动功能的软件。②即时通信包括即时消息模式和移动聊天模式。

即时消息模式是指能够即时发送和接收互联网消息的业务。具体的即时消息应用软件和工具的功能五花八门，但即时消息模式的基本功能都是支持两人或多人的在线聊天或交流。即时通信软件的聊天功能在发展中不断扩展，多数都能实现视频聊天、语音消息、丰富的个性表情交流等。

---

① 王松，王洁. 移动互联网时代的新媒体概论[M]. 上海：上海交通大学出版社，2018.

② 夏晓畅. 即时通信软件在中国办公自动化进程中的应用与分析——以 QQ、微信和钉钉为例[J]. 领导科学论坛，2021（3）：141-145，160.

移动聊天模式是移动互联网时代的新型即时通信模式。从应用终端来看，这种应用模式主要面向智能终端提供即时通信服务；从应用平台来看，一般都支持跨移动通信运营商、跨操作系统平台的聊天功能；从聊天形式来看，一般都能实现“一对一”或群体间的多媒体聊天功能，支持视频聊天、语音消息、个性化表情等多种交流形式；从位置服务来看，一般能提供基于位置的聊天服务。即时通信工具作为新媒体时代最接近人际传播的一种应用，它在整合了文字、语音、视频等多媒体信息传送技术后，也尽可能地将人际传播所具有的信息符号丰富、刺激力强以及传送直接、反馈及时等优点发挥得淋漓尽致。

二、新媒体网络应用技术（下）

（一）网络游戏

网络游戏又称为“在线游戏”，是一种以互联网为传输媒介，以游戏服务器和用户计算机为处理终端的多人在线游戏。网络游戏具有文化性、社交性和体验性。

网络游戏具有文化属性。网络游戏自诞生以来，便在开发、设计、推广和客户应用的过程中包含与传播着它特定的文化。网络游戏不断从历史、宗教及神话、小说、戏曲等各种文化资源中提取创意和故事素材，进行创新改造，使网络游戏内容更具文化性。

网络游戏具有社交性。目前我国网络游戏中大多都有社交内容，并且呈现出社交类型增多，社交时间增加的趋势。网络游戏的社交性主要体现在游戏互动性上，互动贯穿网络游戏研发到被消费的整个过程，无论是游戏的设计者还是玩家，都关注网络游戏的互动性。

网络游戏具有体验性。体验是一种特殊的心理需求，受众希望通过亲自接触来感知事物，了解事物本质。网络游戏具有显著的体验特性，它通过编程构建虚拟空间，在游戏虚拟空间中充斥着大量的视觉、听觉因素，当玩家进入游戏游玩时便可以真切地感受到虚拟空间中发生的一切。①

网络游戏模式包括动作游戏、角色扮演游戏、冒险游戏、益智类游戏等四

① 曹宏鸣. 我国网络游戏产品产业链经营模式研究[D]. 山东艺术学院，2020.

种游戏模式，如表 2-3 所示。

表 2-3 网络游戏模式

游戏类型	分类介绍	代表游戏	游戏特点
动作游戏	强调玩家的反应能力以及手眼的配合程度	魂斗罗、战神、龙珠 Z	以打斗等“动作”为主要表现形式，包括一些“射击”和“格斗”游戏，不追求故事情节
角色扮演游戏	简称为 RPG，是指玩家通过扮演特定角色在虚拟世界中活动	剑侠情缘网络版三、魔兽世界、天涯明月刀、逆水寒	由玩家扮演游戏中的一个或数个角色，具备完整故事情节，强调剧情发展与个人体验
冒险游戏	通常是玩家控制角色进行虚拟冒险的游戏。在冒险游戏中，故事叙述、探索、解谜、刺激是其重要的元素	古墓丽影、生化危机、机械迷城、深海迷航	冒险游戏强调故事线索的发掘，主要考验玩家的考察能力和分析能力，这类游戏的主要思路旨在让玩家在游戏中探索发现更多的未知事物，满足游戏者的好奇心
益智类游戏	这类游戏不需要强烈的声光效果，但侧重于玩家的思考和逻辑判断，按玩家的思路来实现游戏所设置的目标	几何战争、旋转泡泡球、伊特、疯狂水管	益智类游戏会添加一些其他要素如时间压力、行动元素、道具辅助等，但是益智游戏模式的核心还是在于玩家的思考、判断

（二）网络视频

学者李林容提出，网络视频是指以流媒体技术为支撑的视频内容或视频资源。它以动态的形式呈现给观众，集纳了视频、音频、文字以及图片等各类媒介内容，是传统媒体的高度进化与综合延展。①

网络视频模式包括视频平台模式、视频分享平台模式和短视频平台模式。

视频平台模式主要是通过向内容版权的拥有方开展合作或者是购买版权。视频平台应用模式中，一边是视频服务的规模化用户，另一边是视频平台的内容提供方。

视频分享平台模式是一种基于用户创造内容（user created contents，UCC）的视频应用模式，用户自己拍摄上传的内容是其主要内容源。视频分享在提供视频服务的同时，更加注重用户的体验，给用户足够的自由和空间。与此相类似的，用户生成内容（user-generated contents，UGC）指由用户上传的所有共同数字（digital common）内容的总称，这些数字内容并非来自网站出版者，而是由用户

① 李林容. 新媒体概论[M]. 北京：法律出版社，2015.

创造生成或由用户从其他处复制而来并公开发布。用户不再只是被动地消费数字媒体内容，而是积极地根据其需求选择内容并且进行媒体内容的生成创造。

短视频以其智能化、社交化引领新媒体时代潮流，成为新媒体网络应用技术中典型的平台模式，目前抖音、快手、西瓜视频等都是短视频平台的代表。

艾媒咨询（iiMedia Research）《2020—2021 年中国短视频头部市场竞争状况专题研究报告》数据显示，中国短视频用户规模增长势头明显，2020 年已超 7 亿人。艾媒咨询分析师认为，短视频作为 4G 时代快速发展的移动产品类型，能聚合社交、电商等属性，覆盖人群规模不断扩大，在网民中的普及度一直提高，2020 年中国短视频市场规模达到 1408.3 亿元，继续保持高增长态势，2021 年已接近 2000 亿元。近年短视频平台不断在商业模式上进行探索，一方面成为创新性新媒体营销平台，另一方面也结合直播带货迎来新的增长点，市场仍将进一步发展。①

北京贵士信息科技有限公司（QuestMobile）发布的《QuestMobile 中国移动互联网 2019 年春季大报告》显示，截至 2019 年 3 月，中国移动互联网用户每天花在移动互联网的时间为 349.6 分钟，其中用户月总使用时长里有 36.6%花在了短视频上。短视频应用近年逐渐在维护用户黏度、提高社交属性等方面发力，因此用户群体有一定增加短视频应用使用时长的趋势。②

（三）应用软件

应用软件（APP）是英文移动 application 的简称，也就是应用的意思，泛指智能手机的第三方应用程序，也就类似于平时我们计算机上的应用软件。③随着移动设备进入功能化的时代，应用软件的发展也逐步进入新的阶段，JAVA 等编程技术的发展与普及，出现了许多可供用户自由安装、卸载的应用程序。应用软件与传统程序相比，突破了传统的互联网浏览器的限制，为使用者量身定做专属的独特界面、快捷访问形式。

---

① 艾媒大文娱产业研究中心．艾媒咨询|2020—2021 年中国短视频头部市场竞争状况专题研究报告[EB/OL]. https://www.iimedia.cn/c400/76654.html, (2021-01-23)[2021-12-10].

② QuestMobile 研究院．QuestMobile 中国移动互联网 2019 春季报告[EB/OL]．http://mtw.so/61PqKT, (2019-04-23)[2022-04-06].

③ 高志成．移动 APP 用户体验优化策略研究[D]．上海工程技术大学，2016.

网络飞速发展的大环境下，应用软件得到了快速发展，已经潜移默化地改变了用户上网浏览的方式。截至 2020 年 12 月，APP Store、Google Play 等应用市场中上架的应用软件已有将近 200 万个，我们可以根据不同的功能划分为 15 个不同门类，如表 2-4 所示。

表 2-4　应用软件分类表

分类	代表 APP
系统安全	手机安全卫士、阿里钱盾、手机管家等
交通导航	百度地图、高德地图、滴滴出行等
旅游酒店	携程旅行、途牛旅游、飞猪旅行、同程旅行、小猪民宿等
影音视听	爱奇艺、腾讯视频、芒果 TV、蜻蜓 FM、喜马拉雅等
摄影摄像	美颜相机、轻颜相机、B612 咔叽等
通信社交	微博、微信、QQ
便捷生活	美团、58 同城、智联招聘等
新闻阅读	今日头条、搜狐新闻、新浪新闻、腾讯新闻、凤凰新闻等
购物优享	淘宝、京东、拼多多、苏宁易购、唯品会、手机天猫等
教育学习	网易有道词典、CCtalk、驾考宝典等
主题壁纸	安卓桌面、壁纸精灵、壁纸主题大师等
金融理财	支付宝、掌上生活等
办公商务	钉钉、QQ 邮箱、扫描全能王、有道云笔记等
实用工具	墨迹天气、万年历、全能计算器等
游戏	王者荣耀、和平精英、阴阳师等

在应用软件中，各类的市场份额和用户使用规模有着较大的区别。其中，手机网络支付、手机网络购物和手机即时通信的用户规模增长最为显著，在 2020 年的增长率分别为 11.4%、10.3%和 9.9%。基础类应用中，手机网络新闻、手机搜索引擎保持平稳增长态势，用户规模较 2020 年 3 月分别增长 2.0%、3.1%。网络娱乐类应用软件中，网络音乐保持快速增长，增长率为 3.8%；手机网络文学应用的用户规模较 2020 年 3 月增长 1.4%；网络生活类应用当中，手机网上外卖应用平稳增长，用户规模较 2020 年 3 月份增长 5.3%[①]，如表 2-5 所示。

① 中共中央网络安全和信息化委员会办公室，中华人民共和国国家互联网信息办公室，中国互联网络信息中心. 第 47 次中国互联网络发展状况统计报告[EB/OL]. http://www.cac.gov.cn/2021-02/03/c_1613923423079314.htm, (2021-02-03)[2021-12-10].

表 2-5　2020 年我国应用软件增长表[①]

应用	截至 2020 年 3 月用户规模/万	截至 2020 年 3 月网民使用率/%	截至 2020 年 12 月用户规模/万	截至 2020 年 12 月网民使用率/%	增长率/%
手机即时通信	89 012	99.2	97 844	99.3	9.9
手机搜索引擎	74 535	83.1	76 836	77.9	3.1
手机网络新闻	72 642	81.0	74 108	75.2	2.0
手机网络购物	70 749	78.9	78 058	79.2	10.3
手机网上外卖	39 653	44.2	41 758	42.4	5.3
手机网络支付	76 508	85.3	85 252	86.5	11.4
手机网络游戏	52 893	59.0	51 637	52.4	-2.4
手机网络文学	45 255	50.5	45 878	46.5	1.4
手机在线教育	42 023	46.9	34 073	34.6	-18.9

在未来应用软件的发展趋势中，移动用户规模的进一步扩大，为应用市场增长提供了发展基础。具体来看，应用软件的小程序、快应用等渠道增加，降低了开发推广难度，有利于应用软件的分销。软件应用场景进一步趋向于垂直市场，直播电商、生鲜电商、短视频等新兴领域持续快速增长，新的发展机遇不断涌现。[②]

第四节　新媒体技术发展趋势

一、人工智能

人工智能（artificial intelligence），简称 AI，是“研究、开发用于模拟、延伸和扩展人的智能的理论、方法、技术及应用系统的一门新的技术科学”[③]。

① 中共中央网络安全和信息化委员会办公室，中华人民共和国国家互联网信息办公室，中国互联网络信息中心. 第 47 次中国互联网络发展状况统计报告[EB/OL]. http://www.cac.gov.cn/2021-02/03/c_1613923423079314.htm, (2021-02-03)[2021-12-10].

② 艾媒产业升级产业研究中心. 艾媒咨询|2020 中国移动应用市场生态洞察报告[EB/OL]. https://www.iimedia.cn/c400/74427.html, (2020-09-22)[2021-12-10].

③ IT168 河北分站. 人工智能 科大讯飞志在何方？[EB/OL]. http://m.it168.com/article_1678119.html, (2014-10-30)[2022-05-21].

实际上，人工智能是一种试图生成与人类智能相类似并能够作出类人反应的一种机器，归属于计算机科学领域，相关研究涉及语言与图像识别、机器人、自然语言处理等诸多领域。①

2020 年人工智能已形成一定市场规模，与 AI 开放平台应用程序接口（application programming interface，API）所展开的业务成为其主要增长推动力，“到 2025 年，产业规模预计超过 4500 亿元”，未来发展仍十分可观。②相关数据显示，“大约 30%～45%的市场是人工智能创业企业所占据外围赛道切换而来的互联网公司、云服务公司、大数据公司、信息技术服务公司、通信设备公司以及个别科研院所切分其余市场”③。

算法、算力和大数据成为支撑人工智能应用的三辆马车，目前人工智能已应用于多个行业。在人工智能的作用下，传媒行业萌生了“人机共生”的新概念，同时将人-机之间、机-机之间的传播推向了现代传播体系之中，推动了传播历史进程的革新。人工智能在传媒领域的创新主要包括终端应用创新、技术平台创新、应用场景创新、传播价值创新四个方面。④

人工智能对新媒体内容的分析发挥着一定作用。依托于机器学习、自然语言处理等技术，人工智能能够快速提炼关键信息，并实现对内容数据的智能化处理和分析。同时在内容分析的基础之上，其对数据的智能处理也有利于保证监管体系的运转。⑤

就技术发展而言，可将人工智能分为弱人工智能和强人工智能两个阶段。当前我们仍处在弱人工智能时期，这是由于目前的人工智能技术尚不能进行独立思考和解决问题，因而并不能将其称作是真正的人工智能。

强人工智能在理论上则可以依托适配的程序语言达到独立感知、思考和行动的状态。可将其进一步分为类人和非类人的人工智能。两者的区别在于：类

---

① IT168 河北分站．人工智能 科大讯飞志在何方？[EB/OL]．http://m.it168.com/article_1678119.html, (2014-10-30)[2022-05-21].

② 佚名. 2020 年中国人工智能产业研究报告（Ⅲ）[EB/OL]. https://www.sohu.com/a/496739163_121015326, (2021-10-23)[2022-05-21].

③ 佚名. 2020 年中国人工智能产业研究报告（Ⅲ）[EB/OL]. https://www.sohu.com/a/496739163_121015326, (2021-10-23)[2022-05-21].

④ 赵子忠．人工智能在媒体领域的创新值得期待[J]．新闻论坛，2021，35（2）：1.

⑤ 孙瑞瑞．省级广播电视全媒体监管平台的关键技术分析[J]．广播与电视技术，2020，47（6）：140-143.

人的人工智能依赖于模仿人的思维行为，而非类人的人工智能则依托于机器自有的推算，脱离人的惯有思维和行动运作。

简言之，强人工智能不再仅仅从事机械的指示性活动，机器已经具备了强大的自主思考和行动能力，一方面能够根据预设指示展开行动，另一方面也可以进行自主决策。虽然目前距离强人工智能仍有较远距离，但随着计算机技术的发展，人工智能必然会为我们的生活带来全新的体验。

人工智能的主要研究领域包括智能感知、智能推理、智能学习和智能行动。①

智能感知主要涉及模式识别与自然言语理解两大模块。模式识别是针对人对外部世界的感知所进行的模拟，其目的是使得计算机能够像人一样感知到外部环境的变化，获取并理解其中的信息。自然言语理解则是让计算机具备阅读能力并生成其内在的资料数据库，以实现语言转化和针对指示对标相应信息，从而具备产制和解读语言的能力。

智能推理最具代表性的例子即为人工智能在国际象棋中的应用，其中涉及大量逻辑推理、问题求解、问题搜索等人工智能技术。从中可以看出人工智能在具备解决问题方面的开发，还注入了大量的假设推理和直觉技巧等技术。由此生成了一个较为完善的智能系统，其中涵盖了诸多专业性知识，为处理不确定、不精确的一些信息提供了有力支持。因而智能推理意味着计算机学习了人的逻辑，并学会了编程和设计，进而为问题求解提供了技术支持。

智能学习可视作人工智能最显著的一大研究领域。学习始终被人类看作是不断获取新知识的关键途径，因而对于人工智能的智能学习而言也至关重要。目前关于智能学习的研究已经开辟了机器学习、计算智能、进化计算和神经网络几大板块。实际上，机器学习在某种意义上也是对人的学习模式的一种探究，有助于我们更好地理解人的大脑和神经网络等器官的运作机制，这也使得该领域始终备受关注，但当前的研究仍处在较为初级的阶段。

人工智能最贴近日常生活的即为智能行动，这也是 AI 在日常应用中最为广泛的一大方面，如我们较为熟悉的智能检索、智能控制、数据挖掘等，均是智能行动的一大分支。究其本质，智能行动是对机器人的相关操作所展开的研究，其终极目标是生产出智能人工生命，并为研究出无懈可击的机器人移动序

---

① 佚名. 人工智能技术概述 2019[EB/OL]. http://mtw.so/63pidD, (2021-11-10)[2022-05-21].

列而不断努力。如若智能人工生命成功问世，这将成为人工智能技术取得巨大突破的里程碑式事件。

二、大数据

大数据是科学家研究的热点，不同的科学家有不同的定义。大数据概念最早由维克托·迈尔-舍恩伯格（Viktor Mayer-Schönberger）和肯尼斯·库克耶（Kenneth Cukier）在编写《大数据时代：生活、工作与思维的大变革》（*Big Data: A Revolution That Will Transform How We Live, Work, and Think*）中提出的，是指不用随机分析法（抽样调查）的捷径，而是采用所有数据进行分析处理研究大数据。[①]麦肯锡公司在报告《大数据：创新、竞争和生产力的下一个前沿》（Big data：The next frontier for innovation competition and productivity）中认为大数据是指：大小超出常规的数据库工具获取、管理、存储和分析能力的数据集。在电子商务平台亚马逊（Amazon）工作的科学家约翰·劳泽（John Rauser）提出了一个简单的定义：大数据是指任何超过了一台计算机处理能力的数据量。

大数据是当今科学技术发展下的信息产物，指在一定时间内通过全新高效的数据处理模式，并有效处理规模大、多样化的数据信息资产。因此，大数据的概念不是单独表现出数据的规模大小，而更多的是指对于种类繁多的数据信息体系进行高效处理的方式。

大数据具有三个特点，包括数量巨大、分析读取数据快速和应用领域广泛。

大数据的第一个特点是数量巨大。大数据不仅包括企业数据、政府数据，也包括互联网数据和个人数据等各种数据。不仅包括结构化数据，即严格地遵循长度规范与数据格式，能够用数据或统一的结构加以表示的数据，如符号、数字，也包括非结构化数据，即无法用数字或统一的结构表示，如图像、声音、文本、网页等各种数据，数据量大得惊人。

大数据的第二个特点是分析读取数据快速，它的存储读取速度要求快速，还要通过技术方法实现各种数据的交汇整合效果。大数据的第二个特点也是最重要的特点，即大数据代表着一种新的信息技术。这种技术不仅能快速地实现

① 陈晋. 人工智能技术发展的伦理困境研究[D]. 吉林大学，2016.

对现有数据的分析，还能通过对现有数据的加工处理达到发现新知识、提高新能力、创造新价值的目的。

大数据的第三个特点是应用领域广泛。近日，国际数据公司（IDC）联合希捷科技发布了《数字化世界——从边缘到核心》白皮书以及《IDC：2025 年中国将拥有全球最大的数据圈》白皮书，IDC 预测，全球数据圈将从 2018 年的 33ZB 增至 2025 年的 175ZB。[①]

同时，国家工业信息安全发展研究中心通过对全国 3000 多家大数据相关企业的问卷调查和座谈形成的《2019 中国大数据产业发展报告》显示，截至 2019 年，大数据产业规模超过 8000 亿元。截至 2019 年 12 月，我国已有 17 个省市建立了大数据局，大数据安全维护机制日益完善[②]；我国大数据研发人员在 2019 年已经超过了 8 万人，大数据研发投入已经超过 550 亿人民币。[③]

三、云计算

云计算（cloud computing）在维基百科的定义是一种基于互联网的计算方式，通过这种方式，共享的软硬件资源和信息可以按需求提供给计算机终端和其他设备。“云计算”一词用来同时描述一个系统平台或者一种类型的应用程序。一个云计算的平台按需进行动态地部署（provision）、配置（configuration）、重新配置（reconfigure）以及取消服务（deprovision）等。

云计算的特征包括虚拟化、高可靠性和高便捷性。

虚拟化是云的基石，包括计算虚拟化、分布式存储虚拟化、软件定义网络（software defined network，SDN）虚拟化等。在云的环境中软件定义一切，通过软件实现了资源隔离、安全访问、数据高可用性和网络的自定义。云计算支持用户在任意位置、使用各种终端获取应用服务。

---

① 佚名. IDC：数字化世界——从边缘到核心 [EB/OL]. https://www.sgpjbg.com/baogao/13560.html, (2020-08-01) [2022-05-03].

② 吕红桥.《2019 中国大数据产业发展报告》显示：我国大数据产业规模超过 8000 亿元[EB/OL]. http://mtw.so/61PrdB, (2019-12-11)[2022-04-07].

③ 朱茜. 预见 2021：《2021 年中国大数据产业全景图谱》（附市场规模、竞争格局、发展趋势）[EB/OL]. https://www.qianzhan.com/analyst/detail/220/201120-25afc839.html, (2020-11-24)[2021-04-07].

云计算同时具有高可靠性的特征。“云”使用了数据多副本容错、计算节点同构可互换等措施来保障服务的高可靠性，通过桌面云可以将所有用户数据集中保存在私有的数据中心。所有的数据都在数据中心内被统一保存，通过云安全服务能够很好地提供网络防护，避免数据外泄，防止分布式拒绝服务（Distributed Denial of Service，DDoS）攻击的发生，比如国内阿里云的高防 IP 可以提供 10Tbps+的防御带宽。

云计算可以提供高效便捷的资源。“云”一方面通过“所得即所需”的资源提供方式，用户可以即刻获取所需要的资源，比如需要数据库服务，只需要通过页面单击购买后，便可以通过分配的地址直接连接数据库服务，省去中间繁杂的服务部署等问题。另一方面，“云”可以加快开发、测试，以及发布上线整个业务流程的进度，提高产品迭代速度，推动技术创新和业务发展。[①]

云计算包括基础设施即服务（Infrastructure as a Service，IaaS）和平台即服务（Platform as a Service，PaaS）两种服务形式。基础设施即服务指将 IT 基础设施能力（如服务器、存储、计算能力等）通过互联网提供给用户使用，并根据用户对资源的实际使用量或占用量进行计费的一种服务。平台即服务是指在云计算基础设施上为用户提供应用软件部署和运行环境的服务。它能够为应用程序的执行弹性地提供其所需的资源和能力，并根据用户程序对实际资源的使用收取费用。[②]

四、物联网

“物联网”（Internet of Things），指的是通过射频识别（radio frequency identification，RFID）装置、红外感应器、全球定位系统、激光扫描器等种种装置与互联网结合起来而形成的一个巨大网络，其目的是让所有的物品都与网络连接在一起，系统可以自动地、实时地对物体进行识别、定位、追踪、监控并触发相应事件。它主要包括了两个方面的内容：一方面，它的核心和基础依然是互联网，同时它是互联网的延伸和扩展；另一方面，它延伸和扩展到了各

① 陈晓宇. 云计算那些事儿：从 IaaS 到 PaaS 进阶[M]. 北京：电子工业出版社，2020.

② 雷葆华，饶少阳，张洁，等. 云计算解码[M]. 第 2 版. 北京：电子工业出版社，2012. 06.

种物体之间，达到了信息共享和交换的功能。

物联网在国内外都引起了政府和产业界的重视。从国际上看，欧盟、美国、日本等都十分重视物联网的建设，投入了大量的资源进行研发。2009 年 6 月 18 日，欧盟委员会向欧盟议会、理事会等递交了《欧盟物联网行动计划》，描述了物联网的发展前景，在世界范围内首次系统地提出了物联网发展和管理设想，并提出了 12 项行动保障物联网加速发展，标志着欧盟已经将物联网的实现提上日程。日本政府相当重视物联网发展，2011 年以来，整个物联网的市场，包括软件授权、硬件和维护部等在内的投入总额为 1900 亿日元；2012 年日本政府更是在新一轮 IT 振兴计划中把物联网大数据发展作为国家层面战略提出。①

国内也非常重视物联网的建设。2010 年 3 月 5 日，温家宝总理在政府工作报告中提出加快物联网的研发应用。2016 年，工业和信息化部编制《信息通信行业发展规划物联网分册（2016—2020 年）》，总结了我国物联网发展的成就和问题，明确了我国物联网的发展方向和发展规划。②

物联网理论研究和应用面向多个学科，对社会生活以及工业生产具有重大影响。具体的应用领域包括医疗卫生、电子商务和智慧生活。在医疗卫生方面，在当前的医院管理中，物联网被广泛运用于医疗管理的各个层级，例如可以通过 RFID 技术有效识别患者身份，同时实时监控患者的状况，防范患者出现意外，有助于提高医疗服务水平。在电子商务方面，物理网技术应用也较为广泛。在企业安全生产中，为了保障消费者权益，查明假冒伪劣产品，一些企业建立大数据管理平台，利用物联网技术进行检查。③在智慧生活方面，物联网的运用，为已有的智能化家居注入了新的活力，体感、声感等传感手段与互联网移动通信相结合，可实现远程控制、信息交互、自动报警等功能。智能家居使用物联网技术来连接家庭中的各种终端设备，例如电视、灯和智能家用电器等。结合网络技术和自动控制技术，可实现家庭智能设备的智能控制。

---

① 张亚斌，陈洁. 我国物联网上市公司技术突破路径研究——基于多值选择模型和倾向得分匹配法对 179 家公司的探索[J]. 华东经济管理，2015，29（2）：1-4，195.

② 中华人民共和国工业和信息化部. 工业和信息化部关于印发信息通信行业发展规划（2016—2020 年）的通知[EB/OL]. https://wap.miit.gov.cn/jgsj/txs/wjfb/art/2020/art_6a6cb46a3b1f4e86bb40639d22688aac.html,（2017-01-17）[2021-04-07].

③ 王睿. 大数据时代物联网技术的应用与发展[J]. 网络安全技术与应用，2021（4）：67-68.

第三章

新媒体传播：新的信息传播模式

新媒体技术的发展，媒体话语权下放，驱动着新媒体信息传播模式的不断革新，随着技术的进步，信息传播模式也并非一成不变的，未来面对技术将会出现何种相适应的传播模式我们不得而知，但是可以预测的是在信息传播模式当中的几个节点将会根据技术的特点产生可适应的变化，进一步改变我们的传播生活，信息传播过程当中产生的舆情其性质及变化同传统媒体时代的舆情有所不同，对于新媒体时代下的舆情治理，将会成为接下来的研究重点。

信息传播模式是指信息在大众传播系统中的运行模式，分为以下三种：考虑过程的信息传播、考虑影响因素的信息传播、既考虑过程又考虑影响因素的信息传播。传播学者拉斯韦尔提出的“5W”模式是考虑过程的信息传播模式代表性理论，他将信息传播过程分为 5 个要素：传播者研究（who）、内容分析（says what）、受众研究（to whom）、媒体研究（in which channel）和效果研究（with what effect）。克劳德·艾尔伍德·香农（Claude Elwood Shannon）、戴维·韦弗（David Weaver）从信息、信息传播者、信息接收者构建了基于影响因素的信息传播模式：香农-韦弗模式。格哈特·马莱茨克（Gerhard Maletzke）提出了既考虑过程又考虑影响因素的传播模式，即大众传播过程模式，该模式考虑了信息传播过程中传播者、信息、媒介、接收者和反馈五大环节。[①]

本章将从新媒体信息传播模式的节点出发讨论传播者、受众、内容、效果反馈、舆情在新媒体时代下新的变化特点以及未来发展。

① 王晰巍，赵丹，魏骏巍，等. 移动环境下网络舆情信息传播模式及实证研究——以埃博拉话题为例[J]. 情报学报，2015，34（7）：683-692.

第一节　新媒体传播者

一、传播主体的变迁

进入21世纪以来，新媒体的出现引起了大众传播领域的变革，导致大众传播主体的变迁，那些原先只能充当信息接收者单一角色的个体和机构，可以利用新媒体这一平台，进行大众传播活动，发出自己独立的声音，成为新的传播主体。

传统大众传播活动的传播主体与信息接收主体之间的关系是单向的、稳定的。由于互联网的出现、信息传播技术的进步，受众获取信息的渠道越来越多。在受众获取信息的同时，并不断地将自己获得的信息分享给他人，那么受众就不仅仅是受众，而是具有了双重身份——传播主体和信息接收主体，这种身份角色的互换，体现着大众传播主体的变迁。

（一）传播主体

新媒体传播主体是指在信息传播的过程中，处在不同的传播环节担当不同角色并且发挥不同作用。新媒体时代，随着互联网的普及和媒介工具的发展，受众话语权不断提升，从根本上改变了传统信息传播过程的传受关系，新媒体使得人人都成为信息的传播者。传播活动的受者在接收信息的同时也能进行信息传递活动，基于传受主体边界的模糊性，我们将传播过程中的个体大致分为高位主体和本位主体两大类。①

高位主体，在总体上起着一个主导作用，决定着新媒体传播的总体方向，统领着新媒体传播的总体路线、方针和政策，是新媒体传播幕后的指挥棒。本位主体是新媒体传播活动的核心力量。由于它处于传播的显性位置，具有不可否认的优势地位，基本上掌握着新媒体传播的主动权，它决定着生产什么样质量的新媒体信息、以什么样的方式生产新媒体信息等。

---

① 王睿智. 论新媒体时代新闻传播主体的变迁[D]. 渤海大学，2014.

在新媒体传播活动中，高位主体和本位主体的利益追求与价值目标基本上是一致的，但有时也会产生冲突。在社会主义市场经济条件下，尽管一再强调要把经济利益和社会利益相统一，但在现实中一些媒体片面追求经济利益，背离了新媒体的职业道德，这突出表现在新媒体商业化信息的泛滥。此外，有时高位主体压制着本位主体，导致一些正常的新媒体传播活动受限，损害了本位主体的正当传播权益。

（二）传统的传播主体与新媒体的传播主体

新媒体的快速发展，从根本上改变了新媒体传播过程的传受关系，“原本的受众”通过一些社会化工具如微博、微信、抖音等积极参与到传播中，由被动的受众转向积极的用户，这对新媒体传播活动的传播主体和接收主体来说，是一次深化和升华。[①]在新媒体时代，我们需要探究的是新媒体使得信息的传播主体和接收主体发生了怎样的变化。

新媒体的本质特征是互动性。这一特征就决定了新媒体传播状态的变化。新媒体兼具有大众传播媒体和人际传播媒体的优点,同时弥补了这两者的不足。在新媒体信息传播过程中，传播主体不仅仅是以往的传播机构，还属于单一个体，受众也可以是传播者，受众不再是处在传播最末环节的被动接收的主体，可以实现传播者与受众的双向交流互动。

新媒体改变了信息传播的方式，也模糊了传播主体的角色定位。传统大众传播媒介是一种“你传我受”的单向传播形式，这种传播形式正在被新媒体不断地改变着，逐渐转变为多向互动的传播形式，传播主体不再是固定的，受众也不再是被动的，可以说，新媒体赋予了新闻传播主体的传播者与接收者以活力，迸发出巨大的能量。

传统的传播主体有着非常明晰的角色定位，传播主体通过传播媒介发布信息，接收者则不管喜欢与否，都只能被动接收传播主体发布的各种信息。但在新媒体时代，传播主体和接收主体之间的角色逐渐模糊，受众不再只是被动地接收信息，还可以同传播主体进行交流互动，在一定程度上来说，受众也是信息的传播者。

① 丹·吉摩尔. 草根媒体[M]. 陈建勋. 南京：南京大学出版社，2010.

（三）传播主体的多元化

自从职业新闻传播诞生并发展之后，传播者的主体不再拘泥于单一的职业传播者，而是进入了职业与非职业传播者共存的时期。这一时期是同互联网的发展相生相伴而兴起的。社会化、大众化、公共化的信息传播顺利渗入寻常的社会网络中，成为科技进步、新媒体传播发展到一定程度的产物。①

随着新媒体技术的融入，人类的信息传播活动才真正发展到了不同于以往任何一个时代的新阶段。个体、职业与非职业的传播三元主体结构正在形成，且新的媒体技术的出现，让非职业、非民众个体的传播组织在三者中占据了越来越重要的地位。

黄志杰使用“脱媒”这一概念来描述新闻传播领域中的这一类主体，他认为在当前的中国，互联网将一切都变成了媒体。②“脱媒”则是不再依赖传统的新闻传播主体，而是自建媒体、自行传播。中国人民大学杨保军进一步阐释了“脱媒主体”这一概念，他指出，以互联网为基础的自媒体降低了对职业信息传播者的依赖性，开始了一种新的自主的信息生产与传播活动。

以自身创作为传播核心内容，自媒体传播者本身则演变成新的媒体环境中的一类新的信息传播主体。脱媒主体与其他传播主体一起，丰富了传播信息主体的结构多样特征，为社会化、大众化的信息传播事业注入了新的活力，使信息的生产与传播在全新的维度进入了一个有偏向的时代。

二、新媒体传播主体的类型

在新媒体时代，传播者主要分为三种类型：传统的大众媒介、非专业化的传播机构、个人的网络信息传播。以下具体阐释这三种类型的特点。

（一）传统的大众媒介

在新媒体时代，传统的大众媒介显然要探索自己的发展路径，才能在新媒体的发展环境中求得生存之路，传统的大众媒介与新媒介融合无疑是一条绝佳路

① 陈晓旭．新闻传播主体的变迁与意义[J]．中国报业，2020（16）：34-36.

② 黄志杰．一个媒体人的转型自述　未来媒体人的转型与回归[J]．新闻与写作，2015（6）：9-11.

径。在融合的过程中，传统的大众媒介有着自身的优势，这是新媒体无法比拟的。

首先，传统的大众媒介拥有一支专业的社会信息生产的从业者队伍。社会信息的生产过程需要一定的人力、设备，而传统的大众媒介经过多年的打磨，已经具有了专业化能力，能够及时、准确、客观、全面地将信息传播开来。然而在新媒体时代，平台的多样性、言论的自由等造成信息来源杂乱，社会信息的质量无法保证，传统的大众媒介则能规避这种风险。

其次，传统的大众媒介以其自身的权威性，取得了良好的传播效果，这是传统大众媒介的无形资产。在与新媒体的融合中，传统的大众媒介由于自身的品牌形象而大放异彩，也使得其生产的社会信息更容易被受众接收，从而获得良好的传播效果。

最后，传统的大众媒介在以往的生存竞争中掌握了良好的生存技能，在与新媒体的融合过程中，更容易提高自身的经济实力。

不少传统的大众媒介利用自身优势，在新媒体的强势牵引下，不断增强自身的能力，逐步发展壮大，甚至成为新媒体平台上不可或缺的一部分。

（二）非专业化的传播机构

所谓非专业化的传播机构是指利用新媒体技术的机构、团体或个人，它们通过合法化的方式来进行社会信息的传播活动。非专业化的传播机构也有自身的优势。由于这些非专业化的传播机构不具有社会信息采编网络，所以它们采取与传统的大众传播媒介进行合作的方式，从而获得广泛的信息来源。

非专业化的传播机构胜在大数据，赢在信息量。此外，这些机构拥有强大的技术和经济实力支撑。非专业化的传播机构通常不仅仅涉猎一个产业，而是跨领域进行资本运作，所以拥有雄厚的资本和技术，这也使得它们在社会信息传播活动中如鱼得水。当然，非专业化的传播机构也有自己的弱点和不足，由于它们没有属于自己的、长期可持续的审核信息采编系统，过于依赖技术的优势，所以社会信息的原创性不足，一旦断了社会信息的提供链条，它们就成了无源之水、无本之木。

（三）个人的网络信息传播

在新媒体时代，网络接近权的成本低廉，使得大众获取信息的成本大大降低，每一个个体都可以通过新媒体发布自己的观点、看法，即每一个人都可以是社会信息的传播者。近几年，微博、微信、抖音等平台的兴起，正是个人网络时代的彰显。2020 年 9 月微博月活跃用户 5.11 亿、微博用户加速年轻化，“90 后”和“00 后”占比接近 80%。[①]在激情创作与互动中，云监工、打工人、凡尔赛文学、秋天的第一杯奶茶等网络流行语爆火出圈；在热情分享和讨论中，螺蛳粉以各类话题霸榜热搜，强势出圈。各类话题在互联网端竞相绽放，个人在互联网当中的话语权逐渐提升。微博提供了这样一个平台，用户既可以作为观众，在微博上浏览自己感兴趣的信息，也可以作为发布者，在微博上发布内容供别人浏览，发布的内容一般较短。在微博平台，信息获取具有很强的自主性、选择性，用户可以根据自己的兴趣偏好，依据对方发布内容的类别与质量，来选择是否“关注”某用户，并可以对所有“关注”的用户群进行分类；微博宣传的影响力具有很大弹性，与内容质量高度相关，其影响力基于用户现有的被“关注”的程度。用户发布信息的吸引力、新闻性越强，对该用户感兴趣、关注该用户的人数也越多，影响力越大。[②]

三、新媒体传播者的社会责任

2020 年 8 月 1 日《中国新媒体社会责任研究报告（2019）》系列蓝皮书在北京发布，该书由华中科技大学新闻与信息传播学院同中国网络传播学会组织编辑，汇集全国十多个单位，持续不断开展相关研究。《中国新媒体社会责任研究报告（2019）》继续以“新媒体社会责任”为主题，对 2019 年新媒体发展中的新现象、新问题、新趋势进行梳理分析，通过新媒体社会责任指标体系对国内主要新媒体平台进行了案例考察。

报告指出由于我国新媒体高速发展，社会信息量呈现爆炸式增长，但是不可避免地也出现了诸多问题，比如信息来源的多样性、传播人员的非专业化等，这些因素容易造成谣言滋生、虚假信息泛滥。因此，新媒体时代呼唤新媒体传

① 王睿智. 论新媒体时代新闻传播主体的变迁[D]. 渤海大学，2014.

② 新浪微博. 2020 年微博用户发展报告[EB/OL]. http://www.199it.com/archives/1217783.html, (2021-03-19)[2021-04-07].

播者提高自身的媒介素养，担当起社会责任。[①]

（一）新媒体传播者的社会责任缺失

新媒体以较低成本赋予了用户极大的传播权利，文字和图像能够在极短的时间内产生核裂变式的传播能量，为我们提供及时的、便捷的、全面的信息。但是由于网络的虚拟性和匿名性，如果责任感匮乏，虚假信息、谣言、毁谤就会肆无忌惮。部分新媒体传播者社会责任感缺失的表现如下。

第一是信息内容泛娱乐化，网络恶搞盛行。大众传播的其中一项社会功能就是提供娱乐。但是新媒体将这种社会功能发挥到极致，以至于出现异化的现象。一些新媒体信息传播平台为了博取眼球，将正统社会信息编造成“娱乐”信息，消解了社会信息本有的真实性和严肃性，降低了社会信息在新媒体平台传播的可信度。

第二是传播虚假信息、谣言，信息真假难辨。在新媒体环境下，由于信息传播速度快、范围广，虚假信息呈现泛滥之势。比如 2020 年 7 月 7 日浙江省杭州市女子吴某在取快递时，被便利店店主郎某偷拍了视频，并被造谣“少妇出轨快递小哥”，后经新媒体平台传播后，该谣言对吴某造成巨大的精神伤害。

第三是背离传统的价值和道德准则。网络缩短了人与人之间的距离，实现了麦克卢汉所说的“地球村”预言，这种新型社交连接了虚拟空间和现实空间，颠覆了传统，甚至出现一些背离传统价值认知观念的奇特现象。

（二）传播者社会责任感缺失的原因

置身于市场经济的浪潮中，在经济利益的诱导下，新媒体一味追求利润最大化，忽视了社会责任。此外，由于新媒体技术发展迅速，我国对新媒体的监管相对滞后，部分新媒体人对自身职业道德素养要求不高，问题丛生。

第一是商业利益驱动。为了生存和发展，新媒体间展开了激烈的竞争，许多新媒体为了在市场占有一席之地，一味迎合经济利益进行社会信息的生产，违背新媒体的基本原则。此外，部分新媒体为了吸引受众眼球，取悦受众，满足受众猎奇、猎艳心理，在传播内容上涉及色情、暴力等低俗话题，缺乏文化

① 钟瑛，芦何秋. 中国新媒体社会责任研究报告（2019）[M]. 北京：社会科学文献出版社，2020.

引导的社会责任。

第二是把关力量削弱。把关人理论是由传播学的奠基人之一库尔特·卢因（Kurt Lewin）提出的，他认为在群体传播过程中，存在着一些把关人，只有符合群体规范或把关人价值标准的信息内容才能进入传播的渠道。后来，传播学者海登·怀特（Hayden White）对此进行了进一步的延伸。把关人理论就此影响着传统媒体的信息生产。随着新媒体技术的发展、传播平台的多样化，信息的生产者和消费者集于用户一身，这种新的信息传播方式使得实行把关控制变得十分艰难。

第三是传播者自律意识缺乏。在我国，新媒体从业者的职业道德素质还有待提升，部分新媒体传播者漠视应该承担起的社会责任，为了吸引眼球不惜进行恶意炒作，甚至制造虚假社会信息，这就需要传播者加强自律意识，不断提高自身修养，做有担当的新传媒人。

（三）新媒体时代社会责任建构：以公共利益为核心

在认清部分新媒体社会责任缺失的情况下，树立以公共利益为核心的价值追求，维护公共领域空间，担负起新媒体应该有的社会责任，就成了一项重要任务。新媒体扩大了公众话语权，使得用户有了更多表达的渠道，在言论表达自由不受影响的前提下，应该释放出群体的善意和智慧，共筑和谐美好的社会。

第二节　新媒体受众与用户

一、从受众到用户

（一）从受众到用户的角色转变

在《新闻学大辞典》中，“受众”一词是指传播过程中信息的接收者，是读者、听众、观众的统称。[①]这一解释揭示出受众在接收信息的被动地位，而

① 朱志勇. 论新媒体环境下受众规范与媒体发展[J]. 学术交流，2014（6）：200-204.

在新媒体时代，受众显然已经从传统的被动接收者转变到主动的搜索者。拉斯韦尔的“5W”模式中重要的一环“受众”，与其传播过程的始端“传播者”之间的界限越来越模糊了，传受者之间的区别日渐消解。

人类社会绵延至今，经历过三次意义重大的传播革命：首次革命是从印刷到报业，第二次传播革命是大众电子传播、广播电视，网络新媒体是突如其来的第三次传播革命。现在第三次传播革命，互联网赋予公民以传播权力，也使受众由仅仅被动接收信息的群体，变为传播信息的群体。以互联网为代表的新媒体正在悄悄地渗透到人们的日常生活中，以往的受众角色定位及其他的研究成果相对于新媒体环境已经有了它的角色局限。显然，新媒体环境下衍生的“用户”一词，涵盖了传统媒体的受众和新媒体的用户，更适合它的角色定位，也更符合新媒体时代的特点。

互联网的出现，使人们彼此互联互通成为可能，也导致大众沟通成本的大幅度降低，互联网使用的大众化促使这一模式推广开来。例如维基百科这样当今全球规模最大的网络工具书网站，其拥有 287 个语言版本，这一切都源于它有一支全球最庞大的编纂队伍——来自全球 1600 万的志愿者，即它的核心价值几乎完全来自用户的价值创造。[①]用户群体的智慧在互联网技术支撑下得到爆炸性的释放，每个个体的“认知盈余”[②]将会转换成巨大的智慧能量，这一能量将可能解构权威的专家系统。

新媒体环境下，用户不再是早期传播学理论中传统的受众，不再是“魔弹论”中应声而倒的受众，而是具有主动参与意识的用户。显然，传统的受众角色已发生了嬗变，它不仅接收信息，而且还能创造信息。

（二）互联网用户的总体特征

根据《第 47 次中国互联网络发展状况统计报告》，截至 2020 年 12 月，我国网民规模达 9.89 亿，较 2020 年 3 月增加 8540 万人。互联网普及率为 70.4%，较 2020 年 3 月提升了 5.9 个百分点。至 2020 年 12 月，我国手机网民规模达 9.86

① 《互联网时代》主创团队. 互联网时代[M]. 北京：北京联合出版公司，2015.

② 克莱·舍基. 认知盈余 [M]. 胡泳，哈里丝，译. 北京：中国人民大学出版社，2012.

亿，较 2020 年 3 月增长 8885 万。①

具体说来，互联网用户结构呈现如下特征。

性别比例基本保持稳定。截至 2020 年 12 月，中国网民男女比例为 51.0 : 49.0，与整体人口中的男女比例基本一致。

年龄结构上，互联网使用向高龄和低龄群体渗透。截至 2020 年 12 月，20～29 岁、30～39 岁网民占比分别为 17.8%、20.5%，高于其他年龄群体；40～49 岁网民群体占比为 18.8%；50 岁及以上网民群体占比由 2020 年 3 月的 16.9%提升至 26.3%，互联网进一步向中老年人群渗透。

学历结构上，互联网的使用向低学历人群扩散。截至 2020 年 12 月，初中、高中/中专/技校学历的网民群体占比分别为 40.3%、20.6%；小学及以下网民群体占比由 2020 年 3 月的 17.2%提升至 19.3%。

职业结构上，学生群体依然是中国网民中最大的群体。截至 2020 年 12 月，在我国网民群体中，学生最多，占比为 21.0%；其次是个体户/自由职业者，占比为 16.9%；农林牧渔劳动人员占比为 8.0%。

收入结构上，中低收入群体是中国网民中最大的群体。截至 2020 年 12 月，月收入在 2001～5000 元的网民群体占比为 32.7%；月收入在 5000 元以上的网民群体占比为 29.3%；有收入但月收入在 1000 元及以下的网民群体占比为 15.3%。

总体来看，近年来中国互联网用户呈现出大众化的结构特征，这种群集效应使得互联网在大众中迅速普及开来，并随之带动互联网相关产业的发展。②

（三）新媒体用户的需求与使用特点

在新媒体环境下，受众参与互动的积极性得到了极大的提高，于是产生了“积极受众”这一概念。在尼科·卡彭特尔（Nico Carpentier）看来，积极受众

---

① 中共中央网络安全和信息化委员会办公室，中华人民共和国国家互联网信息办公室，中国互联网络信息中心. 第 47 次中国互联网络发展状况统计报告[EB/OL]. http://www.cac.gov.cn/2021-02/03/c_1613923423079314.htm, (2021-02-03)[2021-12-10].

② 中共中央网络安全和信息化委员会办公室，中华人民共和国国家互联网信息办公室，中国互联网络信息中心. 第 47 次中国互联网络发展状况统计报告[EB/OL]. http://www.cac.gov.cn/2021-02/03/c_1613923423079314.htm, (2021-02-03)[2021-12-10].

主要分为与媒介内容互动的受众和参与媒介产品生产的受众[①]，即是受众主动搜索、浏览信息，并且积极传播和评论信息；受众参与媒介生产，尤其以UGC为主要代表。毫无疑问，与传统媒体相比，新媒体用户的结构、需求与使用特点等方面都在发生变化。具体说来，新媒体用户的需求与使用特点主要呈现以下特征。

受众对社会信息的主动搜寻和传播评论。传统媒介处于一种居高临下的地位，向受众输送信息知识，受众只能被动等待，这种单向传播的模式，使受众失去自己的主动性、积极性，缺乏自己的创造性，即赫伯特·马尔库塞（Herbert Marcuse）所说的"单向度的人"，而在社会化媒体的井喷式发展的背景下，受众不再满足于传统的"你传我受"的传播模式，受众不仅能够拥有最大的媒介接近权，还能实现受众之间和受众与媒体之间的互动交流。

与传统媒体封闭的信息环境相比，新媒体用户可以在开放的网络环境中自主选择所需且感兴趣的平台与信息，建立基于趣缘的朋友圈，查看并搜索他人的评论，进而建构起对某一事件的具体认知与意义。同时，伴随网络技术的发展以及不同特质的新媒体平台的层出，用户可以在网络平台中自行选定观看时间，对于感兴趣的内容可以反复收看并收藏至某一栏目。

受众参与媒介生产。互动性是新媒体的本质特性，在这一特性的发酵下，受众的主体意识显著提高，渐渐持有对社会信息领域的主权意识。这就意味着他们不再满足于一般性的接收与获取，而是通过微博、微信、抖音等一系列平台积极参与互动。新媒体技术的发展，使受众参与媒介生产成为可能。受众参与媒介生产具体说来，主要是通过直接发布信息和对媒体信息进行再加工实现的。比如在微博上，受众可以自主发布信息，上传图片或视频，实现向外扩散的传播。流传广泛的"德拉吉报道"（Drudge Report）也是由马特·德拉吉（Matt Drudge）最开始在自己的博客上发布信息发展起来的，后来由于率先报道克林顿与莱温斯基的丑闻而一战成名。受众参与媒介生产最典型的就是维基百科的创立和发展，它正是依靠用户的志愿参与，成为全球最大的网络工具书网站。受众积极参与信息的生产和传播，不仅源于技术带来的便捷性，也与受众的自身行为观念的转变有很大关系。媒介景观以汹涌态势涌入人们的日常生活，受

---

① 康彬. 受众身份的转变与角色的突围——浅析新媒体时代的积极受众[J]. 新闻知识，2013（1）：9-11.

众成了集传播者和接收者为一身的统一体，即受众不仅是观演者，而且还是表演者。这种身份的转变给受众带来了心理和行为上的狂欢和释放。通过这种表演，受众将自己的一部分呈现于他人面前，再从他人对自己的看法与评价中建构自己在他人眼中的形象。

受众娱乐需求明显。从内容类属的角度来看，受众的娱乐需求明显。比如我们通过对百度百家号用户关注的 Top100 账号进行分析，内容类属呈现出了多元化的特征。其中，娱乐类账号和新闻类账号占比最多，分别位居第一位（38%）和第二位（29%），健康类、美食类、游戏类等类别的账号虽然都在用户关注的 Top100 账号中占有一席之地，但比例较低，并且占比较为均匀。另外，在娱乐类账号中约六成是影视娱乐类账号。由此可见，影视娱乐类信息是众多百家号用户信息寻求的兴趣所在。[①]

自媒体出现之前，大众通过语言、文字、手势、表情等多种符号实现信息的双向交流，大众媒介无法使人们之间的互动真正成为现实，即使有反馈也只是极为有限的读者来信、来电等。过去，人们之间的信息互动，主要还是通过人际传播的语言、文字、表情、手势等多种符号来进行，大众媒介难以真正实现人们之间的互动，即使有反馈也只是极为有限的读者来信、来电等。[②]但自媒体低门槛甚至是零门槛进入的特征，使得任何人只要有一部能上网的手机，就可随时通过微博、微信、QQ 等社交媒体进行连接互动，形成动态的信息往来和人际的信息共振。在新媒体交流中，人际传播关系也存在延伸性。这种延伸不仅表现在从熟人关系发展为新媒体线上交流的关系，也表现在从线上交际关系发展为熟人交际关系。对于后者，新媒体就是一种新技术，为我们提供机会去认识更多的人营造了新的社交环境。传统社交受到特定时空的限制，人们在社交对象的选择上也十分有限，血缘与地缘基本上决定了一个人的圈子。新的技术则改变了这种情况，在新媒体使用中，我们能通过原本的朋友圈认识更多相关的人。用户之间的信息互动是通过交往来实现的，而交往都是在一定的

① 喻国明学术工作室，刘森，韩婷. 移动互联网时代新媒体用户的认知图景——以百度百家号的调研分析结论为例（1）[J]. 传媒观察，2020（4）：5-13.

② 张勇军. 新媒体时代媒介用户需求的人性之维[J]. 现代传播（中国传媒大学学报），2018，40（7）：120-125.

交往场景进行的。传统的交往受到时间和空间的限制，交流并不充分。微博、微信等社交媒体则打破了时空的限制，给人们创造了既在场又离场的交往场景，即两个人之间的交往既可同时在线进行，又可在一方不在场、离线的情况下进行。这种情景，使得人们可以避免在场交往中的尴尬，更加畅所欲言。

总之，在新媒体环境下受众的参与性极大强化，主体意识显著提升，集体智慧释放出能量，这种利好的情境对受众的心理、行为也产生了深刻的影响，也反过来形塑着受众自身。受众或用户正是在这样一种互动的作用力下不断释放能量。

（四）新媒体用户的发展趋势

新媒体用户的发展呈现以下两个趋势。

第一个发展趋势是新媒体用户大众化。新媒体产品和用户井喷式地急剧暴增，以往少数人专属的产品也逐渐趋于大众化，新媒体进入了一条接地气、平民化的轨道。新媒体用户也将朝着用户由少数人向大众转变，移动新媒体用户进入关键增长期并重视用户体验，社会信息个性化趋势明显。

在新媒体多样化的今天，各平台为用户提供了更多选择的机会，在这一背景下各平台更要提升自身竞争力，寻找有效的途径为用户提供更优质的服务。以用户为中心的新媒体发展模式能够大大提升新媒体平台的综合竞争力，同时还能够根据用户需求来合理分配资源，为用户提供更优质的体验。此外，在新媒体的发展及运行中，以用户为中心的模式更有利于新媒体行业的发展，也能够为人们带来更优质的服务与体验，在具体运行过程中还需要工作人员不断对这一模式进行探索，使用户为中心的模式在新媒体发展中发挥出更大作用。[①]

第二个发展趋势是新媒体用户个体意识强化。话语权下放的新媒体时代，互联网使得每位用户都拥有了发声的可能，个人诉求得到满足的同时极大地强化了个体意识，新媒体使得“点对点”传播成为可能，甚至可以为个体“量身定做”，提供他所需要的有关信息。[②]这就是我们所说的个性化服务。个性化服务，意味着用户的个性化需求得到尊重，这也是个体用户的意义得到提升的

① 徐建华. 探索以用户为中心的新媒体发展模式[J]. 传媒论坛，2021，4（5）：46-47.

② 彭兰. 新媒体用户：更主动还是更被动[J]. 当代传播，2015（5）：12-15，45.

一个标志。个体可以使自己的需求、行为及个性特征等成为信息服务中的一个重要变量，作用于信息提供者。新媒体提供个性化服务的方式，目前主要是通过大数据技术了解个体用户的需求偏好及行为特点，为他们推送符合其需求的信息。通过社会化媒体，用户自己设定信息来源，通过他人的筛选，来获得更为个性化的信息，在某种意义上也是一种个性化服务。个人在互联网节点当中不再满足于信息的搜寻，进而发展为互联网身份的寻求。①

二、新媒体用户心理

在网络空间中，人们的心理状态、心理过程和现实生活有着巨大的差异。这种差异是由多重因素造成的。需要关注的是，网民对于网络的需求虽然不尽相同，但是其心理特征却具有普遍性。在这些心理特征的支配下，受众的自我认同逐渐建构起来。

新媒体用户的心理特征伴随着新媒体环境的变化而发生改变。亚伯拉罕·哈罗德·马斯洛（Abraham Harold Maslow）认为，人和动物都具有积极探索环境的需要，其对四周的环境充满好奇心，对神秘的、未知的、不可测的事物心驰神往。②这种心理驱使人和动物不断追逐新鲜的事物。网络的出现无疑也是伴随着人们的这种心理，随着网络全面渗透到我们生活、学习、工作等方面，人们的心理也在发生着变化。具体说来，新媒体用户的心理特征主要有参与心理、娱乐心理、求知心理、共情心理和移情心理。

新媒体用户的参与心理是指，互联网时代，给了新媒体用户更多的参与空间，用户可以通过互联网接收社会信息，发表自己的观点和看法，拥有了媒介话语权。新媒体用户的娱乐心理是指，在新媒体游戏中，用户不仅可以消遣时间，也可以放松自己，缓解日常生活中的疲劳和压力。新媒体用户的求知心理是指，用户普遍存在的希望获取更多知识和信息的心理现象。新媒体用户的共情心理是指用户在接收信息时被信息中所蕴含的情感感染，产生感同身受的感觉，特别是联系到自身经验时，同感、同理心会让用户投入其中。新媒体用户

① 许竹. 未来新媒体用户体验模式的发展[J]. 新闻与写作，2016（11）：106-109.

② 李楠楠. 明星真人秀节目的受众心理分析[J]. 东南传播，2007（8）：106-107.

的移情心理是指将对于某人物、事物或文化的经验和强烈的情感转移到另一个与之相关的事物上，从而达成共通的情感喜恶。西格蒙德·弗洛伊德（Sigmund Freud）在研究中发现，移情作为一种心理机制能通往潜意识，用户更容易被打动和留下潜在的深刻印象。[①]

新媒体用户在信息使用的过程中，也有用户心理的自我建构。新媒体环境下，“积极的受众”以前所未有的热情融入虚拟的人际联系中，采用各种方式主动参与互动交流，在不同的平台上展现自我个性。综观社会化媒体如 QQ、微博、微信、抖音等无不以用户的自我暴露博取他人的关注，实际上社会化媒体正呈现出一种群体表演的现象。这种现象级的群演，形成了一种可持续的参与互动模式，在给我们带来观感的同时，用户个体也获得了自我满足。

在新媒体的环境下，新媒体用户不断修正他人对自己的评价，也不断修正自己对他人的看法。所以，自我在这一虚拟空间进行社会化过程中不断解构、重构自身。所谓“自我”，在安东尼·吉登斯（Anthony Giddens）看来，人成其为人，就是指总是依据某种描述去确知自身当下的行为及其原因[②]，这一概念中“根据某种描述”实际上也是强调新媒体用户的自我是在新媒体环境下形成的，即新媒体用户根据新媒体环境对自我进行反思性投射，进而完成新媒体用户的自我建构。

三、大数据与新媒体用户行为习惯

大数据不仅是自身具有显著的特点，也能够对新媒体用户产生一定的作用。

数据的显著特点被称为 4V，即 volume（大量）、velocity（高速）、variety（多样）、value（价值）。毫无疑问，大数据将给我们对于新媒体用户行为习惯的分析带来史无前例的便利，原来依赖于采样分析而进行的兴趣调查、消费需求等都将让位于基于全量数据的分析，它是对用户的全景洞察，并对用户所有的数据进行分析，了解数据之间的相关性，以适应这个精准投放、精确化、科学化的大数据社会。

① 钱晨，樊传果. 新媒体时代基于受众心理的传统文化传播策略[J]. 传媒，2019（6）：73-76.

② 安东尼·吉登斯. 现代性与自我认同：现代晚期的自我与社会[M]. 赵旭东，方文，译. 北京：生活·读书·新知三联书店，1998.

新媒体用户的全量采集是对用户的所有信息进行分析，并不是抽样调查。虽然全量采集工作量较大，但所得出的信息较为真实。在大数据背景下，网络技术的快速发展，也为信息的采集提供了更好的措施。用户通过建立工作服务日志，建立相关的信息处理系统，不断加强对用户的行为分析，建立信息数据库，从中获取需要的信息。新媒体用户的多维度分析是通过对数据的多维度、属性、字段等分析达到深度理解用户的目的。新媒体用户的实时分析，是对用户行为在时间维度上的精确分析。数据的时效性是其价值的一种重要体现。前一月的数据和本月的数据，价值大有不同。大数据需要尽可能做到实时采集、实时分析，实时产生价值。①

根据上述大数据对新媒体用户行为习惯产生的作用，我们还可以进行精准的用户分析。新媒体用户行为分析从时间和空间两个维度展开。从时间的维度来看，新媒体用户的行为主要是指用户从产生需求到需求满足这一系列过程。比如当你在淘宝上购物时，你会发现“猜你喜欢”“您浏览过的店”“您收藏过的店铺”等符号，过去一直推崇的大众化服务在大数据时代下却越来越小众化、越来越个性化。

从空间的维度来看，用户行为的构成要素主要包括谁、需要什么、在什么地方、为什么、需要多少、如何实现的等一系列要素。以买家为主体，平台利用大数据对用户行为的挖掘并与其他分析模型配合进行深入分析后，能够快速的找到用户的行为动机，进而随时随地推荐给用户“我思且我想”的商品。以电商为例，用户在现实考量下加购商品数量，从登录网站或APP到支付成功要经过首页浏览、搜索商品、加入购物车、提交订单、支付订单等过程。

第三节　新媒体内容

一、新媒体内容生产机制

互联网技术的繁荣，提供了多样的信息传播平台，也打破了传统的传播媒

① 孙道明. 基于大数据的网络用户行为分析[J]. 信息记录材料，2020，21（8）：187-189.

介的信息内容生产模式，现在较为流行的内容生产模式有以下几种：用户生成内容（UGC）、专业生产内容（professional-generated content，PGC）、职业生产内容（occupationally-generated content，OGC）和众包模式。

UGC 指的是用户通过互联网或移动网络，以文字、图片、影像等形式制作发布资讯和观点等内容。[①]UGC 这一概念泛指以任何形式在网络上发表的由用户创作的文字、图片、视频等内容，它的产生也说明了信息接收者由以往的被动接收信息到渴望自我表达的转变。UGC 这一模式现在已经成为内容生产的重要组成部分，它为大众提供了丰富的信息、资讯，但同时也存在着内容质量相对较低、信息真实度低、言论不当等问题。

随着移动互联网的发展，新媒体内容的生产又被细分出两种：专业生产内容（PGC）和职业生产内容（OGC）。OGC 和 PGC、UGC 之间既有联系又有区别。PGC 和 UGC 之间有一定的交集，说明部分的专业内容生产者，既是一定平台的用户，也是以专业身份贡献高质量内容的人。比如微博平台的意见领袖、抖音短视频的网红。PGC 和 OGC 也有一定的交集，说明一些专业内容的生产者既有专业身份（资质、学识），也以提供相应内容为职业，如媒体平台的记者、编辑，既有新闻的专业背景，也以写稿为职业领取报酬。[②]

众包模式是指一个公司或机构把过去由员工执行的工作任务，以自由自愿的形式外包给非特定的（而且通常是大型的）大众网络的做法模式。“众包”一词是由美国《连线》（*Wired*）杂志的记者杰夫·豪（Jeff Howe）提出的，他认为“众包”是一种新的商业模式，即企业利用互联网来将工作分配出去、发现创意或解决技术问题。用户群体的智慧在互联网技术支撑下得到爆炸性的释放，每个个体的“认知盈余”[③]将会转换成巨大的智慧能量，这一能量将可能解构权威的专家系统。

众包模式的优势显而易见，它可以降低新媒体运营成本，提升核心竞争力，引领市场等。当然，它也有自己的缺点和不足，比如在这一模式中，群体的智

---

① 李良荣. 网络与新媒体概论[M]. 北京：高等教育出版社，2014.

② 刘振兴. 浅析 UGC、PGC 和 OGC[EB/OL]. http://yjy.people.com.cn/n/2014/0120/c245079-24169402.html, (2014-01-20)[2021-12-10].

③ 克莱·舍基. 认知盈余 [M]. 胡泳，哈里丝，译. 北京：中国人民大学出版社，2012.

慧被高估了，无法生产出个性化的内容满足受众需要，加之群体的不稳定性也使得在这一模式下支撑发展的商业模式可能遭受各种阻碍。

二、新媒体内容的特点

社会化媒体的井喷式发展，为信息传播提供平台，也激发了用户参与内容生产的欲望，随之而来的是，海量的信息内容呈现指数级增长，呈现出与以往传统媒体时期不同的特点，具体有以下三个特点。

第一个特点是新媒体用户身份多元化。新媒体内容的生产者和消费者集于一身，即用户。这一特点表现得尤为明显。在新媒体环境下，用户既是内容的生产者，又是内容的消费者，集双重角色于一身。用户直接发布信息或对媒体信息进行再加工，比如在微博上，用户可以自主发布信息，上传图片或视频，实现向外扩散的传播。

第二个特点是新媒体内容多元化。随着新媒体市场竞争的加剧，新媒体内容运营成为新媒体网站竞争的制高点，新媒体内容竞争日趋激烈，带来了内容制作的日益繁盛。比如网络视频日趋多样化，大体上有传统的电视台节目、网络节目。新媒体内容的多元化，满足了不同群体的多样需求，加之新媒体技术的支撑，这种便捷的传播方式很容易形成强大的传播力和延伸性，满足个性化需求。[①]

第三个特点是新媒体互动性增强。新媒体内容提供了长线的服务，用户在观看节目的同时，也可以参与讨论互动。比如互动视频，它是指以“非线性视频”内容为主线，在“非线性视频”内容上开展的可支持时间域互动、空间域互动、事件型互动三种内容的互动视频业务。同时互动性不仅表现在观看上的互动，还表现在内容制作上的互动。[②]比如 UGC 模式下的娱乐社交型工具应用造就了大规模的网络拍客；还有 PGC 模式，像梨视频在专业内容生产的时候就采用了这种模式，平台与拍客密切合作，由总部编辑部提出要求，拍客根据要

---

① 杨明品. 视听新媒体的内容传播特点及突破方向[J]. 传媒，2017（11）：10-13.

② 黄伟迪，印心悦. 新媒体内容生产的社会嵌入——以梨视频“拍客”为例[J]. 新闻记者，2017（9）：15-21.

求进行拍摄，这种互动共生的关系体现了梨视频对拍客内容的依赖和专业重塑，从而使彼此之间的关系嵌入更深。

三、新媒体新闻

（一）新媒体新闻概念及特点

杨保军认为，网络传播已经开启了“后新闻传播时代”，我们应顺应新闻传播模式的诸多变革、新闻“产消者”的一体化、融合新闻的勃兴及新闻的图像化等新的信息传播趋势，不能总是停留在传统新闻传播业的框架与格局内描述和反映这些新变化。[①]

新媒体新闻是指在互联网新媒体平台上发布的新近发生或正在发生的事实的报道。以网络为主的新媒体传播发布的新媒体新闻，有着与平面媒体完全不同性质的报道、写作与编辑的传播过程。从新媒体新闻自平面媒体文本的转帖上传开始，到现在已经产生了完全不同的新闻形态。除了时效性强，有图片、视频和音频的支撑，可以现场同步播报外，新媒体新闻的本质是增加了新闻的深度和交互性。[②]

新媒体新闻的特点包括以下三个方面。第一是新媒体新闻报道的完整性和新闻要素的齐备性。新媒体新闻不仅带来了更多的传播要素和关于事件的细节，也使得新闻的报道更加完整。第二是新媒体新闻报道的扩展性。新媒体新闻利用数字搜索和新闻反馈，尽可能多地了解报道主题、采访到事件的相关人，然后把最初的碎片化新闻整合和建构起来，让新闻报道具有可扩展性，提供了新媒体用户在理解信息过程中所需要了解的深度信息。第三是新媒体新闻报道的原创性。新媒体新闻的易于获取，易于复制、下载和粘贴，使得不具有原创性的新闻很容易就消失在弥漫的数字新闻尘埃中。

---

① 转引自徐佳. 走向原创之路——2006 年至 2015 年中国网络传播研究代表性成果评析[J]. 新闻爱好者，2016（1）：19-25.

② 吴澄，吴晓明. 新媒体新闻的演变与社会舆情表达[J]. 徐州师范大学学报（哲学社会科学版），2011，37（5）：142-148.

（二）新媒体新闻采访

丁柏铨教授认为，新闻采访是有关人员出于大众传播的目的，通过观察和访谈等手段，对可能受到广泛关注且鲜为人知的信息的搜集活动。[①]据此，我们认为，新媒体新闻采访是有关人员为达到新媒体新闻传播的目的，通过观察和访谈等手段，对可能受到广泛关注且鲜为人知的信息的搜集活动。

新媒体新闻采访是新媒体新闻报道过程的起点和核心。那么，新媒体新闻采访的本质是什么呢？实际上，新媒体新闻采访的本质是采访者与受访者之间的一种信息互动，同时又是一种社会交换活动。[②]

第一，新媒体新闻采访是一种信息互动行为。首先，新媒体新闻采访本身是一种人际传播，采访者从消息源那里获得信息的整个过程都属于人际传播的过程；其次，新媒体新闻采访的结果通常作为大众传播中的信息要素参与大众传播；最后，大众传播所获得的反馈会作为下一次采访的反馈，进入记者的脑海，成为记者采访前内向传播的一部分内容，从而对下一次采访发生作用。所以，记者的新媒体新闻采访活动从本质上讲都是一种信息互动行为。

第二，新媒体新闻采访是一种社会交换活动。社会交换理论最明显的特点是假设人际传播是建立在某种社会性的利益交换基础上的。用社会交换理论考察作为人际传播的新闻采访，能给新媒体新闻采访研究以很多启发。新媒体新闻采访，尤其是正面的采访，被视为一种社会交换的过程，采访者与采访对象之间通过相互交换资源，各取所需。对于采访者来说，采访对象所能提供的就是信息。信息是新媒体新闻平台赖以生存的重要基础，它意味着新媒体新闻的用户量和使用率，也意味着广告收入。对于采访对象来说，采访者所能提供的资源也是比较宝贵的——能够通过媒体提高采访对象的知名度和美誉度，还能通过媒体赋予采访对象以荣誉感，而这种知名度和荣誉感往往是采访对象自我价值实现的一种指标。

（三）新媒体新闻采访的流程

通常来说，新媒体新闻的采访流程与传统的新闻采访流程差别不大，首先

---

① 丁柏铨. 新闻采访与写作（第 2 版）[M]. 北京：高等教育出版社，2009.

② 丁柏铨. 新闻采访与写作（第 2 版）[M]. 北京：高等教育出版社，2009.

都需要以新闻敏感捕捉新闻线索，再根据新闻线索制定具体的报道方案，在采访之前，需要做好采访资料和采访工具的准备工作，明晰采访对象的心理特点，然后根据策划好的采访方案通过提问法、倾听法、观察法、记录法、隐性采访等各种合适的采访方式开展采访活动。

不过，新媒体新闻的采访流程毕竟也有与传统的新闻采访不同的地方。在新媒体新闻采访过程中，要充分发挥各种新媒体技术、手段的便捷性，努力提升新闻采访的人性化、个性化和全面化。例如，新媒体新闻记者可以将抖音、微博、微信互动贯穿于新闻采访的全过程，增强新媒体新闻的传播力，捕捉新闻线索，采集新闻素材，从碎片化信息中提炼、遴选新闻选题，辅助采访流程，丰富采访内容，提前发布报道选题，实现与网民的互动，引起舆论关注，完善采访计划。这同时也能够整合舆情形成二次传播或多次传播，增强传播效果。

（四）新媒体新闻制作

与报纸、广播、电视等传统媒体的新闻写作和音视频编辑不同，新媒体新闻要求新闻记者能够制作融合式新闻，即能够综合运用文本、视频、音频和网络的方式来叙事和评论。这种融合新闻的生产能力显然都超过了以前的传统媒介内容的生产能力，对新闻工作者的素质要求高得多。例如需要出色的媒介语言表达能力、跨媒体的报道能力、跨媒体新闻制作能力等。[①]

新媒体新闻制作要遵循一定的原则，应该与传统媒体的新闻报道原则一脉相承，都必须具有新闻价值。

新媒体新闻价值是新媒体平台中新闻事实所具有的能够引起读者兴趣的不同元素的总和，也称为新闻价值标准，它是新媒体新闻传播者决定是否选取该新闻事件的主要标准。新闻价值的要素主要包括：新鲜、重要、接近、显著、趣味。同时，鉴于新媒体双向传播形式，新媒体新闻应体现网络平台的互动与交流性。

新媒体新闻的新鲜性是指时间上要及时、内容上要有新意。所谓有新意，是指新闻事实所包含的内容具有新颖性，是以前没有出现过的，或者事情发生了变动。新媒体新闻的重要性是指新媒体新闻事件要和用户当前的生活、切身

① 肖叶飞. 融合新闻教育理念与课程设置[J]. 新闻传播，2012（12）：9-10.

利益有密切关系。新媒体新闻的接近性具体包括地理上的接近和心理上的接近两种。地理上的接近，是指新闻事件发生地与用户所处的地理位置比较接近，因为人们总是首先关心自己身边发生的事情。心理上的接近，是指新闻事件在心理上能够引起用户的共鸣。新媒体新闻的显著性是指人物、地点的知名度高。新媒体新闻的趣味性是指一些奇闻趣事或娱乐新闻，不仅能满足受众的猎奇心理，也能够使人心情愉悦，或者使人感到生活的美好。新媒体新闻的互动性是指新媒体新闻依托于网络载体，天然具备传播者与受者、受众与受众之间的互动关系，互动性越强，越能引发舆论热议，因此，新媒体新闻制作应当注重这种规律。

在了解完新媒体新闻的特点之后，我们就了解到新媒体新闻与传统的新闻有不同的制作方式。新媒体新闻与传统的新闻相比，有更强的时效性、海量的广容性、全面的交互性、泛大众化中的分众性以及极度的灵活性。所以在制作过程中，要注重新媒体新闻制作的基本方式。

第一，新媒体新闻多手段的新闻采集方式。新媒体时代，新闻工作者的新闻采集方式必须由传统的文字记录向视频录音、录像进行转变，新闻记者不仅要有扎实的文字功底，能够基本使用录音、录像设备，而且要学会运用抖音、微博、微信等新媒体平台来采集新闻信息。①

第二，新媒体新闻的多媒体发布方式。新闻信息在采集之后，可以交给不同的广播、电视、报纸和新媒体平台加工，通过多重渠道传播新闻信息，满足不同社会受众的需求，最大限度地发挥新闻信息的价值。在新闻发布形式方面，新媒体新闻的表现形式应更加多样化。不同于传统新闻单一的文字、图像等表现形式，在新媒体时代，新闻表现形式应打破扁平化，走向立体化呈现模式。文字、图片、视频、音频、动画、3D、H5 等多样化的呈现模式，都能集成在一篇新媒体新闻报道中，突出新媒体新闻报道的灵活性和新颖度，增强新闻对受众的吸引力。

第三，新媒体新闻写作的多层次性。新媒体新闻的写作一般包括四个层次，第一层是新闻标题；第二层为新闻提要或导语；第三层为新闻主体；第四层为结尾，最后附上相关链接。在新媒体新闻制作中，要注意突出关键字和关键内容，重点内容的突出可以使新媒体新闻具有“可扫描性”，使被强调的内容和

---

① 宋琳琳. 自媒体时代新闻制作的嬗变与思考[J]. 新闻战线，2017（2）：85-86.

具有吸引力的新闻要素在屏幕上一眼就可以扫描到。同时，在新媒体新闻发布时，要注明发稿时间和稿件来源。每条新媒体新闻报道都要标出发稿时间，这种时间标注一般要非常精确，特别是突发性事件报道，一方面更好体现滚动报道的先后性，便于用户的阅读和判断，体现新媒体新闻报道的即时性，另一方面也有利于对新闻背景和事件来龙去脉的了解。

第四，新媒体新闻用户服务的精准性。在技术赋权下，新媒体新闻制作能更好地为用户提供精准化、个性化的服务。通过数据分析，可得到用户的阅读内容、停留时间和转发频次等数据，从而能够有针对性地根据用户关注点生成相应内容，优化用户体验，提高用户黏性。不同于传统新闻的单线传播模式，制作新媒体新闻时，还可设置“喜爱”“评论”等按钮，增强与用户的互动，同时获取用户的及时反馈，并能迅速反应、快速调整，制作出更加符合用户浏览需求的新闻内容。①

第四节　新媒体舆情

一、新媒体舆情的定义

舆情是指个人和社会各群体，在一定范围的社会事件中，表达与自身公共事务密切相关的态度、意见、愿望等情绪。学者将其定义为群众对社会的一种政治态度，认为在一定时期内出现热点话题时，舆情就会围绕发生的相关事件展开。后来随着新媒体时代的发展，信息技术的普及为新媒体舆论即新媒体舆情的传播和发酵提供了“土壤”。

新媒体舆情是特定社会空间中重要的舆情形态，它是指以网络平台为中介，以事件的发生、发展和变化为中心，以受众为主体，在互联网上产生和维持的社会政治态度和政治倾向。如果简化这个定义，新媒体舆情就是指公众对互联网的社会态度。需要强调的是，新媒体舆情不同于社会舆论，新媒体舆情的发展很可能伴随着网络谣言的出现。②

---

① 曲宏，严涛. 新媒体新闻传播的特征与制作原则[J]. 传媒，2017（12）：65-66.

② 潘广为. 自媒体时代地方政府网络舆情应对策略[D]. 湘潭大学，2020.

通过剖析新媒体舆情的内涵可以更加深刻理解新媒体舆情概念，从以下四个方面对新媒体舆情的内涵进行分析。

第一，对新媒体舆情定义的理解是不断发展的。随着新媒体传播媒介的出现，舆情的定义也逐渐发生扩展，从线下的舆情发展到线上舆情，从互联网平台的舆情发展到新媒体上的舆情。从最开始大家表达对事件的情绪、意见，到能够左右事件发展的态势，舆情的影响在不断增加。随着技术的发展，传统的互联网平台也逐渐向移动平台进行转移和融合。

第二，舆情是网民对社会热点、突发事件等与自身相关的事件发表的观点或者评论，参与度相当广泛。在新媒体环境下，很容易产生网络舆情，传统上网络舆情都是由意见领袖引发的，随着新媒体技术的发展，普通的新媒体用户受到网络关注后，也容易引起网络舆情。

第三，新媒体舆情的技术是以互联网技术为基础的。与传统的媒介不同，互联网技术的出现，使得信息传送手段发生改变。以往的信息传输都是以报纸、广播、电视等为媒介，互联网的出现使得信息以前所未有的方式渗透到社会的各个层面，推动了社会政治、经济、文化的转变。

第四，新媒体舆情基于一定的人际关系进行传播。互联网使用规模的迅猛发展，使得用户的群体特征开始影响媒介传播模式。由于互联网媒体传播平台的易建性和易用性，传播活动开始具有个人特征，传播效果具有个人累积效应，通过社群的方式再次聚合，从而形成具有人际关系的网络结构。①

二、新媒体舆情特点

新媒体舆情具有传播范围广、观点多元化、群体参与性和情绪极端化的特点。

第一，新媒体舆情的传播范围广。舆情在网络与新媒体的传播不受物理空间的限制，信息一经发出，就会传播至网络可以连接的任何地方，由点到面，波及范围极广。我国拥有世界上规模最大的互联网网民群体，这意味着一个发

① 郭苏琳，黄微，李吉. 区块链技术在网络舆情风险管理体系的应用研究[J]. 图书情报工作，2020，64（9）：19-26.

生在偏僻角落的事件可能会受到数以亿计的网民关注、评论及传播，在互联网传播深度渗透、传播媒介高度融合的今天，互动、社交、表达已经成为新媒体运用过程中信息扩散的常见行为，在人人都可以参与和表达的媒介环境中，传播范围广、传播主体规模大都使得新媒体舆情监测及分析变得更加复杂。

第二，新媒体舆情的观点多元化。处于社会转型期的中国，面临着由原来的人民日益增长的物质文化需要同落后的社会生产之间的矛盾转化为人民日益增长的美好生活需要和不平衡不充分的发展之间的矛盾，体现在网络上的网民观点呈现出多元化、差异化的特点，或理性表达，或嬉笑怒骂，或情绪过激，这些都是当前新媒体舆情的常见现象。值得注意的是，互联网世界中的虚拟性使舆情传播的主体身份、地位和职业等属性特征都成为模糊因子，在热点事件出现后，网民可以利用自己的网络身份进行评论、转发、点赞等行为，人们极有可能在网络世界中表现出和现实世界完全不一样的自己。

第三，新媒体舆情的群体参与性。新媒体平台的参与成本低、门槛低，使得新媒体舆情具有极强的群体参与性。一方面是网络空间的群体参与性，每一个浏览者或发帖人都可以实时看到事件的关注、转发及认同程度，那些涉及大多数人共同利益或价值取向的事件极易产生“滚雪球”效应，特别是基于 UGC 和社会关系的社会化媒体传播,对舆情扩散的深度和广度的影响是前所未有的。例如微信舆情的表达和传播就具有关系扩散的显著特征，微信朋友圈的分享行为就是一种网络动员行为。另一方面是现实社会中的群体参与性，网络及新媒体的舆情如果应对不当可能就会延伸到现实社会中。

第四，新媒体舆情的情绪极端化。新媒体时代，公众的媒体接近（access to media）达到了前所未有的程度，相对于现实生活中的平静，网络与新媒体空间则是众声喧哗，针锋相对的观点有之，污言秽语有之，花样拍砖有之，这在一定程度上放大了不同阶层的集体焦虑、愤怒等负面情绪，价值取向的多元化、利益的被剥夺感、消费欲望的刺激等社会心理因素导致的极端化情绪都会在某一热点舆情爆发。

三、新媒体舆情基本要素

新媒体舆情由本体、主体、客体、传播渠道四大基本要素构成。

第一个要素是新媒体舆情的本体。新媒体舆情的本体是指网民借助多个网络与新媒体平台表达的情绪、意愿、态度、意见、观点等的总和。由于网民本身数量庞大，在职业、地域、价值观、兴趣爱好等不同方面都存在较大差异，导致各种不同情绪、观点等相互交错，使得新媒体舆情形成机制和分析更加错综复杂。对新媒体舆情本体的观测有两个前提条件，一是网民对某事件的情绪、意愿、态度、意见和观点等要通过网络与新媒体渠道进行显性表达，具有数字化行为；二是网民的情绪、意愿、态度、意见和观点等要有一定程度的一致性，否则众说纷纭的舆情分析或只关注少数人的意见和态度会误导相关决策，一般而言，舆情本体可分为正面、中立、负面三种情况。

第二个要素是新媒体舆情的主体。新媒体舆情的主体主要指网民，它是新媒体舆情产生的直接因素。网民是每一例舆情的推动者和实践者，他们是具有独立人格的表达者，是言语和行动的能动者，能够对信息进行自主“编码”和“解码”，享有法律赋予和保障的权利。具体到新媒体舆情事件中，其主体既可以是有组织的、有目的的，也可以是自发形成和结构松散的，无论哪一种形式，都必须对共同话题参与讨论、交流，并发表意见、表达态度。当然，网民的表达并不是绝对自由的，同样受到现实生活中的复杂因素的影响，对事件的理解角度、真实信息掌握程度和社会资本占有的不同情况都会对网民在舆情事件中的表态有影响，此外，网民在舆情传播中的作用也存在一定的层级性，有大V，有小V，也有普通网民，关键意见领袖（key opinion leader，KOL）在舆情扩散中的作用不可小觑。值得注意的是，虽然新媒体舆情的主体主要是网民，但也存在“虚假主体”，例如QQ、微博、微信公众号、抖音等的水军、机器自动发布，如果信息发布量多的话，也容易搅乱舆情监测和分析流程。

第三个要素是新媒体舆情的客体。客体是指人的活动对象及其范畴，网络舆情表达的客体主要包括自然客体、社会客体和精神客体，其中由语言符号构成的精神客体通常包括政治传言、讽刺漫画、新闻报道、文学作品和学术研究等五种形式。[①] 与新媒体舆情主体相对的客体狭义上是指舆情所涉的对象，广义上的舆情客体更为广泛，可以指涉现实社会中的各种社会现象、社会问题等，一般是指与人们利益相关的社会公共事务，具有政治指向性。引发网民高度关

① 吴安辉，刘海明. 网络舆情表达的主客体和表达伦理[J]. 编辑之友，2015（8）：49-55.

注的新媒体舆情表面上往往是针对某具体事件或社会现象的传播，实质上是社会矛盾和社会心理在网络空间的映射。但是需要清楚地认识到，新媒体舆情并不完全等同于民意，虽然中国网民规模位列世界第一，并且规模数字每年还在增长，但是并不是所有网民都倾向于在网络空间留下意见的“行为痕迹”，避免将少数人的意见当作主流舆论。

第四个要素是新媒体舆情的传播渠道。在媒介融合的社会语境下，打造“新媒体矩阵”成为传统媒体转型探索不断深入后演化出来的新概念，它不同于“传统媒体+门户官网”的新媒体集群，主要通过汇聚元信息的“中央厨房”向手机、平板电脑等移动智能终端推送信息。要了解新媒体舆情的传播规律，首先需要了解承载舆情扩散的传播载体，即传播媒介。

随着中国网民规模的持续扩大，网络舆论的发展继续改写中国传统媒体传播及信息扩散的格局。个人、政府、企业及其他机构纷纷建立自媒体平台，越来越多的自媒体成为新媒体热点舆情事件曝光的首要来源，特别是抖音、微博、微信、新闻客户端等社会化媒体的兴起，使很多原有的舆情处理方式和手段都面临失效的境地。新媒体舆情的主要渠道是基于互联网的各种新媒体平台，网民对热点事件关注需要一个可以互相讨论、交流看法的公共空间，传播媒介则恰好提供了这样一个空间。不同的传播媒介不仅有不同的特质，而且讨论的话题和关注点都有差异，相对微博的开放式讨论，微信呈现出“圈子式”的封闭扩散。相对于微信群的成员间传播，各大公众号的信息传播更为松散，不同的传播渠道产生的“共振”作用对新媒体舆情有很强的推动作用。

四、新媒体舆情传播规律

新媒体舆情的传播呈现出以下三个规律。

第一，新媒体舆情事件传播率和曝光率增高。新媒体的快速发展和崛起，提升了信息传播的便捷性，降低了信息传播门槛，也增加了碎片化传播等多种方式；移动终端的广泛普及以及终端设备的科技含量不断提高，使得信息传播更加畅通，途径更加多元。对于现代社会来说，人人都可以是信息的制造者和传播者，使得信息传播表现出及时性、高效性。从当前的网络舆情信息传播规律来看，自媒体终端对网络舆情事件的曝光率和传播率更高，也是最容易引起网民围观的传播方式，之后便是传统媒体的跟进传播，新媒体与传统媒体形成相互交织的传播方式，引起二次或多次的传播，进而形成网络舆论的焦点和热点，甚至会成为沸点。①

第二，新媒体舆情传播容易产生连锁效应。新媒体环境下的网络舆情信息传播很容易产生连锁效应。新媒体环境下，即使是一些较小的社会突发事件，也很可能产生强烈的连锁效应。②正如根据德国学者伊丽莎白·诺尔-诺依曼（Elisabeth Noelle-Neumann）的观点，舆论的形成需要三个条件：首先，多数传播媒介报道内容的类似性，产生了共鸣效果；其次，同类信息传播的联系性和重复性，产生了累积效果；最后，信息达到范围的广泛性，产生了遍在效果。正如学者张红光所言："一个网络热点或话题在传播演化中不断延伸，当然也可能随时中断，同时又随时可能生成新的话题或引发新的舆情。信息在立体化的传播渠道中不断聚合分化，网络舆情传播产生连锁效应，呈现全方位辐射。"③

第三，新媒体舆情容易产生次生舆情。所谓次生舆情，即舆情发展过程中出现新的刺激性因素，引发针对当事主体或其他主体的新的舆情事件。当一些舆情发生后，尤其是重大舆情，常常会发生与之有联系的次生事件，且在传播过程中也容易出现次生舆情的情况。"新媒体时代，每天都有海量的信息出现，而能够引起受众广泛关注的无疑是具有很强话题性的信息。当高关注度与高话题性相结合，便会引发媒体的聚集性报道和网民的热议，随着讨论的不断深入扩展，包含在原生舆情中的热点话题便逐渐衍生出多个次生舆情。"尤其是当舆情当事主体不能够及时有效地回应公众质疑，那么渴望真相的公众在很大程度上会通过人肉搜索、传播不实信息甚至网络暴力等某些非正常方式来弥补信息的缺失，从而会诱发不利的次生舆情。④

五、新媒体舆情处理及误区

随着新媒体技术的发展，利用新媒体进行信息传播已成为新常态，但须

① 刘亚东. 新媒体环境下网络舆情信息传播路径与传播规律研究[J]. 传播力研究，2018，2（10）：235.

② 刘亚东. 新媒体环境下网络舆情信息传播路径与传播规律研究[J]. 传播力研究，2018，2（10）：235.

③ 张红光. 新媒体环境下网络舆情传播特点规律及其应对[J]. 新闻世界，2017（7）：40-46.

④ 张旭昱. 新媒体时代次生舆情的成因、危害及对策[J]. 传媒论坛，2020，3（7）：156，159.

认识到新媒体舆情具有不可预测性，新媒体既有“自净化”能力，同时也存在从无序到有序，再到新的无序的循环，也让公众在新媒体舆情扩散中出现有时逻辑思维没有变得更加清晰、更有条理，反而更加混乱、更加支离破碎的现象。

如何充分理解新媒体的信息传播优势和规律，有效处理舆情、构建良好的舆论传播环境，成为媒介融合语境下政府、媒体及其他机构共同关注的话题。

（一）新媒体舆情误区

面对错综复杂的新媒体舆情，政府、企业或相关方在处理时存在不少误区，常见的有以下几种。

第一种是“鸵鸟行为”。面对汹涌而来的网络舆情，某些部门或机构的态度一开始会选择“无反应”，这种“无反应”的行为产生的最直接的不良后果就是引发公众的更多质疑，并给谣言传播提供空间。它是将平息网络舆情视为解决问题，隐藏转发、筛选评论、发动水军制造“虚假共识”，这种做法目光短浅，长期来看隐患无穷。

第二种是消极应对。当新媒体负面舆情发生后，网络声音持续加大，相关方回应的“通报体”“领导很忙体”都成为消极应对的典型方式。例如 2021 年 5 月 9 日，成都市第四十九中学一名学生从知行楼高空坠落，而学校官方微博的第一次回应中，只强调了学校已经成立工作组，正在全力配合公安机关开展调查。但这份回应并没有回答公众最关心的问题，导致舆论一度发酵，引起了社会的广泛关注。

第三种是遮掩行为。在通过互联网沟通的世界里，遮掩以及说谎行为造成的社会结果带来的成本很大，直接的不良影响就是产生“塔西陀效应”，以后无论发布主体发布任何信息，公众都不再相信。从群体心理学角度来看，公众对网络信息的传播固然存在集体无意识、跟风盲从等因素，但从信息公开角度来看，涉事主体的积极、有效的回应是处理舆情特别是危机舆情的关键环节。

（二）新媒体舆情处理

政府单一的力量和单向的管理体制已不能适应当代网络舆情治理困境的

挑战，网络舆情治理要推动政府、媒介、社会组织及公民共同参与，实现网络舆情体系的动态平衡。根据新媒体舆情的一般传播路径，政府、企业及相关机构应从新媒体舆情收集、研判、监测和引导四个方面加强。

新的传播环境中，危机管理对策也需要调整，在新媒体突发事件的早期注重信息收集，防微杜渐；在事件发展和上升期，积极应对，以疏通为主；在舆情事件平息期，持续监测走向，为防止“次生舆情”随时做好准备。因此应该以开放、宽容的眼光看待微博、微信等社会化媒体，舆情不是敌情，片面封堵或消极应对都背离了社会治理的基本思想。

在新媒体舆情的治理过程中，需要政府、企业和社会组织承担各自的责任，共同处理新媒体舆情，避免舆情带来负面的社会影响。

第一，政府应该加强舆情治理政策的顶层设计。政府要面向全社会培育法治理念和法治思维。网络舆情治理政策的顶层设计要坚持如下四个原则。一是以公共利益为准则，将维护公共利益和实现民生幸福置于首位。二是以推进网络可持续发展和网络安全为导向，立法要立足长远，对恶意破坏正常网络秩序的言行要坚决打击。三是坚持科学性与民主性原则，公共政策设计要充分尊重和考量各方的发言权，对立法和公共政策的议题要大胆假设，谨慎求证。四是要坚持可操作性原则，坚持规范性、技术性与行政管理相统一。同时在政策制定时，避免片面化看待与应对网络舆情。要考虑到网络舆情危机演变的各个环节，有针对性地建构舆情治理体制，建构一套完整的网络舆情监控、预警、公关、协调、反馈等机制。[①]

第二，企业应该运用新技术加强舆情预警机制。舆情预警的意义在于预知危机，提前部署，以降低或消解负面影响。面对信息高速传播、“海量”涌现、危机突如其来的新媒体环境，现有预警机制必须吸收新技术成果，以高度智能化的网络搜索和舆情监测、分析、过滤系统进行诸如舆情倾向判断、敏感话题追踪、自动报表等工作，从而有效提高预警能力。一方面，利用新技术构建新媒体舆情监测系统，即时跟踪信息，统计关键词语，加强日常舆情分析。另一方面，加强监测队伍建设，提高其技术应用能力，进行科学的舆情调查和分析，研究舆情应对案例、相关法规政策，及时回复公众疑问并反馈给相关管理部门，

① 孔建华. 当代中国网络舆情治理：行动逻辑、现实困境与路径选择[D]. 吉林大学，2019.

提供治理依据和方案、措施。①

第三，社会组织在网络舆情治理过程中，线上、线下两个层面都要发挥重要作用。线上层面主要是舆情监控与信息研判，线下层面主要是与政府、其他社会组织及公民互动。社会组织参与舆情治理有多种方式。线上领域，在舆情信息监测上，由于网络信息覆盖面较广，仅靠行政部门自身无法全面捕捉到舆情信息，而社会组织的参与可以拓展网络舆情监控的范围，各大社会组织可在自身所属的领域或行业范围内建立舆情走向的数据库，同政府部门网络舆情监测一起，建构一套完整的信息共享平台。比如一些行业协会可以自发组织起来，及时发现行业内的舆情走向，当发现舆情危机威胁时，可及时与政府取得联系。线下领域，社会组织可发挥社会性的优势，同政府及媒介组织一起共同推动决策、寻找舆情危机的解决方案。

第五节 新媒体传播效果

一、新媒体时代媒介环境变迁

（一）新媒体传播模式特征

大众传播学以传播过程中所包含的要素为主要研究对象，建立这些要素间的关系，并揭示关系背后的作用机制，以此增加我们对传播过程和传播现象的了解。早期传播学者对于传播模式的勾勒，揭示了传播过程中所包含的要素，既为要素间关系的建立和研究问题的展开提供了基础，也为传播学研究范围和边界的划定提供了参考。这个范围和边界回答的问题是，传播学作为社会科学到底研究些什么。以拉斯韦尔的“5W”模式为例，5 个 W 作为传播过程的要素，各自表明了不同的具体研究领域，由此可以勾勒出的传播学研究范围至少包括：传播者研究（who）、内容分析（says what）、受众研究（to whom）、媒体研究（in which channel）和效果研究（with what effect）。

① 于春生. 新媒体舆情危机事件：内涵、特征与应对策略[J]. 现代传播（中国传媒大学学报），2012，34（9）：141-142.

对传统媒体传播效果的研究来说，受众规模、开机率、平均暴露频次、媒介接触等方面的量化信息是必不可少的。比如电视媒体的传播效果，如果今天我们所关注的信息依然停留在受众年龄、节目内容、性别、地域、职业、收入等，已经远远不够了。我们还要追问他们看完节目之后又去了哪些网站，是否搜索了节目中提到的某一话题，是否购买了节目中涉及的某一物品，是否在社交媒体上分享交流相关话题，他们的朋友圈、兴趣爱好、品位和价值观又如何。新媒体环境下的传播研究不单单是根据线性模式分析静态环节，而是关注扩散路径、社会关系等的多重维度。本书在传统的传播模式的基础上，重点关注新媒体传播模式下的关系化、情感化、裂变式特点。

第一，关系化传播。社会化媒体时代的重要特征之一就是基于社会关系进行内容生产和交换，例如推动微信信息传播扩散的重要动因和路径就是“关系”。帕洛阿尔托学派的奠基者格雷戈里·贝特森（Gregory Bateson）将传播分为内容和关系两个层面，两者是传播的一体两面，不可割裂。然而在不同时期，传播行为存在“偏向内容”和“偏向关系”的重心差别。[①]

在传统媒体及互联网 Web1.0 时代，专业化媒介机构通过大规模的内容生产和传播，为公众和社会设置议程，影响和引导社会舆论的传播和走向。大众作为孤立而分散的“原子”，信息生产和传播能力处于劣势，难以形成规模有序的传播声势。到了 Web2.0、Web3.0、Web4.0 时代，数字化技术赋权之后，大众皆可成为信息生产和传播的主体，更为关键的是，人们不再是孤立而分散的“原子”，而是相互连接的传播节点，他们共同组成错综复杂的关系网络，并以自己的个人空间为核心，以社会关系为路径进行内容的双向交换。

第二，情感化传播。人类传播经历了口语传播、文字传播、印刷传播、电子传播四个历史进程，目前正在经历数字传播时代。不管在哪个时代，传播行为本身都会掺杂个人情感，只要有人的参与，就不存在绝对客观的信息传播。在古罗马时代，书籍和新闻、传言一样，借人们在社交关系网内互相分享而得以传播，书籍的流传靠读者互相推荐，彼此传抄。[②]书籍一旦进入流通被传抄，

① Watzlawick P., Bavelas J. B., Jackson D. D. Pragmatics of Human Communication: A Study of Interactional Patterns, Pathologies and Paradoxes[M]. New York: W. W. Norton & Company, 2011.

② 汤姆·斯丹迪奇. 从莎草纸到互联网：社交媒体 2000 年[M]. 林华，译. 北京：中信出版社，2015.

就意味着作者失去了对作品的控制，书籍流通如此，其他事件的信息传播同样如此。人们可以为事件“添枝加叶”甚至重塑，这也是谣言诞生的根本动因。

在当前社会化媒体时代，传播的情感化特征十分明显，这同时是关系化特征的自然延伸。人们在事件传播过程中多少都会加入自己的观点和态度继续进行传播，而关系网络的传播路径又影响了与个体相关的其他个体或群体。值得注意的是，情感化并不等于情绪化，情感化传播既可以是正向传播，也可以是负向传播。但是情绪化传播在涉及社会民生、道德风俗、突发事件等负面舆情事件中较为常见。例如鉴于网络新媒体本身的虚拟性、匿名性，互联网已经成为人们自我表达和积极参与事件讨论、表达情绪的重要平台，情绪识别和情感计算也成为学界研究网民行为的新型切入口，新媒体事件中常见的反转情况很多情况下都是网民带有强烈情感的社会化传播。

第三，裂变式传播。新媒体传播模式的裂变式特征得益于社交网络中的分享机制，微博和微信就是裂变式传播的典型代表。当人们看到某条信息，基于义愤、认同、赞赏等不同心理因素综合作用后进行分享，那么这条信息的扩散模式从一个接收者到两个、四个、八个，这样的指数级增长速度和规模在社会化媒体扩散模式中并不少见。从前，我们进行信息交流的方式有论坛、博客、贴吧，这些平台上的网民基本可以达到双向交流，但是互动的深度、频度和速度与当前的微信、抖音等新媒体平台相距甚远，更不用说传统媒体时代。

按照新媒体的裂变式传播逻辑，传播可分为传播源、激发层和裂变层。传播源可以是微信公众号、微博和抖音等新媒体内容，激发层是粉丝、员工、家人、朋友，裂变层则是朋友的朋友。[①]在裂变式传播中，激发层非常重要，这是信息是否可以大规模传播的中介力量，某种程度上，激发层扮演了意见领袖的作用，它影响着信息扩散的层次和范围。

（二）变化中的“传受”关系

大众传播的受众对应的英文是 audience，是一对多的传播活动的对象，具

① 赖川. 一个月裂变 10 万粉，这才是裂变式营销[EB/OL]. https://www.qinzhiqiang.com/archives/ 37179.html, (2021-10-25)[2022-04-07].

有大规模、跨地域、跨阶层的“不确定”的特性，电影院的观影者、听车内广播的乘客、看报纸的读者、戏剧表演和体育赛事的现场观众都属于受众的范畴。在大众传播中，受众与传媒构成了社会传播过程的两级，两者既相互依存又相互冲突。当媒介生态发生根本性变革时，受众本身也发生了改变。

当前，大众传播研究中有几种主要的受众观：作为社会群体的受众、作为“市场”的受众、作为权利主体的受众。[①]不管是从哪一种视角看待受众，依然把这个群体置于大众传播“解码”过程中的作用、地位和角色去认识。研究受众行为的重要理论——“使用与满足”理论同样如此。即便是肯定了受众有一定的能动性，能够基于自己的需求对媒介内容进行选择，这有助于纠正“魔弹论”“靶子论”的观点，但是仅考察受众的媒介接触行为，抛开媒体内容生产、扩散及反馈的过程，并未改变受众接收者的本质特征。

新媒体时代的“受众”内涵和外延都在发生改变，需要重新阐释，用户、参与者、业余记者、博主、网民等都是人们对受众在新媒体时代的新身份命名。之所以有这么多的身份，是因为随着新媒体环境的逐步变化，新媒体的“受众”在信息传播过程中承担了多重角色，他们既是信息接收者，又是生产者、传播者。比如广受关注的维基百科网站，它是一个相当大众化的网络数据聚合网站。任何人都能编辑任何网页，都能成为维基百科的贡献者，全球成千上万的人们把他们的专业知识、言论及情感加进去，而且每天都有新的志愿者出现。

在新媒体环境下，新媒体传播过程中的“传—受”关系发生很大改变。一方面，传播者的中心地位被撼动，不再一味地妄自尊大，即便是威权体制下的媒体也要根据社交媒体特性调整发展战略和运作策略。另一方面，接收者不再单纯地被作为信息传播链条的末端单纯接收信息，在很多情况下，他们既是信息接收者，又是内容生产者。

简要概括，新媒体时代的用户具有主体性和创造性两大基本特征。

第一，新媒体用户的主体性。大众传播学中的线性传播模式常受到质疑和产生争议，但是依然作为分析当前传播现象和信息扩散等问题的普遍性做法，该种分析视角常把受众视为传播流程中的一个环节。无论如何，受众的主体性意识崛起是不争的事实。批判视野中不乏对受众能动性的研究，伯明翰学派的

---

① 郭庆光. 传播学教程（第 2 版）[M]. 北京：中国人民大学出版社，2011.

代表人物斯图亚特·霍尔（Stuart Hall）提出的“编码/解码”模式就是针对电视传播流程的受众研究，他认为进入电视传播流程的“受众”不是白板一块，他先已为“话语”所构造并将这些话语带入他的接收活动。霍尔的学生戴维·莫利（David Morley）验证了“编码/解码”模式的合理性，进一步丰富了“受众能动性”的概念。[①] 在新媒体环境中，受众能动性得到了进一步的发展，新媒体用户不再是简单的媒体受众，而是对整个传播流程具有巨大影响力的主体，其主体性进一步得以凸显。

第二，新媒体用户的创造性。创造性主要体现在用户对媒介内容的生产上，这是一种创造性的生产。新媒体用户的创造性生产是指新媒体用户在既有文本的基础上或在新领域充分发挥想象力和创造性，借助新媒体技术手段进行生产的行为，该行为涉及的对象包括表情包、图文、短视频、音频、直播、虚拟现实等。新媒体的数字化特性，使任何文本都变得可处理、可操作、可再造。比如2007年诞生于北美的暴走漫画（简称“暴漫”）系列已风靡网络十余年之久，该漫画通过简单的手绘表情构成一种开放式网络文本，内容常取材于日常生活中的糗事、笑话和有趣的段子，呈现出来的开放性让众多网民乐得参与其中，通过简单的技术任何人都可以拥有属于自己的“暴漫脸”，进而以表情包的形式在网络上传播，以暴漫为代表的表情应用只是用户创造性生产的一个缩影，改造、涂鸦、嘲讽及恶搞，这些看似破坏性的行为恰恰孕育着用户的自由力量。

二、传播效果经典范式的再审视

在传播学领域，传播效果有两重含义：一是指带有说服动机的传播行为在受传者身上引起的心理、态度和行为的变化；二是指传播活动尤其是报刊、广播、电视等大众传播媒介的活动对受传者和社会所产生的一切影响和结果的总体。[②]

20世纪早期主张大众传媒能产生无条件的绝对效果的“魔弹论”认为，大众媒介对被动和没有自卫能力的受众产生影响，然而这种单纯强调传媒强有力

---

① 金惠敏. 积极受众论：从霍尔到莫利的伯明翰范式[M]. 北京：中国社会出版社，2010.

② 郭庆光. 传播学教程（第2版）[M]. 北京：中国人民大学出版社，2011.

效果的理论不断受到质疑。到20世纪40年代末产生了“有限效果论”，此时的学术论战围绕所谓舆论领袖在大众媒介和受众之间的中介力量展开，强调受众能够通过选择自己需要的信息，或者只选择强化已有的信息，来进行自我保护。20世纪70年代以后，研究者们更多地考虑各种限制因素后提出了宏观效果理论。

20世纪90年代以后，传播效果研究的突出特点之一就是探讨媒介技术对社会发展的推动作用以及对社会生活的影响，这与媒介技术本身的发展密不可分，这些技术包括卫星电视技术、计算机通信技术、多媒体技术、数字技术、网络技术，以及当前热门的人工智能、物联网、云计算等。对大众传播效果理论的研究呈现了人们对传播效果和影响的认识经历了一个不断深化的过程。

媒介环境变了，传播效果的理论范式是否面临被推翻的境遇？诞生于大众传播媒体时代的效果范式在社会化媒体时代还有效吗？主要用于研究报纸、广播、电视、杂志等大众传播媒体的传播效果是否适用于分众化、细分化的新媒体？目前来看，哪些经典传播效果范式依然高频率出现呢？我们要对这些传播效果的经典理论范式在新媒体环境下重新进行审视。

（一）“把关人”理论

“把关人”（Gate Keeper）概念最早是美国社会心理学家、传播学的奠基人之一库尔特·卢因在研究群体中信息流通渠道时提出的。1943年卢因在《生态心理学》（*Ecological Psychology*）中提出了“渠道理论”（Channel Theory），即食物是通过不同渠道（从商店购买、自家菜园所种或直接从农场购得等）一步一步来到饭桌上的，而食物进入或不进入一个渠道，从渠道的这一环节到另一环节，都要受到“把关人”的影响。[①]后来卢因在《群体生活的渠道》一文中系统论述了这个问题，他认为在群体传播过程中存在着一些把关人，只有符合群体规范或把关人价值标准的信息内容才能进入传播的管道。作为“群体动力学”的开创者，卢因在第二次世界大战期间将群体动力学应用到军队士气研究和劝说人们改变食品习惯的研究中。当时美国政府鼓励公众食用动物内脏，卢因发现家庭主妇拥有选择食物的决定权，扮演着犹如守门人的角色。

---

① 黄旦. “把关人”研究及其演变[J]. 国际新闻界，1996（4）：27-31.

20世纪50年代，卢因的学生传播学者怀特将这一概念应用于大众媒介机构中的守门人行为，在考察通讯社编辑对电讯稿的选择处理时提出了大众传播的“把关”模式。怀特认为，新闻媒介的报道活动不是“有闻必录”，而是对众多的新闻素材进行取舍选择和加工的过程。在这一过程中，传播媒介形成一道关口，最终通过媒介传达给受众的新闻或信息寥寥。把关人理论经由怀特、约翰·T. 麦克内利（John T. McNelly）、亚伯拉罕·Z. 巴斯（Abraham Z. Bass）和沃尔特·吉伯（Walter Gieber）等众多学者的持续研究，最终成为传播学控制分析领域科学性理论之一。

到了新媒体环境，我们要对“把关人”理论进行重新思考，必须要重新审视该理论的核心假设和关键概念及其演化。首先，“把关人”理论诞生在大众传播线性模式研究鼎盛时期，“我传你受”的单向模式是主要模式，传播者将新闻信息“推”给受众，受众的选择权只限于每天在固定的内容中进行接收。显而易见，这和当前新媒体的关系化、情感化、裂变式的传播模式截然不同，把关的主体、内容、形式和模式等发生了很大变化。面对一个新闻热点，网民可以提供与该新闻相关的最新线索或小道消息，亦可对此新闻进行纯情感化表达或理性评论，受众可以主动在更多的海量信息中进行挑选，选择出自己感兴趣的内容，也可以参与到热点事件之中，生产、制作、发布更多可供其他新媒体用户阅读的内容。

其次，“把关人”理论中的把关过程主要发生在大众传媒机构内部，把关通常是专业和严格的，作为“把关人”的编辑不但依据新闻价值标准进行把关，还受到意识形态、利益、政策等多方面影响。从组织层面来看，大众传媒充当了主要的把关人，把关行为通常是前置的、拦截式的，受众则充当信息的被动接收者。与之不同，新媒体时代的把关是后置的、筛选式的，其形式是开放的、多样的，把关人和把关对象角色也逐渐模糊，没有专业训练的普通新媒体用户有时也会成为把关人，例如微博。[①]尽管在传播效果的研究过程中，有很多研究指明了受众并非完全被动的，而是能够参与反馈的积极群体，具有选择性接触、选择性理解的能力和自由。但是不得不承认，受众的主动性依旧是极其有

① 靖鸣，臧诚. 微博对把关人理论的解构及其对大众传播的影响[J]. 新闻与传播研究，2013，20（2）：55-69，127.

限的，他们主要还是依靠传统媒体提供的内容了解非直接经验的客观环境及其变化，这和新媒体环境下受众的反馈和主动表达形式相差甚远。虽然有新媒体编辑这些新型把关人存在，但是由于新媒体用户也成了内容的生产者，把关人无疑成了新媒体用户自身。

必须承认的是，虽然现有不少研究持有“把关人”理论失灵的论调，但把关行为和把关现象依然在网络与新媒体中随处可见。可见，虽然旨在研究受到战争影响的人们的文化习惯的“把关人”理论在新媒体时代依然有继续深化研究的价值和意义。

（二）议程设置理论

议程设置是关于媒介传播内容显著性转移的理论假设，其思想源头是 1922 年沃尔特・李普曼（Walter Lippmann）的《舆论学》（*Public Opinion*），李普曼认为作为超越我们直接经验认识广阔世界的窗户，新闻媒介决定了我们对这个世界的认知地图，舆论的反应并不是针对环境的，而是针对新闻媒介创造的拟态环境。[①]

议程设置理论始自一个简单假设，即描述大众传播如何影响公众对社会与政治议题的关注。海登・怀特（Hayden White）将大众传播为公众注意力设置议程的能力描绘为“一种在别的国家只有暴君、牧师、政党以及官僚才拥有的权威”[②]。议程设置理论创始人马克斯韦尔・麦库姆斯（Maxwell McCombs）和唐纳德・肖（Donald Shaw）于 1968 年对美国北卡罗来纳州的一群选民做了比较研究，这就是公认议程设置理论起源的查普希尔研究（Chapel Hill Study）[③]，该研究的中心假设是大众媒介通过影响议题在选民中的显要性来为政治竞选设置议题议程，其重要贡献就在于“议程设置”这个词本身，它使关于媒介影响的这个概念立即在学者中流传开来。

同样是在强调媒介效果的强大，但是议程设置与早期的枪弹论或皮下注射论那种无所不能的媒介效果不同，也不是将受众视作消极等待新闻媒介安排的

① 李普曼. 舆论学[M]. 林珊，译. 北京：华夏出版社，1989.

② White T. H. The Making of the President 1972[M]. New York: Atheneum Publishers, 1973.

③ McCombs M. E., Shaw D. L. The agenda-setting function of mass media[J]. Public Opinion Quarterly, 1972, 36(2): 176-187.

机器。议程设置理论认为，新闻媒介可以为公众设置议程，实现信息显著性向公众议程的迁移。该迁移过程共分为两个层次，其一是客体显著性转移，其二是属性显著性转移。媒体事件经过这两个过程迁移会形成舆论，进而促使政策行动的发生，最终完成媒介生态与社会生态的衔接与互动。

詹姆斯·克拉帕（James Clapper）提出的有限效果论为麦库姆斯和肖提出议程设置理论提供了信心，他们认为新闻媒介在设置公众议程方面发挥着中心作用。议程设置理论虽然诞生在美国，但是得到了来自英国、德国、西班牙、日本、阿根廷等不同国家的经验证实。值得注意的是研究多以这些国家的政治选举作为研究背景，其实议程设置效果并不仅仅局限于选举，之所以利用选举作为研究对象，是因为全国选举为研究媒介效果创造了一个天然实验室。在全国选举中，在公众议题以及其他政治方面存在持续而猛烈的信息流。[①]议程设置理论经过世界各地的社会科学家们的不断研究与扩展，逐渐融入许多新的命题，如关于产生这些议程设置效果的偶然条件、塑造媒介议程的权力以及媒介信息中具体因素的影响等,该理论已经成为大众媒介议程及其效果的详细图谱。

议程设置知识图谱的形成是一个过程，麦库姆斯在《议程设置：大众媒介与舆论》（*Setting the Agenda: The Mass Media and Public Opinion*）这本书里证实"现在全世界已经出版了 400 多项议程设置的实证调查"之后，研究者们对该理论的验证、修正和补充热情依旧不减。

在新闻传播领域，有关新媒体环境下议程设置理论的研究占半壁江山，且视角多元。有人认为随着新媒体时代的来临，传播的海量信息趋于高度分散，网络中存在着大量难以估测其社群特性的个体，差异性会使传统议程设置效果逐渐消失。[②]虽然麦库姆斯坚持认为传统的媒体议程设置理论依然有效，但麦库姆斯是基于西方社会现状的"网络主导群体是富裕年轻人"的假设前提，这在中国是否适用还有待进一步研究。有学者在梳理了新媒介环境下国外对议程设置理论研究后发现：无论是传统媒体还是网络媒体，在新媒体环境下对于网

① 马克斯韦尔·麦库姆斯. 议程设置：大众媒介与舆论[M]. 郭镇之，徐培喜，译. 北京：北京大学出版社，2008.

② 杨一小. 消解中的议程设置理论——对网络传播秩序的探析[J]. 社科纵横（新理论版），2008（1）：289-290.

络受众都具有议程设置的效果；媒体间的议程设置效果也依然存在。虽然网络时代的出现为人们提供了更丰富的新闻信息，但是这些信息存在高度同质化的现象，新闻机构的“中央厨房”会为一条信息创作出适合不同媒介平台的多种形式，这意味着人们在不同时间通过报纸、电视、电脑和手机等终端接收到了同一信息，实质上这是传统媒体创新转型的悖论之一。[①]

总而言之，新媒体的出现挑战了议程设置理论的既有主张。一方面，自媒体和社会化媒体的新型信息生产与传播模式使新媒体的议程设置权大大提升，新媒体不但设置议程，甚至可能把传统媒体的议程“夺取”过来，继续发酵。另一方面，议程设置理论的核心假设并未散失，不管是大众传媒为公众的议程设置弱化，还是媒体间的议程设置功能失灵，议程设置本身依旧在发挥作用，但需要进一步的实证研究检验。

（三）沉默的螺旋

德国学者诺依曼于 1974 年提出了沉默的螺旋理论。“沉默的螺旋”的过程是，一方大声地表明自己的观点，而另一方可能“吞”下自己的观点，保持沉默，从而进入螺旋循环。优势意见占明显的主导地位，其他的意见从公共图景中完全消失，这是意见气候的反映。对于被孤立的恐惧表现为一种驱动力，它促使沉默的螺旋启动起来，该理论声称发现了人类一项新能力，即感知意见气候的能力。

沉默的螺旋有几个基本假设：社会舆论会对个体施加被孤立的威胁；个体的社会化本质会让其感受到被孤立的恐惧；出于对被孤立的恐惧，个体努力估计意见气候；估计的结果影响了个体的最终行为。[②]诺依曼对大众媒体的强大威力赞赏有加，她认为，相同的议题被大众媒体反复报道后，会强化公众的认知，影响他们对意见气候的感知，产生“共鸣效果”“累积效果”“遍在效果”。

由于“沉默的螺旋”理论本身影响巨大，以至于后人对该理论的扩展与深化、争议和质疑、称赞和批判等声音并存，褒贬不一。随着媒介环境从大众传播向网络化、分众化、社交化媒介环境的转变，“沉默的螺旋”理论的适用性

---

① 蒋忠波，邓若伊. 国外新媒体环境下的议程设置研究[J]. 国际新闻界，2010，32（6）：39-45.

② 伊丽莎白·诺尔-诺依曼. 沉默的螺旋：舆论——我们的社会皮肤[M]. 董璐，译. 北京：北京大学出版社，2013.

引发了更大的争议。有人认为该理论忽略了舆论形成过程中“少数派”或“中坚分子”的作用，坚持己见的“中坚分子”会坚定自己的观点不受影响，其力量不容小觑。[①]有人认为在网络空间中“沉默的螺旋”现象并没有消失，只不过其表现形式有所变化而已，“沉默的螺旋”理论仍是基本的社会心理基础，在此基础上发生的“蝴蝶效应”就是“沉默的螺旋”的网络传播效果。[②]

社交媒体平台的舆论有何变化呢？有人认为看似多元化表达的社交媒体其实抑制了个体自由表达意见、参与公共事务讨论的自由，形成了“沉默的螺旋”效应，实质上妨碍了社会观点多元化与公民理性政治参与的实现。因此，社交媒体更容易产生“沉默的螺旋”效应，而出现这一现象的原因在于社交媒体的实名制和社交网络上的网络暴力。[③]持有“沉默的螺旋”理论不再适用或者弱化观点的学者认为其原因之一在于网络匿名性。

面对新的媒介环境，除了上述对“沉默的螺旋”的“颠覆论”“复活论”“变体论”等观点层出不穷，还有学者提出“反沉默的螺旋”观点。[④]比如姚珺在2004年就指出在互联网环境下“沉默的螺旋”将倒置，因为很多公共事件是由少数中坚分子扭转意见气候，影响了事件的最终走向。

概括来说，在新媒体环境下，“沉默的螺旋”的媒介效果研究正在经历重新检验，同时面临新媒介环境下对个体、舆论和社会心理的再审视。

（四）“意见领袖”与“两级传播流”

“意见领袖”与“两级传播流”的概念来自美国媒介效果研究大师保罗·拉扎斯菲尔德（Paul Lazarsfeld）等人，他们在1940年俄亥俄州伊利县针对美国选民的选举行为所做的一项历时7个月的调查，通过整理调查结果得出的“意见领袖”与“两级传播流”是拉扎斯菲尔德等人对大众媒介的个人影响研究的重要概念，影响深远。[⑤]

---

① 谢新洲. “沉默的螺旋”假说在互联网环境下的实证研究[J]. 现代传播，2003（6）：17-22.

② 魏丽萍. 网络舆情形成机制的进化博弈论启示[J]. 新闻与传播研究，2010，20（6）：29-38，110.

③ 周凯，刘伟，凌惠. 社交媒体、“沉默螺旋”效应与青年人的政治参与——基于25位香港大学生的访谈研究[J]. 现代传播（中国传媒大学学报），2016，38（5）：143-148.

④ 郭小安. 舆论的寡头化铁律：“沉默的螺旋”理论适用边界的再思考[J]. 国际新闻界，2015，37（5）：51-65.

⑤ 保罗·F. 拉扎斯菲尔德，伯纳德·贝雷尔森，黑兹尔·高德特. 人民的选择：选民如何在总统选战中做决定（第三版）[M]. 唐茜，译. 北京：中国人民大学出版社，2012.

“意见领袖”是一些看起来对选举议题持有兴趣并且擅长表达的选民，他们不仅能够给出政治性的建议，甚至还竭力改变其他人的想法。①这些意见领袖存在于所有职业群体中，他们绝非都是富有者或者最优秀的人，但他们实际上影响着他人的决定。

“两级传播流”（two-step flow of communications）是指大众传媒往往通过两个过程向受众传递信息。首先意见领袖先接触报纸或广播等大众媒介信息，然后意见领袖们会过滤掉一部分,将少量的观点和信息传递给不太活跃的人群。简单来说，大众媒介信息的传播过程是：大众媒介→意见领袖→不活跃受众。拉扎斯菲尔德等人的这项研究还发现了大众传媒对人们的社会行为的影响并没有想象得那么强大，这项发现被认为开了“有限效果”范式的先河。

卡茨在 1957 年发表的文章《两级传播：关于一个假设的最新报告》（The two-step flow of communication: An up-to-date report on an hypothesis）进一步明确了意见领袖的特征、识别、作用和个人影响。卡茨认为，成为一位意见领袖有三个要件：意见领袖必须是价值的表达者、必须拥有专业能力、必须身处社交网中心。②这三个要件对一个意见领袖来说缺一不可，第一个要件是指意见领袖是谁，持有何种价值观，这决定意见领袖可以在表达态度和观点时更为明确，如果总是含混不清地表达，会让跟随者更为混乱；第二个要件是指意见领袖所具备的资格，他们何以成为意见领袖，在某一领域的专业素质和知识非常重要；第三个要件是指意见领袖如何发挥影响力，在哪个阶层或领域中可以发挥最大影响力，这涉及意见领袖的社会网络。

新媒体时代，意见领袖越来越多元化，内涵和外延都有所扩展。网络空间不但有一般的意见领袖，还有关键意见领袖；不但有时政信息的意见领袖，也有娱乐圈的意见领袖；不但有专家型意见领袖，也有草根型意见领袖。当然，这些不同领域的意见领袖也并非界限分明，也有交叉情况出现。总之新媒体时代的意见领袖更为多元、广泛，这些意见领袖在贴吧、论坛、微博、微信群、

---

① 保罗·F. 拉扎斯菲尔德，伯纳德·贝雷尔森，黑兹尔·高德特. 人民的选择：选民如何在总统选战中做决定（第三版）[M]. 唐茜，译. 北京：中国人民大学出版社，2012.

② Katz E. The two-step flow of communication: An up-to-date report on an hypothesis[J]. Public Opinion Quarterly, 1957, 21(1): 61-78.

知乎等新媒体空间里常常发表观点和评论，是网络社群中积极的信息传播者和发布者，通过明确观点、设置议程去影响舆论导向。

（五）第三人效果

1983年，美国哥伦比亚大学社会学教授W. P. 戴维森（W. P. Davidson）首次提出了传播中的"第三人效果"，这个假说认为人们会倾向于夸大大众传播对其他人看法和行为的影响，尤其是暴露在说服性传播（不管这种传播本身是不是想去进行说服）之下的受众成员中的个体，将会认为这种传播对其他人具有比对自己更大的影响。①

一方面，从试图评价传播效果的受众来看，传播活动最大的影响力并非体现在"我"（me）或者"你"（you）身上，而是体现在"他们"（them）（所谓的"第三人"）身上，并有可能会让"他们"采取一些行动。另一方面，从宣传者角度出发，第三者才是需要影响的最终目标。在操作中，宣传者或其他劝服传播者可以通过表面上影响某些人，来达到操纵第三者行为的目的。戴维森为了证明"第三人效果"假说，他在1978年、1980年先后做了四次小实验，结果全部验证了"第三人效果"的存在。

在新媒体环境下，"第三人效果"理论依然适用。新媒体的使用，一方面为权威信息更快更直接地到达受众提供了便利，人们可以通过网络主动搜索答案；另一方面信息冲破了空间限制，缩减了社会距离，使意见的交流表达更加便捷，减少了公众对"第三人"的误判。

"第三人效果"经过多年的研究和发展，研究领域不断扩展，逐渐从认知层面演变到行为层面，学者们通过大量研究论证第三人效果的存在并试图确定这种效果存在的原因及产生条件。新媒体环境下第三人效果研究主题包括网络色情内容、负面信息、网络广告、网络评论、网络游戏、社交媒体等。②不同的研究主题，影响第三人效果的外在变量也有很大不同，性别、年龄等人口统计学变量、个体特质、信息性质、媒体接触等都是影响人们感知第三人效果的存在。

---

① Davison W. P. The third-person effect in communication[J]. Public Opinion Quarterly, 1983, 47(1): 1-15.

② 武楠. 互联网语境下的第三人效果研究综述[J]. 当代传播，2017（4）：25-29.

第四章

新媒体形式：新的信息载体样式

新媒体技术的发展带来的是信息流的高速增长，人们逐渐淹没在信息洪流当中疲于对成千上万的信息进行甄别，大量长段的内容以及长时间的阅读习惯不再被受众所接受。用户趋向于降低信息辨析成本，内容创作者在此趋势下以碎片化、立体化、直观化的方式进行信息呈现，这就要求传统媒体在新媒体时代由内而外地进行革新，以新的艺术形式出现才能迎合市场的需求，这种革新是多方面的，包括形式艺术、文字、音乐、广播、影视动画等。同时，新媒体形式要具有艺术性，才能更好地满足新媒体用户的信息需求。

在互联网时代下，新媒体形式的核心要素是新技术在媒介作品当中的运用及表现，新媒体技术蕴含着丰富的潜力，为新媒体的革新提供了多样性，麦克卢汉认为媒介即讯息，一个时代真正有价值的不是这个时代所传播的内容而是这个时代所使用的媒介，新媒体带给我们的是多媒体融合，任何一种艺术都可以融合多种媒介形式进行展现，给人们带来多感官的刺激，也正因此我们的研究重点在于新媒体技术所带来的形式艺术。

第一节　新媒体形式艺术

正如上文论述，新媒体亦是利用数字技术、网络技术，通过互联网、宽带局域网、无线通信网、卫星等渠道，以及电脑、手机、数字电视机等终端，向用户提供社会信息的传播形态。

技术带给新媒体新的传播形态，艺术给这种形态新的张力。正如我国著名艺术家郭伟华认为，新媒体超越传统艺术设计的最大特点在于传播方式的改革，传统艺术只能单向传播，而新媒体形式艺术设计的传播在空间和时间上能全面拓展。[①]

一、新媒体形式艺术的内涵

学者们对新媒体形式艺术有着各自不同的理解和定义。有的认为新媒体形式艺术指的是利用录像、计算机、网络、数字技术等最新科技成果作为创作媒介的艺术作品。有的学者认为新媒体形式艺术是新媒介在艺术领域的表现形式，集中体现为一种跨学科、多媒介、综合处理、重表现、重过程体验的艺术形式。还有的学者认为，新媒体形式艺术是20世纪以来使用除绘画、雕塑等传统媒介以外的其他媒介的艺术，包括摄影、电影、霓虹灯管、电子机械装置等。当代新媒体形式艺术一般包括网络艺术、运用数字化媒体材料创作的实验性电影、录像艺术、数字摄影、声光装置、计算机游戏、多媒体艺术、远程信息艺术、虚拟现实艺术、机器人艺术、交互电视电影、生物技术艺术等。[②]

更多的学者则从计算机技术运用的角度来界定新媒体形式艺术，他们认为在当今新技术背景下所产生的新媒体形式艺术，是以数字技术为核心支持下所创作的媒介艺术形式，是一门数字化的交互媒体艺术，主要由电路传输结合计算机来进行创作。[③]在艺术创作过程中，艺术家首先提出创作观念，然后再由技术提出巧妙的解决方法，将其完成。[④]

当然也有学者持有文化上的泛化观念，认为新媒体中的媒介，不仅仅指艺术表现的物质载体或手段，而且指当代艺术作为文化活动面向社会、进入社会公共空间的方式。[⑤]

从以上学者的观点我们可以看出，无论是单从艺术的角度，还是仅从新媒

① 黄鸣奋. 网络媒体与艺术发展[M]. 厦门：厦门大学出版社，2004.

② 段似膺. 国内新媒体艺术研究综述[J]. 云梦学刊，2015，36（1）：13-22.

③ 王燕鸣. 论新媒体艺术在虚拟世界中的互动体验[J]. 大众文艺，2010（2）：7-8.

④ 王振兴. 新媒体艺术的特征和本质[J]. 河北能源职业技术学院学报，2006（1）：60-61.

⑤ 范迪安. 从媒体变革到文化视线——在中国当代艺术研讨会开幕式上的讲话[J]. 美术研究，2002（3）：66.

体的角度，都是不全面的。各位学者的研究提出了一个广泛性的定义，我们要结合新媒体的自身特性同时结合艺术的特点去看新媒体形式艺术的内涵。我们认为，从新闻传播学的角度来看，新媒体的形式艺术是以新媒体的传播要素图文音像为核心，结合技术产生的新的社会信息载体样式，具体体现形式有新媒体文学、新媒体广播、新媒体音乐、新媒体电影、新媒体电视与新媒体动画等。

二、新媒体形式艺术的特征

新的传播形式和传播媒介丰富和拓展了形式艺术所涉及的内容和表现形式，信息传播的渠道和主要介质也发生了变化，随之而来的是一系列不同于传统的新特性，它们立足于“新媒体”这个大背景，又有形式艺术设计的特点，包括时代性、技术性、交互性和文化性。

第一个特点是时代性。新媒体形式艺术是时代的产物，在计算机网络的基础上结合数字载体，其设计的作品具有一定的先进性。这种先进性是跟随计算机网络的发展而发展的。新媒体形式艺术的时代性不仅体现在传播形式和传播载体上，还体现在作品本身上。新媒体融合了多种多媒体技术与艺术，紧跟时代脚步，以鲜明的时代特征来展现新媒体形式艺术的先进性。

第二个特点是技术性。技术的进步总是为艺术的创新提供着契机，随着计算机技术和信息传播相关技术难题的不断突破，以数字化及信息技术为支撑的新媒体形式艺术得到了突飞猛进的发展，新媒体形式艺术作品中所使用的技术不断地推陈出新。艺术通过对新技术的利用，开发手段越发新奇，展示手段更加先进，表现形式愈发丰富多彩。新媒体形式艺术对技术的依赖性，一方面表现在：创作手段是技术，从艺术创作到作品展示的整个过程都依赖新媒体及技术。另一方面表现在：欣赏作品的过程也是通过新媒体及技术完成的。①

第三个特点是交互性。交互性是新媒体形式艺术最显著的特征。新媒体形式艺术作品中所使用的交互方法不断地推陈出新。新媒体形式艺术的交互性体现在三个方面：第一方面是艺术家和新媒体的交互，使新媒体延展了艺术家的想象空间，艺术家的创作灵感得到更好的表现。第二个方面是艺术家和欣赏者

① 王晓宇. 论新媒体艺术的审美交互主体性内涵[D]. 济南：山东大学，2012.

等多个主体的交互。因为新媒体形式艺术往往涉及不同领域，由于学科、分工的限制，艺术家往往对技术难以驾驭，这种情况下需要专业技术人才的参与。作品不再是艺术家一个人的创作成果，而是多个主体共同创作的成果。第三个方面是欣赏者和艺术作品的交互。欣赏者和作品之间的交互，是一种艺术的审美活动，同时也是一种艺术的创作活动。①

第四个特点是文化性。在新媒体环境下，复制手段已经从瓦尔特·本雅明（Walter Benjamin）的“机械复制”发展到了“数字复制”。新媒体形式艺术作品不仅可以复制，更重要的是它可以依靠数字技术无限制地被复制，甚至是创造出虚拟的现实，实现对真实现实的替代，表现为一种“拟像”存在，即让·鲍德里亚（Jean Baudrillard）所批判的“拟像”。在鲍德里亚看来，拟像指的是通过模拟而产生的影像或符号。拟像奉行的模拟原则不再是对现实世界和真实物的模仿，而是通过技术手段所达到的对影像和符号自身的模拟。当影像和符号本身成为模拟模型时，拟像就会成为一种超现实的世界。②毋庸置疑，新媒体形式艺术体现了后现代主义的种种文化表征，但如果新媒体形式艺术仅仅是分享着后现代的文化特征而没有自己独特的文化品格的话，就不可能成为当下艺术界的“新宠”，不可能成为艺术家和广大民众津津乐道的艺术形态，不可能吸引着那么多的人投身于其实践之中，不可能成为当代艺术的主流之一。③

三、新媒体形式艺术设计趋势

数字技术的出现为新媒体形式艺术设计创作提供了广阔的空间，使其逐渐演变为“艺术学”和“计算机科学”的交叉性学科，产生了一系列诸如数字网络、多媒体、动画、广告、虚拟环境等艺术设计作品。随着新媒体技术的发展，新媒体形式艺术设计也呈现出新的趋势。

第一个趋势是从二维、三维空间向四维空间方向的发展。新媒体形式艺术设计从在传统平面设计的二维空间中进行文字、图形、色彩的编排，到目前已

① 王晓宇. 论新媒体艺术的审美交互主体性内涵[D]. 济南：山东大学，2012.

② 曹增节. 网络美学[M]. 杭州：中国美术学院出版社，2005.

③ 刘世文. 论新媒体艺术的文化特征和批判精神[J]. 内蒙古社会科学（汉文版），2013，34（1）：98-101.

经出现的三维空间设计，新媒体形式艺术设计已经迈进了一大步。随着对新媒体形式的认识与了解，设计不仅可以从二维表达华丽转身为三维形态，还可以进入四维时空，即在我们设计作品中融入时间的概念，深化设计理念的表达，增强受众对设计作品的印象，从而更好地传递信息。这些趋势已经体现在新媒体形式艺术设计图文音像的各个要素中。

第二个趋势是物质性设计向非物质性设计延伸。非物质性设计是相对于物质性设计而言的，进入信息时代后，计算机作为设计的工具，虚拟的、数字化的设计成为设计的一个新的发展领域。非物质设计的出现使设计的形态变得更加丰富，它揭示了物质设计中原本就存在的非物质性，它是以信息设计为主的设计，是一种基于服务的设计，是艺术与科学进一步结合的产物。随着社会信息化发展的进程，非物质性设计的需求越来越大，是形式设计在新媒体时代的又一发展方向。

第三个趋势是单项传递信息向信息交互设计发展。在新媒体发展时代，设计应改变以往填鸭式的信息传递方式，转向交互式信息传递方式，即把传统信息主要关注的形式，转移到设计的内容与内涵上来。信息的交互设计就是使信息传递轻松有效，让受众接收信息的同时拥有愉悦的体验。这种信息传递的设计需要建立在对信息受众的心理行为及特征的了解基础之上。随着新媒体技术的发展，新媒体产品设计中的交互方式越来越多，人们也越来越重视对交互的体验。设计也应随时代的变迁适时调整信息传递方式，迎合受众需求。

第四个趋势是超越视觉，走向多感官信息传递。感官是人类感觉外界刺激的器官，主要有眼、耳、鼻、舌、身五官，即人的视觉、听觉、嗅觉、味觉和触觉。至少有 80%的外界信息经视觉获得，视觉是人最重要的感觉。因此人类社会的信息传达方式一直把重点放在视觉传递上，即设计的发展。但是，随着信息化社会的发展，信息传递速度加快，人的眼睛每天被大量的视觉信息所充斥。因此，单纯的视觉信息传递已很难在进入受众的眼睛的同时进入受众的大脑，达到有效传递。所以说，超越视觉走向多感官传达是新媒体形式艺术设计的又一发展趋势。①

① 王金凤. 新媒体时代下视觉传达设计发展趋势研究[J]. 大众文艺，2012（10）：43-44.

第二节　新媒体文学

本节主要就新媒体发展下的新式文学——新媒体文学的内涵和特征进行定性和分析阐述。重点探讨新媒体文学中的网络文学，并对新媒体文学的未来发展趋势做立足于现在的分析和展望。

一、新媒体文学的内涵与特征

新的传播媒介改变了以往的文学生产方式和话语传播方式，重新审视由此引发的话语生态的变革显得尤为重要。新媒体文学所涉及的话语空间、话语主体、话语交际以及具体表述展现出了多元化的发展态势。[①]新媒体文学就是指借助数字化技术传媒如网络、手机等创作和传播的文学。

新媒体文学的特征包括自由性、交互性、虚拟主体间性、民间性和超文本性。

第一，自由性。事实上，自从进入阶级社会，文学便与政治特别是主流意识形态呈现错综复杂的关系，文学自由是一种有限的自由。一方面，文学创作往往属于某一社会集团或社会阶层，受到一定的制约；另一方面，统治集团将文学纳入自己的统治之内。文学的不自由从根本上要受到媒介的制约。新媒体文学的自由是由新媒体所赋予的，这种自由一方面表现在创作、发表、传播和消费的自由上；另一方面，也表现在写什么和怎样写的自由上，还表现在作者与读者互动的自由以及批评的自由。这种自由解放了文学生产力，使得文学走下“神坛”，重回民间。

第二，交互性。法国文学批评家罗兰·巴特（Roland Barthes）把文学分为两种：一种是“可读的文本”，一种是“可写的文本”。前者是指传统意义上的文学，读者在阅读的时候，要服从作者的意愿，其阅读自由是极其有限的；后者是先锋意义上的文学，读者在这种文本中进行着没有边际的游戏，进行自

① 刘琳琪. 新媒体文学的转向与话语生态的变革[J]. 文艺争鸣，2020（6）：197-200.

由的再创造。新媒体文学作为“可写的文本”就在于它的交互性。这种交互性一是指以鉴赏批评为中心的交互，二是指以创作为中心的交互。以鉴赏批评为中心的交互是指围绕作品读者与作者、读者与读者展开的在线实时对话；以创作为中心的交互是指读者对作品的改写和续写，如接龙小说和多人合作小说等。

第三，虚拟主体间性。现实世界中主体间交往通常是“身体在场”的交流，面部表情和其他体态等提供了日常交往场合性（contextuality）的基本内容。然而受到性别、年龄、地位、利害关系及羞怯心理等羁绊，现实主体间交往容易产生障碍。伴随新媒体技术特别是无线网络对生活世界的渗透，人类自身逐渐与现实世界疏离而陷入“真实虚拟的文化”（culture of real virtuality）中，从传统阅读时代“视觉无意识”过渡到网络时代“存在无意识”状态，在虚拟世界中主体产生蜕变，虚拟主体的出现成为一种必然。

在虚拟世界中，文学创作者可以“悬置”或隐匿自己的真实身份而以虚拟主体身份进行创作。在逃脱现实世界群体意识羁绊后，虚拟主体作者能够选择自我定位和自我发展趋向，以更为开放、大胆的姿态书写自己的观念、情感与欲望，展现原始、率真与想象力丰富的特质。虚拟主体消解了恒定主体，在隐身交往中，作者与读者之间可以通过电子文本进行网络交互平等对话，增进相互理解与实现艺术主体间性的可能。新媒体文学构建的虚拟世界为现实交往者与虚拟交往者提供了一种安全、可塑的缓冲机制。新媒体文学特别是超文本多媒体文学是一个“不稳定的文本”，没有特定结构，而“实在身体”的隐退及对现实的超越性使虚拟主体同样具有非稳定性特征。这些不稳定性为新媒体文学提供了广阔的想象空间，成为与传统文学相异的新质。①

第四，民间性。人类最初的文学是民间文学，百姓创作、民间立场、口耳相传、创作者与接受者集于一身。进入阶级社会后，文学就有了庙堂与民间的分野。新媒体文学因其本质特征与传统民间文学有一致性，故称新民间文学，主要体现在创作主体的集体性、作者署名的佚名性、作品内容的俗众性、作品立场的大众性。

第五，超文本性。所谓超文本，是一种不以单线排列，而是可以按不同顺序来阅读的文本，也是一种非顺序地访问信息的方法，读者可以在某一特定点

① 王光利. 审美范式转型与新媒体文学发展路向[J]. 江苏社会科学，2021（2）：142-149.

予以中断，以便使一个文件的阅读用参考其他相关内容的方式相互链接。通常人们所说的文本，比如一部小说，是由作者根据创作意图，按照章节、页码顺序自然展开的，读者根据线性文字排列方式一页一页往下看。超文本则不然，它的特征是阅读的多线性或超线性，即由线性结构转向链接结构，由刚性结构转向弹性结构，由封闭结构转向开放结构。常见“超文本”文学主要有非线性链接的“超文本小说”、由作者和读者共同完成的互动小说、由多人接力参与创作的“接龙小说”以及“动态交互小说”等。

二、新媒体文学的发展现状——以网络文学为例

中国现在的网络文学呈现出如下的趋势。

第一，网络文学作家数量逆势增长，队伍构成、平台关系走向迭代。根据《第 47 次中国互联网络发展状况统计报告》，截至 2020 年 12 月，我国网络文学用户规模较 2020 年 3 月增长 475 万，占网民整体的 46.5%。在稳步增长的数字阅读市场规模中，网络文学作者作为行业核心生产力，其 IP 价值和影响力也同步增长，成为网络文学平台发展重要的商业参考。2020 年，尽管经历了新冠肺炎疫情，网络文学的内容创作依然逆势增长，创作队伍规模持续扩大。网络文学作家年轻化趋势势不可挡，网络作家队伍呈现出以“Z 世代”①为增长主体，“少年化”和“逆龄化”的发展倾向，这和“网生代”成为网络文学的接受主体和消费主力相匹配。②

第二，网络文学消费群体迭代，消费者的构成以“Z 世代”为主导。网络文学自诞生以来，消费主力人群便以年轻的都市群体为主。随着网络文学二十余年的发展，其受众也从“80 后”“90 后”逐步更迭为“95 后”“00 后”。作为互联网的忠诚消费者，“Z 世代”读者进一步放大了网络文学的“网络性”特征，呈现出付费意愿强、互动高频、热衷于衍生创作的网络文学用户新面貌。

---

① 网络流行语，也指新时代人群。新的“Z 世代”是指 1995~2009 年出生的一代人，他们一出生就与网络信息时代无缝对接，受数字信息技术、即时通信设备、智能手机产品等影响比较大。

② 中共中央网络安全和信息化委员会办公室，中华人民共和国国家互联网信息办公室，中国互联网络信息中心. 第 47 次中国互联网络发展状况统计报告[EB/OL]. http://www.cac.gov.cn/2021-02/03/c_1613923423079314.htm,（2021-02-03）[2021-12-10].

第三，网络文学领域出现新兴商业模式。伴随行业发展，免费阅读模式问题与机遇一并显现。免费阅读仍处在快速发展阶段，并开始探索除广告之外的新变现手段。新媒体文学除开网络文学之外，其内涵和外延随着新媒体媒介的更迭而不断发展，它主要通过微信、浏览器等渠道进行推广，新媒体用户以接触网络文学时间不久的下沉市场用户为主,其内容题材也偏向于快节奏的内容。免费阅读与付费阅读融合发展优势显现，成为行业重要发展趋势，并形成了新的商业模式。

第四，网络文学海外传播规模持续扩大。2020 年，中国网络文学海外传播作品 1 万余部，其中实体书授权超 4000 部，上线翻译作品 3000 余部，网站订阅和阅读 APP 用户 1 亿多，覆盖世界大部分国家和地区，网络文学海外传播持续扩大。①当前，我国的网络文学更加注重国际传播的方式和质量，海外实体出版合作进一步深化，在线阅读覆盖用户范围持续扩大，产品布局初具规模，海外投资外延扩大。

第三节　新媒体广播与音乐

一、新媒体广播

新媒体广播是指用户依托于手机、智能音箱、智能车载系统、智能穿戴设备等智能终端，通过移动网络进行传输的音频。

新媒体时代，广播一方面保留了其传递信息的主要功能，拥有跨时空性、即时性以及易接近性等特点，另一方面由于在新媒体平台上进行传播因而同时具有新媒体的特征。综合来看，新媒体广播主要有以下三方面特征。

第一，广播的伴随性极大地提高。新媒体时代，广播的收听摆脱了沉重的收音机，取而代之的是更小巧、便携并且高度数字化的收听终端。加之智能手机 APP 应用程序的开发，广播的伴随性得到了极大提高。无论身在何处，只需

① 张恩杰. 截至 2020 年 中国网络文学共向海外输出作品 1 万余部[EB/OL]. https://m.gmw.cn/baijia/2021-10/18/35239002.html,（2021-10-18）[2022-05-08].

一部智能手机，广播会伴随着手机及无线网络，成为人们在坐公交、搭地铁以及生活中任何闲暇时间里时刻陪伴左右的知心媒体形态。[①]除了手机服务商开发的相关广播的手机官方应用程序以外，其他广播类APP如荔枝FM、蜻蜓FM等，都在为听众提供随听随享的新媒体广播服务。

第二，传播内容个性化。随着网络和信息传播的全球化，用户获取和分享信息的渠道更加多样化，信息选择更加丰富。与传统广播相比，一方面新媒体广播以用户为中心，在节目内容方面可以更好地站在用户的角度来组织节目，使节目内容、编辑格式和主持风格能够迎合用户的心理、爱好和需求。另一方面为满足不同层次的用户需求，新媒体广播还增加了娱乐节目、音乐节目、教学节目等，进一步丰富了节目种类。对于当前通过新媒体技术进行的新型传播，人们可以根据自己的喜好选择自己想要收听的频道，甚至可以通过声音自由表达自己的情感和观点。

第三，覆盖广泛，交互性强。传统广播通常受到地域和时间的限制，由于波段有限，通常一档节目只能在某地的某个频道在固定时间进行收听，并且传播内容转瞬即逝，不容易保存。新媒体广播则不受时间、地点等固定场所的限制，通过互联网技术人们可以实现全球范围内的收听，对节目的收听时间也可以自由支配。以“网易云音乐”为例，该软件不仅对私人电台进行了个性化设计，还融入了社交元素。[②]

当前，中国的新媒体广播市场蓬勃发展。传统广播市场结合网络技术，开发出一系列独具特色的网络广播应用，在一定程度上突破了其作为传统媒体所面临的发展局限。当今，最受欢迎的广播类应用包括喜马拉雅FM、蜻蜓FM、阿基米德FM、考拉FM、荔枝FM等，它们主要的应用功能包括直播、听书、收音等。

根据一定的分类标准，新媒体广播可以分为两类：第一类是传统电台开发的应用，地方或国家广播电台利用新闻功能来建立自己的广播应用程序。最典型的就是中国广播APP，属于央广新闻客户端；第二类是以喜马拉雅FM为代

① 夏青. 基于新媒体环境下的网络广播发展的思考[J]. 武汉理工大学学报（社会科学版），2014，27（3）：357-361.

② 付纯. 自媒体时代的新广播[J]. 中国广播，2014（6）：69-71.

表的网络广播应用，此类网络电台非常注重对音源的整合。例如蜻蜓 FM 将一些传统电台的优质节目和个人制作的热门节目单独投放，在平台上进行了资源的整合利用。

随着新媒体广播市场的蓬勃发展，未来也呈现出 UGC 内容供给丰富、垂直化提高广播媒体的场景拓展和移动化提高广播媒体的场景深化的发展趋势。

第一，新媒体广播 UGC 内容供给丰富。随着人工智能、物联网、5G 技术的进步和平台的发展，在线音频行业将迎来新一轮的发展。底层完善的技术、完善的服务、高效的内容交付、社区黏性、用户热情和专业性为新媒体广播 UGC 内容创作提供了发展基础。当前新媒体广播同时进行 PGC 和 UGC 两条腿走路，特别重视 UGC 内容建设，为市场的可持续发展提供了支持。比如，喜马拉雅 FM、蜻蜓 FM 深耕 UGC 领域的项目。未来，用户黏性高、付费意愿强的特色文化内容和具有丰富历史文化内涵的有声读物将成为网络音频平台内容生产者的发展重点。

第二，垂直化提高广播媒体的场景拓展。垂直化特征通常是社交媒体和商业平台的个性化特征，在用户个性化需求日益增加的背景下，如何吸引用户、提高用户黏性成为传统媒体关注的焦点。广播媒体在传统时代拥有强大的广播用户群。但随着蜻蜓 FM、喜马拉雅 FM、荔枝 FM 等商业音频客户端的兴起，传统广播媒体渠道收窄，用户不断流失。未来，新媒体广播的发展将专注于垂直领域。吸引用户回头的关键是改善用户体验，并不断扩大格局。这些新媒体广播平台正在悄然重塑人们的聆听空间，并赋予网络广播新的定义和可能性。以移动频道为传播主线的新型网络广播成为现代高科技市场深刻影响的产物。借助数字压缩和卫星通信技术，新媒体广播已成为当代物质文化生活中的重要消费品，随着文化生活潮流的变化而变化。

第三，移动化提高广播媒体的场景深化。音频产业规模的迅速扩大，归根结底是持续不断满足用户新需求的结果。如今，音频逐渐与碎片化时间和场景化地点高度匹配，这种生活方式的转变在一定程度上折射出这样一种事实：媒介成为人们活动的背景板，一边听音频一边做其他工作成为“媒介多任务在场”的典型案例。因此，在技术的推动下，这种多场景的生活转变也为整个音频行业带来更多可拓展的空间。有学者提出，音频产业正在不断完成其自身的场景建构，它包括优质内容与人交互形成的“内容场景”、人与人相互匹配的“社交场景”、人与环境构成的“位置场景”以及数字技术系统驱动的“调用场景”。众多的使用场景下，音频市场的移动技术支持也是不可或缺的重要因素，有需求的人配合场景化的收听设备就能成就沉浸式的用户体验。[①]

二、新媒体音乐

新媒体音乐发源于传统音乐艺术，伴随科技应运而生，德国思想家本雅明说：“每一种形式的艺术在其发展史上都经历过关键时刻，而只有在新技术的改变之下才能获得成效。换言之，需借助崭新形式的艺术来求突破。”[②]新媒体音乐从传统音乐发展而来，继承了传统音乐艺术又运用了多种时代新科技。但就其音乐的本质来说，新媒体音乐艺术是发源于传统音乐艺术的。

新媒体音乐具有如下几个特点。

第一，新媒体音乐具有模拟性和公共性。互联网的飞速发展，让人们只要接入互联网，就能获得最新的信息。虚拟化使音乐和艺术产品的国际扩张成为不可阻挡的趋势。利用互联网平台进行音乐传播，可以使传播空间更加自由，通过网络播放或将表演本身上传到网络空间进行存储，观众可以随时随地免费收听、观看音乐作品。新媒体此种面对大众的直接传播的形式是去掉了功利的内容而单纯自然而然去传播，音乐创作者与听众都将音乐创作、向外传播与赏析变成一种单纯的艺术行径。同时，兴趣相近的人们能够在虚幻模拟之中构建自己的思想意识形态群体，开展相互间的艺术交流。

第二，新媒体音乐具有时间性和潮流性。就音乐传播的时间性来说，以前原有的媒体是无法和新媒体相提并论的。因为受制作成本、技术和主流思想等众多因素的束缚，原有的音乐媒体向外传播时间上受到限制。新媒体环境下，网络音乐使音乐文化的传播打破原有的时间、空间限制，音乐文化内容的变化也能时刻进行简单操作，网络音乐在新媒体环境下实现随时发布和传播，减少了发行、传播等成本。这种传播的潮流性和时间性使受众群体在第一时间感受

① 华树凯．“耳朵经济”热潮下在线音频产业的发展策略[J]．中国广播，2021（2）：56-59.

② 瓦尔特·本雅明．迎向灵光消逝的年代：本雅明论艺术[M]．许绮玲，林志明，译．桂林：广西师范大学出版社，2004：89.

到音乐文化的魅力，为网络音乐文化的传播提供更多的机会。新媒体让互联网音乐不受时间和空间的限制，其内容转换也是永恒的，非常容易操作。新媒体采用随时发布的交付形式，几乎没有成本、技术和发行的限制，所以互联网上的大部分音乐本身不是专业的音乐创作。现代数字技术不仅为我们提供了获取信息的高效工具，也为我们提供了许多表现机会。在这种虚幻模拟的数字化氛围中，刺激我们人类感官的方法变得更加完美。

第三，新媒体音乐具有互动性与概括性。利用新媒体音乐传播平台，可以获得音乐作品接收者的实时反馈，形成一个巨大的互动交流网络平台。在享受多媒体音乐时，享受从纯粹的聆听转变为综合视听的接收，最终在信息平台上轻松发布体验。这种交互性和概括性也是新媒体传播方式的特征。无论是音乐作品，还是与音乐相关的文化和概念，在网络传播过程中，都有可能获得信息接收者对传播对象的意见和感受，这是互联网平台的互动交流功能之一。

第四，新媒体音乐重新构建了音乐艺术审美。在互联网音乐时代，音乐早已不是纯粹当作审美目标和审美体验而存在，音乐舞台此时成为无观众之舞台。新媒体作为一种传播方法对音乐自身和音乐文化有很大影响，开始是影响音乐作品的存在形式，然后扩展到全部音乐文化层面，最终形成全新音乐诠释方法。因此，科学技术的快速发展推动了音乐传播手段的现代化。

当前我国的新媒体音乐市场发展迅速。截至 2020 年 10 月，中国在线音乐月活跃用户超 6.2 亿，用户在线音乐 APP 下载量不足 4000 万次，下沉市场用户增长窗口已关闭，在线音乐高速增长期已过，进入存量竞争阶段。[①]随着用户内容付费习惯的养成，在线音乐付费用户数量持续增长，付费听歌被用户普遍接纳，年轻用户更具付费意愿。付费收入成为在线音乐平台重要的收入来源，新媒体为流行音乐的广泛传播搭建了新型且广阔的传播平台，促成流行音乐的多元化发展。

随着我国新媒体音乐市场的快速发展，其行业呈现出如下两个发展趋势。

第一，短视频成为重要的新媒体音乐作品推广方式之一。在短视频的制作

---

① 佚名. Fastdata 极数：2020 年中国在线音乐行业报告[EB/OL]. https://baijiahao.baidu.com/s?id=1684417902261838174&wfr=spider&for=pc, (2020-11-26)[2022-05-03].

和分享过程中，音乐不仅可以增加内容的丰富度，还可以增加趣味性。音乐元素的加入，让短视频的表现形式更加丰富多样。许多歌曲通过短视频平台快速有效地传播，引发众多网友翻唱与改编创作。例如，抖音平台的配乐以电子音乐和舞曲为主，大多数作品都具有很强的节奏感。这种调性催生了大量的抖音神曲。[①]

第二，区块链应用加强、5G技术领先未来有望促进版权交易问题加速解决。互联网加速信息传递的特质使得人们获取数字作品更为便利，而这种获取的过度便利助长了对于新媒体音乐作品的非法使用和传播的行为。区块链技术和5G技术将能帮助我国新媒体音乐创作者上传于平台的词曲信息、音乐人信息、版权公司信息等得到应有的保护。

第四节　新媒体影视与动画

一、新媒体电影

（一）新媒体电影的定义与特征

电影诞生一百多年来，从无声到有声，从黑白到彩色，从实景拍摄到电脑合成制作，其发展无不得益于科技的进步。随着科技的进步，电影本身的制作过程发生变化的同时，电影的发行、传播方式也在发生改变。新媒体如网络媒体、手机媒体、数字电视等的出现，使得电影行业也发生了巨变。

传统电影行业因其制作发行方式庞大而复杂，因而是高资本、高进入门槛的行业。新媒体的出现使得信息传播出现了更加多样的方式，将传统媒体的内容通过新媒体传播，大大提高了信息的传播范围，增加了浏览量。“新媒体”电影是基于新媒体发展而来的，以互联网和通信网络为传播渠道，以电脑、手机、平板电脑等智能移动终端为传播介质，以网络媒体和手机媒体等新形态为传播内容，同时兼容报纸、电视等传统媒体。[②]

---

① 陈依. 抖音音乐传播的新范式[J]. 戏剧之家，2020（11）：55，75.

② 张晓艳，雷岩. 媒介融合语境下当代中国电影的“双维度”发展探究[J]. 电影评介，2020（18）：77-80.

从上述定义来看，新媒体电影一方面具有电影本身的特征，另一方面由于在新媒体平台上进行传播，因而同时具有新媒体的特征。新媒体电影主要有以下四个方面的特征。

第一，新媒体电影具有广泛的传播平台。传统电影的上映有着一套复杂的程序，一部电影在制作完成之后，首先在影院上映，这也是电影盈利的主要组成部分，其次便是在电视台的播放，制作成DVD发行。随着视频网站的兴起，现在电影又多了一条发行渠道，便是观众在视频网站上付费收看。新媒体电影以网络播出代替院线上映，这样会有更多的机会与观众见面。

新媒体电影通过新媒体传播，区别于传统媒体，新媒体传播平台更加广泛。新媒体电影可以利用数字技术、网络技术，通过互联网、宽带局域网、无线通信网、卫星等渠道，以及电脑、手机、数字电视机等终端，向用户提供信息和娱乐服务。新媒体也赋予了新媒体电影更强的生命力，以及更多的选择性。新媒体用户可以通过各类新媒体平台选择观影方式。

第二，新媒体电影中的微电影艺术特点明显、独立性强。微电影是新媒体电影中的特殊形式，是专门适应新媒体特性而制作的电影。新媒体环境下的微电影播放平台往往是一些屏幕较小的移动网络设备，没有电影院一样较大的播放屏幕，这就给微电影在内容的选择上提出了要求。电影叙事媒介形态的多样化带来叙事格局上的分化，大银幕有大银幕的魅力，小银幕有小银幕的趣味。

微电影虽然很难实现规模宏大的场景拍摄，却可以通过镜头将我们日常生活中的爱情和亲情、青春梦想和社会现实等题材平易近人地表现出来。所以此类影片在日常生活中较为常见易得。由于制作成本的限制，微电影的独立制作作品较多，它们的内容核心多以真实表达情感为主。因此这类微电影在内容的选择上更贴近受众，在影片人物的选择上趋于平民化，并给予社会边缘人物更多的关注，在叙事手法上严格遵守“微”特点，并在影片的视听语言上更加细化、严谨。整体上艺术性明显，制作的独立性更强。

第三，新媒体电影的叙事风格呈现网络化特色。从网络电影的镜头语言和影片台词两方面来看，二者都体现出其叙事风格呈现网络化的特色。就网络电影的镜头语言来说，由于影片篇幅短小，而且观众通常都是通过电脑、手机观看，所以景别多倾向于以中近景和特写镜头交替使用，以便展现影片细节，给观众带来清晰的视觉效果，这类影片也适合在网络媒体上传播。从影片台词上来看，因为是网民自己撰写的剧本和创作的影片，所以电影中自然添加了网络化元素的语言，台词大多幽默诙谐，比如在影片中出现了很多网络热词“打 call”“小哥哥”“高富帅”“扎心了，老铁”等，这些轻松幽默的语言本身也为电影增添了色彩。相比较传统电影来说，网络电影有着相对自由的语言环境，而这种网络化特色也是影片中的一大亮点。[①]

第四，新媒体电影的内容原创性高，推广趋向专业化营销。传统电影的一大弊病是一部影片经过不同的改编会拍很多遍，重复使得受众对传统电影失去了兴趣。新媒体电影由于其具有参与性强、门槛低的特点，使得更多好的民间创意得以表达出来，每个人都可以根据生活中的真实经历，或者奇思妙想拍出高原创性的作品。例如北京万合天宜影视文化有限公司出品的《万万没想到》和《报告老板》，影片中不仅融合了当代热词、热点话题，而且剧情创意十足，即使是打广告也做成槽点，让人忍俊不禁。

同时，越来越多专业化团队参与到新媒体电影的制作中来，使得新媒体电影竞争日趋激烈，这种环境下新媒体电影制作公司不得不做的是突出新媒体电影的特点，转向专业化营销。更多的新媒体电影制作公司只选择一个或几个电影制作方向，如搞笑、励志、教育、青春等。受众群体的细分使得新媒体电影的制作更有针对性，特点更加突出，通常一个影片只叙述一件事情。

（二）新媒体电影的现状、困境与发展趋势

从历史角度看，新媒体电影的发展经历了三个阶段才逐步兴盛起来。

第一个阶段比较原始，只是将传统电影搬到网络媒体上进行传播，这个阶段也是互联网发展的初始阶段。第二个阶段主要以网民自制电影为特征，这些自制类电影制作上类似于独立电影，但是又区别于独立电影，它们大多没有投资方，只是专业、半专业人士根据个人兴趣爱好制作，然后放到网络上传播。[②]第三个阶段以新媒体电影制作专业化为特征，这一时期的新媒体电影制作除了大量普通新媒体用户参与创作外，还有专业化团队制作，专业化团队制作的电影是这个阶段的传播主流。比如，2018 年苹果官网首先推送了由中国导演陈可

---

① 陆嘉. 新媒体环境下网络电影的叙事特征研究[J]. 新媒体研究，2018，4（14）：112-113.

② 陈共德. 我国新媒体电影发展路径分析[J]. 艺术评论，2012（3）：46-50.

辛使用苹果手机拍摄的微电影短片《三分钟》，获得了新媒体用户的一致好评。

新媒体电影产业随着互联网技术的发展而迅速崛起，在满足了市场用户需求的同时，也将行业带入了一个崭新的时代。但是新媒体电影作为新生事物，其发展过程中也出现了很多问题。

第一个问题是质量参差不齐。简单性的制作方式使得新媒体电影获得了广泛的参与性，这个过程中有专业团队的加入，也有非专业人士参与制作。制作条件的巨大差距使得新媒体电影质量参差不齐。某些文化素养低下的新媒体电影创作者，在资本利益的驱逐下，单纯刺激观众观感，麻痹观众审美，常常表现出一种肤浅的价值观，并通过低廉的方式来进行影视呈现。这种电影往往粗制滥造，脱离现实，电影叙事结构固化，缺少对主流思想的弘扬和传统文化的挖掘，最终的结果就是产生了低俗化、利益化等倾向，滋长了消费主义、感官主义等消极内容。[①]这些电影的出现，使得新媒体电影质量参差不齐，在一定程度上阻碍了新媒体电影的良性发展，是其面临的主要困境之一。

第二个问题是政府管理存在不足。网络电影健康发展生态的构建，既要依靠行业自身的“优胜劣汰”“激浊扬清”来实现自我净化与发展，更需要相关政府部门进行宏观的政策导向与严格的监督管理。近年来，在对新媒体电影的监管上，虽然有关政策在不断地改进，但在法律上仍然存在空白，政府专业的监督管理与执法队伍也处于缺位状态。比如对于合法的网络电影从业者，网络电影合法权益的保护，对网络电影违法违规行为的处理，对于电影有关知识产权的保护，对于电影有关知识产权侵权行为的查处，对于网络电影发展过程中的乱象治理等，都是新媒体电影监管亟须完善的地方。[②]

第三个问题是新媒体电影与传统院线电影发展之间的矛盾。新媒体电影的诞生是传统电影产业的巨大补充，同时也是整个电影产业的巨大进步，给中国电影产业也带来了巨大的机遇和挑战。一方面降低了进入电影产业的门槛，使得电影行业蓬勃发展；另一方面新媒体电影对传统电影行业产生了巨大冲击，移动媒体、网络电影的出现使得越来越多的人不进入电影院就可以看到想看的电影，挤压了传统电影的市场发展空间。比如，2020 年贺岁档电影《囧

① 王灿. 论“泛娱乐”体系下网络大电影 IP 改编的困境与突围[J]. 新闻传播，2021（11）：20-22.

② 张罗箫. 中国网络电影健康发展生态的构建[J]. 电影文学，2018（24）：10-14.

妈》因为受新冠肺炎疫情的影响，直接把版权卖给北京字节跳动科技有限公司，引发了传统院线电影行业的集体抵制。[①]传统电影的院线方和依托于互联网发展起来的流媒体平台之间的争执，使新媒体电影与传统院线电影之间矛盾渐显。

尽管新媒体电影的发展出现了诸多问题，但随着电影与互联网的加速融合，商业模式不断创新，产业生态得到了进一步完善，新媒体电影产业逐步进入到稳定发展期，出现了一些新的发展趋势。

第一个趋势是网络电影在发行模式上创新。2020 年网络电影发行模式上取得新突破，部分投资规模较大的影片尝试拼播模式。2020 年拼播网络电影 21 部，正片有效播放量为 3.7 亿次，拼播影片的累计正片有效播放量市场占有率达到了 4.8%。例如东阳奇树有鱼文化传媒有限公司和杭州传影文化传媒有限公司旗下的项氏兄弟电影联合出品的《奇门遁甲》在爱奇艺、腾讯同步上线；江西省影纳文化传媒有限公司、北京淘梦影业有限公司等出品的《龙虎山张天师》在爱奇艺、腾讯、优酷三平台联合发行。[②]

第二个趋势是创作模式的创新。创作模式的创新主要是指网络电影通过高成本制作来助推精品化、工业化的发展。近年来，网络电影已告别“低成本”时代，进入到一个高投入的发展阶段，整体投入层级更为丰富。比如网络电影投资成本 300 万元以下的影片由 51%缩减至 40%，投资成本在 600 万元以上的影片占比达 34%。同时，随着专业制作人才的大量涌入，网络电影向影视工业化逐步发展，比如就网络电影人才指标来看，在 2019 年参与网络电影制作的导演、演员占整个行业的比例分别达到了 13%和 19%。[③]

第三个趋势是营销模式的创新。营销模式的创新主要体现在网络电影的站内外营销均已趋向于算法驱动的精准的市场推广。比如我们运用抖音平台的短视频长视频手段对网络电影进行营销，这样使得营销效率更高，且仍有巨大的市场增长空间。同时，在影视剧综的协同作用下，抖音平台构建站内

① 于洋. 从跟随到突破：中国网络电影的回望与展望[J]. 中国电影市场，2021（5）：27-32.

② 中国电影家协会网络电影工作委员会. 2020 中国网络电影行业年度报告[EB/OL]. https://wenku.baidu.com/view/0234a76e0229bd64783e0912a216147916117ee3.html, (2021-01-15)[2021-10-21].

③ 中国电影家协会网络电影工作委员会. 2020 中国网络电影行业年度报告 [EB/OL]. https://wenku.baidu.com/view/0234a76e0229bd64783e0912a216147916117ee3.html, (2021-01-15)[2021-10-21].

流量体系，可实现真正的良性循环，通过站内进一步的精细化运营，从而延长网络电影的市场生命周期。[①]

二、新媒体电视剧

（一）新媒体电视剧的定义与特征

互联网的飞速发展也使得网络衍生品更加丰富，市场不断扩大，催生出多种新兴产业，越来越多的视频网站开始涉足新媒体电视剧。新媒体电视剧是以互联网为载体，通过网络形式播放的一类连续剧。与传统电视剧相同，新媒体电视剧一般分单元剧和连续剧。新媒体电视剧的定义有广义和狭义之分：广义的新媒体电视剧是指所有可以在网络平台中播放的专业剧作，如《三生三世十里桃花》等；狭义的新媒体电视剧即纯网剧，是指仅在网络平台播放，以互联网作为唯一播放媒介的连续剧，如《余罪》等。[②]

新媒体电视剧在发展过程中呈现出多样的特征，具体表现为题材的多样性、更强的交互性和更多的用户选择。

第一个特征是新媒体电视剧的题材丰富多样。新媒体在所依托的媒介以及政策和审核流程上有着较为宽松的大环境，因此在题材的选择以及内容主旨的选取上有着更加自由的空间，新媒体电视剧的题材也更为丰富多样。剧情类、青春校园类、悬疑类等题材的作品在市场上更受欢迎，有些题材是传统电视剧没有涉及的部分，带给观众从未体验过的感觉，新媒体电视剧中出现的一些热点生活话题，更是拉近了与用户之间的距离。[③]总体来说，新媒体电视剧的制作在最初剧本题材的选择上以市场为导向的比重更高一些，相对于传统电视剧来讲，题材的选择性也更高一点。

第二个特征是新媒体电视剧具有更强的交互性。随着研究的深入和时代的进步，以用户为中心的理念受到了越来越多从业者的认可。传统电视剧在传播

① 中国电影家协会网络电影工作委员会. 2020 中国网络电影行业年度报告 [EB/OL]. https://wenku.baidu.com/view/0234a76e0229bd64783e0912a216147916117ee3.html, (2021-01-15)[2021-10-21].

② 汤清寅. 浅析新媒体环境下网络剧的发展[J]. 记者摇篮，2018（11）：101-102.

③ 刘静涵. 网络自制剧发展路径研究[D]. 长春工业大学，2019.

过程中处于绝对主动地位，用户只能观看电视播放的内容。新媒体电视剧一方面可以存储海量信息供用户选择，另一方面新媒体电视界面提供了强大的自助选择功能，充分满足了用户的需求，通过这种交互性提高了用户的能动性。同时，新媒体电视剧的制作周期更短，制作要求也更低，不仅可以让网友以投票的形式对角色的选取发表意见，还可以边拍边播，通过用户的反馈来调整后续的剧情走向，使得最终的成品更加贴合用户的口味。基于大数据分析，线上、线下的联动效应不仅在用户群体的定位上能够更加精准，做出的调整也更加符合受众个性化的期待以及分众化的时代特征。在互动的过程中，调动用户的积极性，培养忠诚用户，增加参与感，这是传统的电视剧从创作到播出阶段所不具备的特质。①

第三个特征是新媒体电视剧用户的选择更多。传统电视剧集是线性的播放方式，一旦一个播放周期结束，收视量也就此终结，直到二轮播放开始。新媒体电视剧平台则不存在“下线”的问题，观众可以随时进行多次播放。这也就意味着电视剧即使更新结束，仍旧会保持播放量的动态上升，观众也可以随时随地追剧，打破了时间、空间的限制。另外，新媒体电视剧平台改变了固定时间守在电视机前等待节目播出的环境限制，手机、平板等各种移动终端都可以成为观剧的媒介。移动接收终端使得用户的选择更加私人化，可以完全按照自己的意愿选择偏好的内容、播放方式，并且可以进行随时播放、暂停、重播等各种私人化调试。②

（二）新媒体电视剧的现状、困境与发展趋势

近几年来，新媒体电视剧发展迅速。比如 2020 年共上线网络剧 230 部，4467 集，相比 2019 年分别增长 14%、10%。从新媒体电视剧的创作题材来看，以现实题材为主体的创作传播格局进一步凸显，现实题材占比近 70%。③一批优秀作品广受好评，比如《我才不要和你做朋友呢》《沉默的真相》等。与此同时，越来越多的新媒体电视剧用更加严肃的态度夯实剧作基础、精心投入制作，探

① 吴紫巍. 分众化时代从网络剧看电视剧的发展趋势[J]. 今传媒，2020，28（4）：108-110.

② 吴雨桐. 视频网站自制剧及其营利模式研究[D]. 南京艺术学院，2020.

③ 石平. 总局监管中心发布《2020 网络原创节目发展分析报告》[EB/OL]. https://lmtw.com/mzw/content/detail/id/202309, (2021-06-09)[2022-04-07].

索新媒体电视剧独特的艺术风格和美学呈现。

尽管新媒体电视剧发展迅速，但也出现了一些问题。

第一个问题是创新能力不足，同质化严重。目前新媒体电视剧虽发展迅猛，但毕竟发展时间较短，缺乏传统电视剧的成熟创作经验。因此，很多新媒体电视剧的创新能力匮乏，只在已有的成功剧目上进行改编或者推出番外，出现内容同质化的问题。大量内容的重复、翻牌、套用，使得同质化作品大量积压，相同的内容在市场中泛滥。比如穿越题材的大量出现，从《太子妃升职记》到《天雷一部之春花秋月》，形成了较为严重的同质化现象。除此以外，玄幻、青春等题材也是最常出现的题材，创新性不足的现象难以避免。新媒体电视剧平台自制剧如今难以突破题材的模板，目前只要出现成功的案例，便会扎堆出现主题、人设、风格等方面的效仿，呈现出模式化的怪圈，成为限制新媒体电视剧发展的瓶颈。

第二个问题是盲目崇拜点击率，数据造假。随着互联网商业的不断发展，广告商将越来越多的资金投向互联网市场，他们的投资方向是选择流量高、点击率高的网络运营商进行广告投放，从而带动自身产品的宣传与销售。因此，不断地吸引受众，博受众眼球和点击率，是获得利润最直接的方式，一时“唯点击率”“唯收视率”观念盛行。[①]同时，由于新媒体电视剧平台自制剧的人气指数由网络点击量决定，点击量的多少成为平台及观众评价和衡量新媒体电视自制剧优劣的重要标准。为了商业利益，有一些新媒体平台开始进行数据造假，其通过网络购买点击量刷单，或直接通过网络后台算法对播放量进行造假。这些做法不仅扰乱了行业的健康发展秩序，也造成了行业不正当竞争问题。[②]

第三个问题是新媒体电视剧粗放式生产，作品质量低下。大多新媒体电视剧制作成本较低，拍摄条件相对较差，甚至是一些小型创作团队都能够进行内容生产。这种生产的低端、粗放也导致了部分作品存在质量低下问题。具体表现在，新媒体电视剧细节粗糙、新媒体电视剧主创团队的专业性较低以及新媒体电视剧的内容逻辑性和真实感较差。这些都导致了新媒体电视剧质量低下。[③]

---

① 刘静涵. 网络自制剧发展路径研究[D]. 长春工业大学，2019.

② 邱月. 中国网络自制剧发展新趋势及存在的问题[J]. 当代电视，2017（9）：87，90.

③ 舒敏，张开扬. 中国网络剧当下发展困境与对策[J]. 当代电视，2019（5）：89-92.

随着新媒体电视剧的不断发展，其呈现出以下两个发展趋势。

第一个趋势是新媒体电视剧更加追求精品化。随着新媒体电视剧的不断发展，其在制作规模和制作质量上不断迈上新台阶，“精品化”进程加速。经过在人才储备和经验积累方面的长期准备，新媒体电视剧正在以精彩的剧情、知名的演员、巨大的投入，来改变曾经“业余”“小制作”的标签。同时国家广播电视总局近年来开始加强对网络影视内容的监管，也要求新媒体电视剧的制作方提升制作质量，把握内容尺度。近年来，随着竞争的加剧与市场的深入发展，为了吸引新媒体用户，新媒体电视剧的内容也向专业化、高质量化进行发展。

同时，新媒体电视剧的传播经营进入良性发展阶段，为创作和制作提供了良好的市场环境，助推了新媒体电视剧的整体发展势头。新媒体电视剧市场已初具规模并开始走向成熟。这些因素都意味着，只有内容质量高的新媒体电视剧才会受到观众的欢迎和重视，才能进入市场。

第二个趋势是实现差异化竞争策略。新媒体电视剧观众的审美取向不断变化，制作方要积极打破题材同质化的现状，努力创新，满足大众不断变化的欣赏需求。与传统电视剧相比，新媒体电视剧在观众观看习惯和时长设置上都有一套发展规律。目前，自制剧的选题和内容，主要限于临摹、借鉴国外已有的风格，实行简单粗暴的“拿来主义”，必须努力改变这种现状。

与此同时，如今的视频网站严重依赖大数据来分析观众偏好、流行主题和流行时间范围。虽然这能在一定程度上了解观众的偏好，但需要注意的是，在线观众尤其是年轻观众，有许多非特定的观看行为。因此，不能让大数据成为自制剧创新发展的障碍。中国自有网络出品的电视剧开始有了一定的经验和影响力，但与传统电视剧相比，在成本投入、内容策划、剧本拍摄、制作能力等方面仍处于劣势。一定程度上，受众差异决定了自产网剧与传统电视剧的内容差异。因此，与电视台开展差异化竞争成为新媒体电视剧制作企业脱颖而出的必然选择。

三、新媒体动画

在新媒体繁荣发展的大背景下，动画的发展已经进入了一个新的阶段，有了新的含义。我们将着眼于当下的新媒体数字化时代，从定义、特征和发展趋势三个方面全方位介绍新媒体动画的主要内容。

（一）新媒体动画的定义与特征

新媒体动画是以数字技术为核心，以“光学媒介”和“电子媒介”为基本语言的动画形式，具有视觉、听觉、触觉、生理、心理全方位综合效应的新媒体动画作品。①

新媒体动画是广义的数字动画的一种，主要是根据动画的表现形式、播出渠道、应用范围和艺术特征进行定义和分类的。新媒体动画的概念可以从狭义与广义两个角度来看。狭义的新媒体动画是指基于迭代更新的科技与新型传媒技术，以计算机数字化、数码网络等技术相结合制作的数字动画作品；而广义的新媒体动画是指以互联网、移动互联网、移动终端、网络平台等新媒体传播渠道和媒介为依托，并实现跨平台传播的动画表现形式。②

从上述新媒体动画的定义来看，随着新媒体技术的不断发展，新媒体动画有了更多的表现形式和特征。新媒体动画主要有数字化、混合媒体性、交互性、网络传播性和衍生性五个特征。

第一个特征是数字化。数字化是新媒体动画与传统动画进行区分的最显著和最基本的特点。依托于计算机技术的发展，动画制作者能够运用计算机软件建构一个虚拟空间，并在该空间内通过相应图形等建立场景和模型以表现目标对象，再按照具体要求调整摄影机运动等参数，最终达到预期的视觉效果呈现。数字化的动画技术能将物理空间的图像图形转化为直观的画面，在计算机硬件和图形学的不断发展中，数字动画技术也开始向着愈发真实的场景建构和特效呈现发展。当前数字动画技术在动画电影等方面的应用已较为普遍。③

第二个特征是混合媒体性。新媒体动画的媒体范畴不仅包括网络，还包括

① 闻海鸣，程笑君．探索黑龙江新媒体动画对民间传统艺术元素的传承之路[EB/OL]．http://mtw.so/6wOQFr, (2021-05-20)[2022-05-22].

② 张聿．新媒体动画的形态特征[J]．信息与电脑（理论版），2020，32（21）：142-144.

③ 米高峰，安然．新媒体时代数字动画技术在新闻传播中的应用[EB/OL]．https://www.doc88.com/p-118630195267.html, (2013-01-12)[2022-05-22].

移动终端（手机或平板电脑）、数字电视和少量数字影院动画等“跨平台”渠道。除了渠道上混合多种媒体外，在内容上，新媒体动画也融入了多种媒体元素，如视频、配音、配乐、三维动画等。

第三个特征是交互性。交互性也是新媒体的一大典型特征。不同于以往的媒体形式，新媒体极大地扩展了视听感受之外的另一个新体验，即互动。互动性不仅是区别新媒体形式艺术和传统艺术的重要因素，也是新媒体动画的一个重要特征。不同于以往影视动画被动、单向地借银幕传达信息的观影模式，新媒体动画观影模式下，观众拥有更大的主动性。尤其是在网络动画中，这种交互性则更加明显。在网络动画中，观众除了可以任意选择观看某一部分的内容外，还可以在动画下方的留言区进行随时留言互动，这种互动不仅是观众和影片之间的，也是观众与观众之间的。

第四个特征是网络传播性。网络与新媒体催生了动画的新形式，对动画的制作、传播、盈利等各方面都产生了极大的影响，同时动画艺术本身的内容和特征也在网络传播这个大环境的催化下发生了翻天覆地的变化。可以说，基于网络的新媒体动画，无论是在创作形式上还是在内容表现上都能够更有时代感和时新性。

第五个特征是衍生性。实际上，在动画产业中，除了动画作品具有艺术传播的价值以外，其衍生产品同样具有艺术传播的价值。从艺术角度上分析，动画作品是设计艺术的核心，其艺术价值毋庸置疑，而动画作品的衍生产品是设计艺术的辅助内容，也具有较大的经济价值。随着新媒体的融入，动画产业的技术价值也随之提升，无论是动画作品还是其衍生产品，其内在价值较以往都有了明显的提高。这就要求相关工作人员必须要认识到新媒体动画的衍生性，加强对衍生产品的开发与挖掘，争取在增强其艺术价值的同时，也能形成一条系统的产业链，从而推动新媒体动画的长远发展。①

（二）新媒体动画的发展趋势

随着新媒体技术的不断发展，新媒体动画的发展呈现出以下三个发展趋势。

第一个发展趋势是新媒体动画对新媒体的应用将会更加广泛和多样化。以

① 王子凡. 新媒体动画与设计艺术传播探讨[J]. 新闻传播，2019（23）：31-32.

往新媒体主要是作为动画产品的内容发布平台和分销渠道。但现在，随着技术的不断更新迭代，加上新媒体动画具有制作成本低、传播交互性强等特点，新媒体也逐渐成为动画产品的前期测试平台。借助于互联网测试平台，创作者可以根据目标受众的需求进行动画形象的设计和故事脚本的创作，企业或个人也可以将动画衍生产品的设计稿放于网上进行测试，从而减少后期开发的风险。

第二个发展趋势是技术赋权下新媒体动画的传播形式不断更迭。计算机的迅速普及和信息资源的日益发展，为新媒体动画产业的发展前景赋予了新的可能性。在新媒体技术的倡导下，新媒体动画在不断发展中将内容与创新的形式、技术进行结合，不仅推动了动画作品的实际传播，也促进了新媒体动画领域的发展融合。例如将动画内容在 VR 技术的呈现下进行多样式传播，可以让人们在不同空间内进行感受。此外，还可采用抽象和具象形态艺术的传播形式，强化观众的情感体验和对动画主体的认知，增强内容的个性化和当代媒体传播动力，让动画产业在未来的发展中更具开放性和当代性。[①]

第三个发展趋势是泛新媒体动画形态的出现。泛新媒体动画是指基于“云技术”和“人工智能”的多样化信息采集和播放形式，这种动画形态伴随着新媒体技术的发展和平台的不断扩展而同步发展。[②]随着智能时代的到来，新媒体的展示平台变得相当广泛，谷歌眼镜、智能手表、智能机器人等终端都能承载新媒体动画的播放，而基于网络“云技术”的虚拟现实、增强现实、全息影像也将使得新媒体动画的展示形式更加多样。泛新媒体动画远远超越了目前新媒体平台的播放边界，未来将存在于我们生活的各个角落里。[③]

① 陆艳. 探究新媒体时代下动画的跨媒介传播与发展[J]. 艺术市场，2021（5）：122-123.

② 王家琦. 从 IP 增值论看中国新媒体动画的崛起和发展[J]. 中国电视，2017（6）：45-48.

③ 盘剑. 2019 年中国动画电影观察与分析[J]. 当代电影，2020（2）：27-34.

第五章

新媒体运营：新的信息运营方式

互联网时代，新媒体搭着技术的东风，不断向前发展，凭借着自身的特点和优势迅速在媒体产业中占领了一席之地。新媒体作为新时代的产物，有着独特的互联网基因，传统媒体产业的运营之道已不再适用于新媒体产业。传统的媒体运营往往以盈利和交易为目标，而在互联网情景下的媒体运营不仅仅需要建立短期的目标，更需要有长线的战略性视角，媒体运营也被赋予了更深层次的内涵。新媒体运营应运而生。

有关于新媒体运营方面的研究，不同学者从不同方面进行了研究和剖析，主要集中于一些策略分析与趋势描述，如不同行业的新媒体运营研究、运营机制和关键要素研究，也有学者从风险管理角度切入，研究新媒体运营存在的风险及应对之策。[①]新媒体运营研究方兴未艾。

互联网为新媒体运营提供全新的生存空间与竞争土壤，如何实现运营方式的突破和创新是必须思考的问题，本章首先对新媒体运营进行概述，接着将新媒体运营拆分成三大板块，分别从用户运营、产品运营、内容运营三个方面对新媒体运营进行分析。最后提出新媒体运营盈利模式——新媒体广告。

第一节　新媒体运营概述

一、新媒体运营的定义

新媒体运营是指整合新媒体产品、策划、宣传、公关和广告行为，形成完

① 周媛. 基于用户赋能的新媒体运营商运营策略研究[D]. 安徽财经大学，2018.

整的科学的计划、组织、实施和控制的系统工作。[①]具体可以从战略、职能和实践操作的角度全面理解新媒体运营。

从战略角度来看，新媒体运营是组织的整体行为。对公司而言，新媒体运营对内衔接企业产品，对外衔接目标用户，新媒体运营部门需要挖掘用户需求并协助产品质量提升、设计优质内容和增强用户体验，即对产品及用户双重负责。因此，从战略角度看，新媒体运营是借助新媒体工具实现对产品研发、产品推广、用户反馈和产品优化闭环的精细化管理。

从职能角度看，新媒体运营包括经典的四大模块即用户运营、产品运营、内容运营及活动运营。所以，职能角度的新媒体运营是利用新媒体工具进行用户、产品、内容及活动四大运营模块的统筹与运作。

从实践操作角度看，新媒体运营的每一项具体工作都是一个小的运行闭环，每个环节和操作都是整体中的重要部分。所以，操作角度的新媒体运营是负责新媒体工具或平台具体的工作，基于运营数据不断优化改进的过程。

因此，综上所述，新媒体运营并不是一个简单的概念，而是从战略到操作、从企业全局到细节执行的系统性工作。

二、新媒体运营的流程

新媒体运营的流程分三个部分，识别目标用户、设计媒体产品与打造全媒体矩阵。

第一个流程是识别目标用户。在新媒体市场中，用户的心理多元化导致“用户分散”现象，这对为新媒体传播受众创建不同层次的传播策略提出了明确的要求。小众化定位是根据受众的年龄和受教育程度，以特定内容的分配形式指导产品的输出，例如面向青年受众的仙侠影视剧、面向具有较高文化素养的受众的专业纪录片等。关于目标用户的定位，大众的立场是让更多的社会听众能够理解传播的内容和价值，从而达到在社会群体中普及传播概念和核心价值观的基本目标。目标用户定位的大众化是为了获得来自更广泛社会群体的支持，这不仅是当代中国新的媒体传播标准，也是智能媒体整合时代发展大众传播的

① 勾俊伟. 新媒体运营：产品运营+内容运营+用户运营+活动运营[M]. 北京：人民邮电出版社，2018.

基本要求。

第二个流程是设计媒体产品。在设计媒体产品的过程中，要注重以下几个特性，包括互动性、实用性和增强趣味性。

在互动性方面，关键是让用户创作者和消费者的身份区别不再明显，以使每一位用户都有创作的可能。例如，哔哩哔哩视频网站在这方面更像是一个聚合了各类兴趣相关者的社区，而不是一个完全的内容分发平台。哔哩哔哩视频网站个人页面融合了创作者和消费者的两面内容，将创作者的个人形象更完整地支撑起来。产品设计使创作者形象与用户形象并存，可有效塑造创作者更亲切全面的形象。同时随着内容的积累，创作者在社区中有了丰富饱满的个人形象，其本身也越来越钟情于这个平台社区，有效增强了创作者黏性。[①]

在实用性方面，要符合大众化。在这样一个快节奏的时代，越来越多的人倾向于碎片化阅读，新媒体要想得到较好的传播效果，必须要贴近群众、贴近生活、贴近现实，弘扬真善美，表现人文关怀，与受众取得共识。在互联网快速发展的今天，大众的需求会带来庞大的市场，一个懂新媒体的人在制作节目时会以用户的需要来制作节目，注重节目对于用户的实用性。

增强趣味性方面，要结合社会热点。根据研究和相关调查，用户现在更喜欢一些结合社会热点、具有趣味性的内容。为了使新媒体产生更好的传播效果，它必须与用户接近、与生活接近、与现实接近，增强新媒体内容的趣味性，分享人文关怀并与听众达成共识。

第三个流程是打造全媒体矩阵。全媒体深度整合营销不同于简单的“新媒体+传统媒体”简单融合模式，而是一种更加全面、以营销效果为导向的效益型营销模式。全媒体营销的背景是三网融合，三网融合促使终端已经完全进入媒体融合终端的时代，互联网电视、智能手机、平板电脑等终端共同承担着信息传播的整合性媒体业务，使得受众的信息接收方式呈现出多元化、碎片化等特征。在这种媒体和用户碎片化的环境下，新媒体运营需要打造全媒体矩阵来吸引用户的关注。

---

① 赵宇翔，范哲，朱庆华. 用户生成内容（UGC）概念解析及研究进展[J]. 中国图书馆学报，2012，38（5）：68-81.

第二节　新媒体用户运营

一、新媒体用户的特点

新媒体用户有如下三个特点。

第一个特点是新媒体用户“产消者”身份确立。阿尔文·托夫勒（Alvin Toffler）在预言第三次浪潮的到来时，发现消费者正更加紧密地卷入生产过程之中：他提出将来的生产者和消费者将合一，成为“产消者”。大部分新媒体用户都能够在接收信息的同时传播信息。不同于传统媒体的单向传播方式，新媒体凭借强大的交互技术创造了全新的媒介生态，媒介使用者被“赋权”，可以随时随地参与到任何一项话题的讨论之中，构建出一种全新的参与式文化。在这种文化背景下，新媒体用户兼具媒介内容的消费者与生产者身份，同时又是媒介本身最基本的构成单位。虽然如今的新媒体用户仍然在接收专业媒体提供的新闻内容，但他们在整个新闻传播链中的地位和作用已经与过去有了很大不同，数字终端使用者与内容提供者之间的技术鸿沟被缩小了，用户传播信息与接收信息的同步成为常态，信息产消者的两个身份在理论上就此合一了。

第二个特点是新媒体用户社会属性加强。社会文化性受众研究则强调受众具有主动性和选择性，受众的媒介使用是特定社会文化环境的一种反映，也是赋予文化产品和文化经验以意义的过程。经过这十几年的技术发展，各种新媒体大量出现，受众也呈现出新的特点。新媒体环境下，媒介使用更为频繁，受众的媒体表现更为多元，媒介信息大量进入日常生活，人人都直接或间接地成为受众，同时也将表演者、内容的生产者与接收者融为一体。人们在媒介使用的过程中不但构建着自己的媒介形象，同时也利用网络空间参与着社会生活。新媒体用户为传统的受众概念增添了新的内容，受众在有意或无意的媒介参与中增强了个体的社会性。

第三个特点是新媒体用户参与性、互动性强。新媒体的传播方式给用户带来了更多的信息消费主动性，用户可以更自由地选择自己喜欢的网站和信息。最重要的是，用户的媒体消费行为在时间和空间上更加自主。新媒体的交互技术也让用户有更大的主动性，能够积极参与传播过程，暴露自己的信息需求，对传播内容进行评价，成为信息的编辑者。依托新媒体技术强大的互动性、开放性、平等性等传播特性，受众可以以前所未有的方式参与到传播过程中。借助参与新媒体事件，公众扩大了话语空间，能够通过新媒体平台发表意见，成为社会生活中的评论者、参与者甚至是管理者和决策者。

用户在参与网络互动的过程中，拥有更强的互动自主性。用户可以通过使用新媒体手段随时随地与其他传播主体发生互动，互动的自由度较传统媒体时代明显提高，新媒体成为社会舆论的扩音器，用户能够自由自主地表达自己的观点态度，网络空间中的交流、交融、交锋也愈发活跃。另外从互动形式上来看，用户可以自主选择自己认为最合适、最便捷的手段进行互动，各个新媒体应用良好的兼容性为其提供了各种可能，这种形式的丰富性已经超越了面对面的人际传播，用户可以通过最能实现自我表达意愿的单一传播形态或多种传播形态的组合进行互动，从而实现真正意义上的本质性互动。[①]

二、新媒体用户运营策略

新媒体用户运营策略包含以下三点。

第一个策略是输出优质内容，培养用户忠诚度。内容运营是将通过各种途径获得的信息进行归纳、整理、加工，并结合自己的原创而形成完整的表达某一事物的内容，并且将此与特定群体进行传播、分享和互动的过程。在如今“内容为王”的信息时代下，任何媒体平台都需要不断开发产品保证自身的创新力。一个新媒体能长久地发展壮大，最重要的是其输出内容的质量，必须依靠生产和传播优质的内容来吸引用户和流量变现。

比如英国《泰晤士报》（*The Times*）就利用品牌结合技术，输出优质内容来留存用户。具体的做法是采编团队在采写新闻事件时，为了让用户能够身临

---

① 包圆圆. 本质性互动视阈下新媒体用户的主体性建构[J]. 现代传播（中国传媒大学学报），2019，41（10）：156-158，163.

其境，其运营团队会在线上、线下给用户发放 VR 眼镜，方便用户观看新闻事件的现场虚拟回放。这种与文字相辅相成的推广方式，比之前单纯的纸质版本或者线上版本要更为直接有效，许多用户为了感官体验，会主动付款成为报纸的包月甚至是包年用户，进而成为忠实用户。

第二个策略是优化用户体验，保证用户留存度。对于新媒体这样的内容服务交付平台，良好的体验是建立口碑的基础。无论是普通用户还是付费用户都不能忽视对体验的优化和提升。特别是对于维护和开发各大视频网站的用户来说，体验直接影响他们到期后续订的决定。当用户被产品或服务吸引过来后，用户运营还只是迈出了成功的第一步。只有用户接收、认可并持续使用它，平台才有可能以此获取利润。用户的良好体验被认为是影响用户留存态度的重要因素。比如“懒人听书”APP 内有一项独特的整合信息与发放方式——“懒人周刊”，“懒人周刊”位于 APP 核心界面“听吧”的一级标题队列，便于用户寻找，而且它会定期在“消息中心”栏挑选、推送优秀作品，同时对这些优秀作品按次序进行排列，方便用户根据自己的经验和信息来选择内容，方便用户检索。

第三个策略是挖掘用户社交价值，提高转化成本。社群维护既是为了扩大和加强用户间的这种社交联系，也是为了加强用户和平台间的联结。新媒体平台可以增加用户黏性，增加用户“转化成本”。“转化成本”是指当新媒体用户离开平台或放弃信息产品时，用户不得不承担的损失。用户使用新媒体平台和信息产品，会在时间、精力、习惯、社交等方面付出相应的成本。对于新媒体用户来说，放弃这些新媒体平台和信息产品，也意味着放弃了之前的努力和可以带来的收益。

在这些影响“转化成本”的因素中，影响最大的是用户支付的社会成本和用户养成的习惯。因此，要增加新媒体用户的“转化成本”，增加用户黏性，就需要重点培养用户的消费习惯甚至生活方式，建立用户与其他用户的深度关系。未进行任何社交性活动的用户对于平台来说，就如同一个平面中一个孤立的点，和其他点之间几乎没有相互影响。社群则将这些点连接起来，使其建立起更强的联结，甚至会自发连接起其他尚未加入这张网的点。

第三节　新媒体产品运营

一、新媒体产品的定义与特点

菲利普·科特勒（Philip Kotler）将产品定义为任何能够提供市场而引起人们关注、供人们使用或消费，并能够满足某种欲望或需求的东西。①产品具有多层结构，包括商品、服务、事件、人物、地点、思想和组合。王建伟和张乃霞将网络经济中的产品分为四个层次，即互联网基础层、可数字化平台性产品层、可数字化终极产品层以及传统实物产品层。

现在，对“新媒体产品”一词的理解仍然不同。通过分离媒体功能，新媒体产品通常分为以下四类：第一，内容信息产品，例如各种新闻客户端和频道终端；第二，电子商务产品，例如汽车之家、滴滴、云家政、淘宝等与人的生活有关的产品。第三，社交服务产品，例如微博、微信、抖音等基于 UGC 的信息和交互平台。第四，娱乐产品，例如游戏和视频网站。根据媒体形式的不同，如果新媒体是一种媒体，则“新媒体产品”是在该媒体中创建的内容，即信息或内容产品的流。

需要注意的是，其实对于“新媒体产品”的理解，虽然某些侧重于媒介技术，某些偏向于内容信息化。但是在一定程度上，信息内容和媒介技术是相互依存、密不可分的。没有新媒体产品技术，就不可能有新媒体产品的内容呈现，所有新媒体产品技术都是服务于新媒体产品的内容。

新媒体产品的核心词是产品，它与传统媒体有很大的不同。从传播者的角度来看，作为一种媒体，传统媒体关注其“工作”即内容本身，并关注新闻报道的传播效果。新媒体关注用户、关注“产品”，即关注用户体验和用户需求。用户数量、日常活动水平和使用时间的差异是评估新媒体产品的关键标准。因此，当分析新媒体产品的特征时，所有这些特征在“用户”一词的基础上进行

① 菲利普·科特勒. 营销管理：分析、计划、执行和控制[M]. 梅汝和，梅清豪，张桁，译. 上海：上海人民出版社，1999.

分析。新媒体产品具有如下三个特点。

第一个特点是丰富的社交元素。社交互动在一定程度上影响了人们消费和阅读的方式，并改变了大多数人获取信息的方式。新媒体产品具有社交特征和功能。在新媒体产品的开发中包含社交因素是在互联网和移动互联网时代满足用户需求的体现。例如知乎网站的口号是“与世界分享你的知识、经验和见解”，目的是建立一个社交网络，以合作伙伴的形式帮助用户找到更好的问题和答案。

第二个特点是明确具体的用户需求。新媒体产品所有创新都围绕一个核心——用户需求。满足了用户的现实需求或潜在需求，就能获得市场的认可。满足用户需求是产品开发的起点和终点。与传统媒体传播信息的目的不同，新媒体产品的主要思想不是信息，而是满足用户的需求。好的新媒体产品必须是可以满足用户需求的产品，优秀的新媒体产品必须满足用户的需求并同时能够更好地管理用户的需求。

在不考虑实际操作成本和产品可行性的情况下满足用户的需求也是不明智的。因此，研发新媒体产品的关键是通过研究研发成本和用户需求来找到用户需求并在两者之间找到平衡，从而在一定范围内增加用户需求。可以看出，随着新媒体技术的发展和交互性的提高，当今的新媒体产品越来越符合人们的需求。新媒体产品将适应用户需求这一事实反映了这种相关性。在传统媒体时代，从“一点”到“多点”的信息传播很难满足这一要求。随着新媒体时代的到来，信息技术的发展，特别是大数据收集和分析技术的日趋成熟，使这种定制方式越来越符合群体和个人用户的潜在需求模式。

第三个特点是快速的更新频率。新通信技术的发展为新媒体产品增加了很多动力，而“快速”已成为新媒体产品的重要优势。有种说法是：报纸新闻以天为单位，电视新闻以小时为单位，互联网新闻以分钟为单位，移动互联网带来的新闻以秒为单位。虽然有点夸张，但也显示了当前新媒体环境下的新闻更新速度要快。不断改进和更新新媒体产品是确保其生命力的重要手段。由于通信技术的飞速发展，新媒体产品也必须跟上技术发展的步伐。从技术上讲，与传统媒体相比，对新媒体的改进变得不再那么复杂，并且产品优化可以通过内容的修改和升级来完成。方便的改进方法可以鼓励产品不断优化，并保持产品活力和强度。

二、新媒体产品的类型

随着信息技术不断进步和人类信息传播需求的增加，各类新媒体不断涌现。新媒体的“新”，不仅表现在技术层面上，也表现在媒介形式和传播模式上；既有一些媒体是崭新的存在，如网络新媒体、手机新媒体等，也有一些媒体是在传统媒体基础上嫁接新技术发展而成的，如电子报纸、数字广播、IPTV等。[①]为了更好地理解种类繁多的新媒体，我们按照图文音像的传播要素对新媒体产品进行分类，并选取了图文音像中有代表性的新媒体产品进行介绍。

（一）图像类新媒体产品

自从摄影术发明之后，图像就一直伴随着我们，相对于文字、声音等传播符号来说，图片可以让我们看到更加直观、具体、形象的影像。由于图像本身的特性，图像传达的信息量更加丰富，图像能满足用户在短时间内对信息的需求。图像传达信息的直观性和具体性，使用户在阅读的时候不需要具备过高的文化水平就能够获取其中的主要信息。移动智能终端的普及与手机摄影的升级，不仅拓宽了图片传播的路径，同时使得新媒体用户的社交网络得以扩展，在更大范围提升了图像传播的影响力。

1. Instagram

Instagram是一款社交网络应用程序，它的独特之处在于它的创意来自即时成像相机，命名源自“instant”（即时的）与“-gram”（记录），意为“像电报般即时分享照片”，共享来自移动设备的照片和视频。当用户在该网站创建一个账户时，就可以上传自己生活中的照片和视频形式的内容。当用户在Instagram上发布照片或视频时，这些内容会显示在他们的个人资料中，并在他们的首页上对他们的关注者可见。

Instagram的突破性意义在于它不仅仅是一个图像处理软件，而是从本质上看是一个社交网络平台，它被认为是图像社交网络的成功先驱者。以Instagram为代表的“以图会友”的平台颠覆了传统社交网络中的脸书、推特模式，图像

① 李良荣. 网络与新媒体概论[M]. 北京：高等教育出版社，2014.

而非文字构成了新型人际交往对话方式。同时，Instagram 基于用户发布的图像建立了一个微社区，在这里用户可以通过关注、评论、点赞等操作与其他用户进行互动。用户可以关注喜欢的人，也可以被别人关注。每张图像可以添加文字说明、标明拍摄地理位置，观看者可以评论、留言，用户可以给予反馈，与粉丝互动。用户主要通过查看核心页面来浏览照片和视频，该核心页面显示来自所有朋友的最新照片和视频的内容，按逆时间顺序列出。①

2. 绿洲

绿洲是微博出品的一款社交媒体软件，旨在通过发布图像类的内容来促进用户间的社交。该软件操作简单，它通过搜索页面、利用算法为用户精准画像，可以为用户的个人需求匹配相关的内容。绿洲通过产品的设计，采用图像内容鼓励用户之间的社交互动，例如首页布局设计方面，突出了用户之间的关系链，鼓励用户之间进行互动。在内容上，绿洲目前有 11 个内容频道，重点发展与用户需求紧密相关联的穿搭、美妆、美食内容，为后续的电商发展盈利模式做准备。根据百度指数统计，绿洲用户中女性比例超 60%，男性比例不足 30%，比例与其他图像类社交产品比例相似。②

（二）文字类新媒体产品

1. 微博

微博是指一种基于用户关系的信息分享、传播以及获取，通过关注机制分享简短实时信息的广播式社交媒体、网络平台。它允许用户通过各种移动终端接入，主要以文字同时允许图片、视频等传播要素进行信息的即时分享与传播互动。2009 年 8 月新浪推出“新浪微博”内测版，成为门户网站中第一家提供微博服务的网站。

在微博上，用户获取信息具有很强的自主性、选择性，他们可以根据自己的兴趣偏好，依据对方发布内容的类别与质量，来选择是否关注用户，并可以

① 姜晓丽. 图像式社交媒体 Instagram 营销发展的启示[D]. 江西财经大学，2019.

② 啊大王 Ww. 绿洲 APP 产品分析报告：站在巨人肩膀上能否看得更远？[EB/OL]. http://www.woshipm.com/evaluating/3685530.html, (2020-04-13)[2021-10-21].

对所有关注的用户群进行分类。微博传播的影响力与它的内容质量高度相关，用户发布信息的吸引力、新闻性越强，对该用户感兴趣、关注的人数越多，用户的影响力越大。同时，微博信息共享便捷迅速，它可以通过各种网络平台，随时随地发布即时信息，其信息发布速度超过传统纸媒及其他网络媒体。

2. 微信

微信是腾讯公司于 2011 年 1 月 21 日推出的一个为智能终端提供即时通信服务的免费应用程序，用户可以通过智能手机、平板电脑、网页快速发送文字、图片、音频、视频等信息。微信亦提供公众平台、朋友圈、消息推送等功能，用户可以通过“搜索号码”“扫二维码”等方式添加好友和关注公众平台，将内容分享到微信朋友圈。①

与其他社会化媒体平台不同的是，微信的出现使人际传播、群体传播、大众传播这三个层级的传播对等地聚合在一起，三者之间实现了无缝连接，全面贯通。但各种传播方式在传播频率、传播渠道、传播范围上存在一定限制，导致了微信对大规模群体交互有先天局限性。

（三）音频类新媒体产品

新媒体时代，传统的广播电台单一的专业化生产和传播，已经不能满足听众的多元化和个性化需求，因而移动网络电台紧抓时代机遇，纷纷打造用户生成内容和专业生产内容相结合的混合传播模式，细分音频市场内容。新媒体数字音频传播，是随着数字播放器、智能手机等设备的发展而勃兴的。在当前移动互联网日益普及的时代，越来越多的人通过智能手机来收听音频节目。一方面，通过智能手机自带的收音机功能，实现在线收听传统广播；另一方面，通过喜马拉雅 FM、荔枝 FM、蜻蜓 FM、企鹅 FM 等数字音频应用，不仅可以收听传统电台提供的音频内容，而且可以随时随地收听丰富的音频节目或生产制作自己的数字音频。

1. 喜马拉雅 FM

2012 年 8 月，上海喜马拉雅科技有限公司成立，首创混合内容生产模式，

① 匡文波. 新媒体概论（第 3 版）[M]. 北京：中国人民大学出版社，2019.

并于2013年3月上线手机客户端，仅用两年多时间手机用户规模突破2亿，喜马拉雅FM成为国内发展最快、规模最大的在线移动音频分享平台。用户可以在平台里上传、收听各种音频内容，它支持手机、电脑、车载终端等多种智能终端。

喜马拉雅FM上有很多不同种类的音频节目，具体包括有声书、音乐、娱乐、相声评书等多种节目类型。它的内容提供主体包括传统电台直播、自媒体、意见领袖等，内容来源丰富；它首创混合内容生产模式，即专业生产内容与用户生成内容相结合，其中专业生产内容作为平台内容的主要来源，完善平台音频内容的深度，用户生成内容作为平台内容来源的辅助，来拓宽音频内容的广度，在内容深度与广度上结合，以更好地满足用户的需求。比如在专业内容生产方面，喜马拉雅FM签约了高晓松、马东、吴晓波等，开设明星电台，推出《好好说话》《晓说》《郭论》等一批音频产品；用户生成内容方面，通过开展一系列市场推广活动，从普通用户中发掘并签约了大量优质主播，生产出《摸金天师》《盗墓笔记》《庆余年》等诸多高质量有声内容，扩大了平台影响力。[①]

2. 蜻蜓FM

蜻蜓FM是一款强大的广播收听应用，用户可以通过它收听国内外数千个广播电台。蜻蜓FM的内容分类十分丰富，包括小说、音乐、相声小品、脱口秀等多种类别。蜻蜓FM与广播电台互联互通，收录了全国3000多家电台广播、1000家高校电台资源，使得传统广播电台的一些经典节目、品牌栏目可以在蜻蜓FM上得到二次传播和推广，实现移动互联网渠道的拓展。[②]广播电台的优质内容资源与蜻蜓FM平台的用户资源实现对接，既提升了平台上音频内容的质量，又拓宽了优质内容的来源。

（四）视频类新媒体产品

视频类新媒体产品随着技术的更新发展迅速，短视频是其中的主要代表。短视频是以传统视频为基点进一步衍生出的新事物，从字面意思看是短时间播

① 田常清，孟鑫. 喜马拉雅FM运营特色及启示[J]. 青年记者，2020（20）：101-102.

② 佚名. 蜻蜓FM携《中国广播影视》共探广播电台与互联网音频共赢之路 [EB/OL]. https://www.sohu.com/a/212962250_281328（2017-12-26）[2022-05-22].

映的视频。这种时间上的缩短幅度是非常大的，时长达到一两个小时的视频可能会压缩到几分钟内完成，是用户在当前碎片化时间下选择的新式传播模式。短视频传播面广、速度快，注意力资源要远远超过图文内容，即使没有任何阅读能力的用户也能使用。目前的短视频新媒体产品数量众多，大致可分为三大模块，即社交类、新闻类、垂直类。

1. 社交类短视频新媒体产品

社交类短视频，又被称为社区类短视频，是为满足用户社交需求而开发的，具备较高的用户黏性和较浓厚的社交氛围性。社交类短视频新媒体产品是最早诞生的短视频应用，美国的 Vine、我国的“秒拍”“抖音”都是典型代表。此类 APP 的内容生成模式以用户生成内容为主，可供用户上传数秒至几分钟的视频。

社交类短视频新媒体产品通常与社交平台紧密捆绑，将视频的拍摄与分享作为其社交方式，通过直接导入社交平台中大量的用户量和稳定的用户关系来增强自身的用户黏性，并通过用户在各类社交平台上的分享来扩大自身的影响力。例如抖音是北京字节跳动科技有限公司推出的一款音乐创意短视频社交软件，于 2016 年 9 月上线，用户可以通过背景音乐选择、动作编排和特效加工，创作自己的短视频，真实反映用户自身的表达意愿，从而被用户更广泛地应用于社交领域。

2. 新闻类短视频新媒体产品

此类新媒体产品以传播专业性质较强的新闻资讯类短视频为主，在国外该类产品发展得较为成熟，Now this news 等移动应用都是美国新闻类短视频应用的突出典范。以 Now this news 为例，其提供的短视频并非仅在新闻时长上进行了缩减，在新闻的表达方式上也加入了漫画、配乐等元素，使新闻风格更加轻松娱乐，以满足用户的社交需求。

国内在新闻资讯类视频方面做得较好的产品当数梨视频。梨视频的视频时长一般在 30 秒到 3 分钟不等，内容多以新闻资讯为主，涉及的领域有社会、生活、科技等，在众多栏目中最知名的要数《微辣 Video》，该栏目以趣味性见长，将新闻用短视频的方式呈现出来，受到广泛短视频用户的青睐。新闻资讯类短视频打破了传统媒体以文字、图片为载体的传播方式，建立了一种新的集文字、图片、视频于一体的多媒体新闻信息传播方式，它不仅大大提高了新闻的时效性和趣味性，同时还为短视频用户提供了一个全新的获取新闻信息的视角。[①]

3. 垂直类短视频新媒体产品

此类短视频产品以更细化、专业化的垂直内容作为视频内容，垂直内容的分类包含运动、时尚、生活、美食等各个方面。例如专注于美妆行业的“美拍”，它专注于“女性爱美”的市场定位策略，短视频形式上宣传“10 秒也能拍大片”，通过各种视频特效对普通视频进行加工和包装，最后形成高清唯美的画质，为用户呈现出高质量的视频效果，从而成为倍受追捧的短视频应用之一。

目前，短视频产品中垂直类内容所占的比重正逐年增加。垂直类短视频产品将成为短视频在未来的发展趋势。首先，在用户需求上，优质的垂直内容更能满足市场细分的、各类人群的工作或生活需要，因此具备长时间吸引用户的能力。其次，垂直化内容的目标用户更加明确，因此其商业转换率较高，更容易吸引广告商和投资者的关注。[②]

三、新媒体产品的运营策略

4ps 营销理论（The Marketing Theory of 4ps）产生于 20 世纪 60 年代的美国，随着营销组合理论的出现而出现。1953 年，尼尔·博登（Neil Borden）在美国市场营销学会的就职演说中提出了“市场营销组合”（Marketing Mix）这一术语，其意是指市场需求或多或少地在某种程度上受到所谓“营销变量”或“营销要素”的影响。1967 年，菲利普·科特勒在其畅销书《营销管理》（*Marketing Management*）第一版中进一步确认了以 4ps 为核心的营销组合方法，即产品（product）：注重开发的功能，要求产品有独特的卖点，把产品的功能诉求放在第一位。价格（price）：根据不同的市场定位，制定不同的价格策略，产品的

① 王晨阳. 网络短视频 APP 的问题及发展策略研究[D]. 山东师范大学，2019.

② 刘逍潇. 短视频 APP 的发展现状与对策分析[D]. 江西师范大学，2017.

定价依据是企业的品牌战略，注重品牌的含金量。渠道（place）：企业并不直接面对消费者，而是注重经销商的培育和销售网络的建立，企业与消费者的联系是通过分销商来进行的。宣传（promotion）：很多人将 promotion 狭义地理解为“促销”，其实是很片面的。promotion 应当是包括品牌宣传（广告）、公关、促销等一系列的营销行为。4p 营销理论被归结为四个基本策略的组合，即产品（product）、价格（price）、渠道（place）、宣传（promotion），由于这四个词的英文字头都是 p，再加上策略（strategy），所以简称为 4ps。它是以营销理论为基础，从产品、价格、渠道、宣传等四个方面来构建新媒体产品的运营策略的。①

第一是产品策略。产品策略是指企业通过供应满足消费者需求的产品或服务以达成自身营销目的，主要包括与产品相关联的一些要素，如对包装、商标、品类等多种要素的应用。②

新媒体的产品策略根据用户的个性化需求，应当让用户参与到产品设计中来。新媒体用户参与创新是种合作服务发展的行为，在这种合作关系中，用户主动贡献或选择服务内容，最终与新媒体企业共同创造价值。让新媒体用户提供产品生产和评估的专业知识，可以协同新媒体产品的生产，从而进行新媒体产品的价值共创。随着新媒体产品的交互功能不断完善，新媒体用户参与产品创新，为新媒体企业提供了更多改进新媒体产品的信息。这种新媒体用户与企业共同开发创新的模式，降低了新媒体企业新产品的研发、生产成本，提升了新媒体产品的质量，也能更好地满足新媒体用户的需求，该模式是未来新媒体产品的主要运营策略。

第二是定价策略。定价策略是指企业根据市场规律进行价格设置和调整等，进而达成自身营销目标，主要涉及与定价相关的因素的运用。③

产品定价策略有：地理定价策略、折扣定价策略、促销定价策略、差别定

① 菲力普·科特勒. 市场营销管理：分析、规划、执行和控制（第六版）上册[M]. 陈乃新，等，译. 北京：科学技术文献出版社，1991.

② 佚名. 4p 是指哪 4 个营销策略[EB/OL]. https://m.iask.sina.com.cn/jxwd/CF1yEAWtrA.html, (2021-09-16)[2022-05-22].

③ 佚名. 4p 是指哪 4 个营销策略[EB/OL]. https://m.iask.sina.com.cn/jxwd/CF1yEAWtrA.html, (2021-09-16)[2022-05-22].

价法。新媒体产品的定价策略应当综合考虑新媒体市场、用户和竞争者等相关因素，以利益最大化为目标来制定策略。[①]当面对不同的新媒体用户群体时，企业需要根据产品形成不同的价格差异、形成特定的价格优势，增加市场竞争力。同时，新媒体企业对用户、产品要实行差异化定价策略，策略的实施要及时转换，不能停滞不前，按需使用并及时分析不同新媒体用户群体对产品的需求，更好地实施差异化定价策略。

第三是渠道策略。渠道策略主要是指企业以合理地选择分销渠道和组织商品实体流通的方式来实现其营销目标，其中包括对同分销有关的渠道覆盖面、商品流转环节、中间商、网点设置以及储存运输等可控因素的组合和运用。新媒体企业要根据企业自身的市场定位，来进行渠道策略的选择。新媒体产品在渠道发布上要进行传统媒体和新媒体发布渠道的组合使用，在新媒体产品的发布初期，我们可以在传统媒体和新媒体上通过广告、合作等方式发布企业的产品相关信息。同时，我们也可以借助新媒体平台来发布产品信息，从而构建一个全媒体矩阵，形成一个完善的产品渠道。

第四是宣传策略。宣传策略是指企业以利用各种信息传播手段刺激消费者购买欲望，促进产品销售的方式来实现其营销目标，其中包括对同促销有关的广告、人员推销、营业推广、公共关系等可控因素的组合和运用。新媒体产品的宣传策略也需要利用各种手段去刺激用户的信息消费欲望，从而来扩大新媒体产品的市场占有率。比如事件营销方法，新媒体企业可以利用新闻或事件的价值、社会影响在策划、组织等方面，来推销新媒体产品。

第四节　新媒体内容运营

新媒体内容运营是在新媒体环境中出现并被广泛传播的新兴词语。当前，学界对于这一概念并没有给出固定含义，而业界的使用频率相对较高。运营是指在企业生产过程和企业发展过程中，服务产品系统的一系列活动的设计、运行、评估和改进。勾俊伟认为新媒体内容运营是运营者利用新的媒体传播渠道

① 郑朔儿. 华为 Mate 40 系列产品宣发中的媒介运营策略分析[J]. 新媒体研究，2021，7（8）：62-64，94.

向其他受众传递文本、图像或动态视频内容，及时互动、引导受众分享等多层次交流的过程。

内容是吸引用户注意力、增加用户黏性的关键，也是保证新媒体平台持续健康发展的基础。新媒体内容运营是一个系统的过程，包括新媒体内容的选题策划、内容策划、创意呈现、素材总结、内容编辑、优化和分发等。[①]本节内容重点是分析不同新媒体平台的特点，然后根据这些特点来制定各个不同新媒体内容运营平台的策略。

一、微信平台的内容运营

本书前文对微信平台进行了简要介绍，本节将对微信的传播特征进行总结，然后针对这些特征制定微信平台的内容运营策略。

（一）微信平台的内容传播特征

微信平台的内容传播特征包括微信平台内容传播的私密性、微信平台内容传播的精准性和即时性以及微信平台内容传播的互动社交性三个方面。

第一个特征是微信平台内容传播的私密性。微信的隐私特征来自个人和微信圈子，这种相对封闭的传播结构不同于微博的开放传播结构，微信用户之间的交流呈现出私密性，用户之间只有相互确认才能成为朋友。这种机制可以初步剔除各自社交网络上的一批“无关紧要的用户”数据，轻松打造个人交友空间。此外，微信几乎无缝地将真实交流的领域复制到了虚拟网络空间，属于半封闭的社交系统。以微信朋友圈为代表的社交网络具有“强连接”特性。大多数微信用户在自己熟悉的圈子里传播信息，传播内容大多包含两个人或好友的非公开秘密。因此这种熟人间圈群传播所表现出的传播特征是高度私密化的。[②]

第二个特征是微信内容传播的精准性和即时性。微信沟通都是点对点进行的，这体现了它精准的传播特征。微信的数据传输是在发布后立即进行的，不受时间和空间的限制。借助微信平台，信息可以随时随地发布，快速推送。用

① 勾俊伟. 新媒体运营：产品运营+内容运营+用户运营+活动运营[M]. 北京：人民邮电出版社，2018.

② 王珩，纪文亮. 微信传播特征与舆论引导策略[J]. 青年记者，2019（2）：28-29.

户只要关注微信公众号或添加好友，就可以第一时间获得相关推送或信息。微信用户使用微信发送信息时，无论对方是否在线，信息都可以到达对方终端。

与大众传播媒介的效果相比，微信连接可以达到快速沟通的效果，双方可以根据即时反馈做出后续回应，让沟通更加顺畅，这体现了微信平台内容传播的即时性。只要在线，用户就可以对接收到的信息进行浏览并做出相应的反馈，且能时刻与人保持联系，在发出信息的用户与接收信息的用户同时在线的情况下，信息可以高效快速地传递并能迅速取得传播效果。①

第三个特征是微信平台内容传播的互动社交性。微信作为一种新的交流工具，具有重要的信息传播功能。这种即时聊天信息为传播者和接收者提供了一个直接的交流平台，是一种人际传播与大众传播相结合的新型传播方式。微信平台的内容传播是基于用户的社交圈进行的，这种社交圈具有极强的社交互动性。具体而言，用户社交圈分为三类：首先是熟人交际圈，它是基于用户的手机通讯录好友和 QQ 好友形成的，这种社交关系通过微信沟通，感情黏性进一步增强；其次是基于地理位置的近距离人群社交圈，微信设计了“查看附近的人”的功能，这种功能为用户提供了附近人的头像、昵称、签名及距离，让微信走近用户生活，以便用户之间产生进一步联系；最后是陌生人社交圈，它通过扫一扫、基于位置的服务（location based services，LBS）等功能来增强用户与陌生人的社交。通过这种方式，微信建构了一种全方位、立体化的社交网络，让位于不同空间的人都能更有效和更精准地进行网络交往。

（二）微信平台内容运营策略

基于以上微信平台的内容传播特征，我们来制定微信平台的内容运营策略，它包括了选题规划、内容策划、形式创意和传播方式四个方面。

第一是选题规划。作为新媒体运营工作的重点内容，新媒体内容运营工作的第一个环节是策划选题，这也是运营的基础工作。只有好的选题策划才能决定未来内容发布的方向和基调。因此，新媒体内容运营商要重视内容的选题规划，具体包括内容的主题、形式的选择，逐渐实现运营内容的曝光率与点击量的增加。

① 刘勇. 浅谈微信的传播特征[J]. 西部广播电视，2016（23）：16-17.

第二是内容策划。内容策划工作是对编辑内容进行策划和分步实施，使内容设计更加精准。在编辑新媒体内容时，运营团队要明确主题定位，通过头脑风暴的形式来讨论文章的细节，完成文章的初步策划，保证内容设计得更加具体与新颖。同时，新媒体运营商要考虑内容的诸多细节，包括内容的主要目的、编写形式、推广策略、来源渠道、主题风格设计以及制作周期等。

第三是形式创意。内容策划工作完成之后，新媒体运营商还要考虑相应的内容呈现形式。新媒体的优势与特点之一就是内容呈现形式丰富，在微信平台的内容运营中要在结合微信传播特点的基础上，注重形式的创新。在注意力稀缺的互联网平台，新鲜的内容呈现形式更能吸引用户的注意力。一成不变的媒体内容形式，会使得用户产生阅读疲劳，降低用户的活跃度。例如新媒体内容中是否需要添加视频或图片、音频、动画等，要创新媒体呈现形式。

第四是传播方式。微信平台的内容运营不仅要考虑内容的策略，还要考虑到内容的传播方式。在微信平台上进行内容传播，我们要充分考虑到微信平台的特点。微信平台的内容传播很大程度依赖于粉丝量，个别粉丝量较少的媒体账号，只有少数用户才能看到其发布的文章，传播的效果十分有限。因此，新媒体运营商必须要考虑到文章的传播量，通过各种方式引导用户自发将文章转发到自己的朋友圈、微信群中，从而拓宽文章的传播渠道，提升阅读量。

（三）案例分析：“丁香医生”公众号

“丁香医生”自 2014 年成立以来，始终保持着稳而快的发展速度，打造了强大的新媒体传播矩阵，囊括了微信、新浪微博、知乎、抖音、今日头条等多个新媒体平台。[①]相关数据显示，“截至 2020 年 2 月，丁香医生全渠道累计覆盖健康敏感用户数超 4500 万，其中丁香医生新媒体矩阵粉丝超 3500 万，旗下母婴知识服务品牌丁香妈妈新媒体粉丝超 1000 万”[②]。2017 年，“丁香医生”入驻微信公众平台，短期内在众多健康科普类公众号中脱颖而出，其内容运营

① 李海敏，郑达威．“丁香医生”微信公众号的运营策略研究[J]．传媒，2020（17）：57-59.

② 佚名．深度报告：解密丁香医生内容品牌背后运作机制[EB/OL]．https://www.growthhk.cn/quan/30348.html,(2020-04-30)[2022-05-22].

模式具有一定的典型性和代表性。具体来说，丁香医生微信平台的内容运营策略包括标题制造“信息阶梯”、持续的优质内容生产、多样化的内容表现形式三个方面。

第一是标题制造“信息阶梯”。“丁香医生”的标题往往能够通过悬念制造出“信息阶梯”，即传播者让不同用户了解不同层次的信息。比如转发这条信息的人，了解到只看了标题的人而不知道的信息。传播者在制造标题时能够敏锐地把握受众的健康痛点与求知欲，把受众最想知道的利益点、知识点凸显在标题中，但重要信息并不完全在标题中呈现，而是选择放在正文中呈现。[①]如《这种夏天常见的裤子，容易让孩子受伤！快看你家有没有》《你常做的 10 件事，正在悄悄伤腰》《不想变胖主食怎么吃？很多人第一步就做错了》，这种利用标题制造悬念，能很好地引发受众阅读兴趣，进而引导受众阅读全文。

第二是持续的优质内容生产。不断进行优质专业新内容的生产是丁香医生实现多级用户增长的内在动力。“丁香医生”在成立初期依托专业团队提供优质医疗健康知识，在获得稳定增长后通过增加辟谣专栏等来突破粉丝增长瓶颈。丁香医生的内容由新媒体团队和专业医学编辑共同创作，既保持理性思维方式、保证专业性与准确度，又尽量做到诙谐幽默、简单易懂，使用户易于接受。例如在新冠肺炎疫情暴发后，“丁香医生”实时更新疫情及相关健康信息，通过持续的专业、科学的优质内容，获得了众多用户的关注与信赖。[②]

第三是多样化的内容表现形式。“丁香医生”发布的内容表现形式多样，重点结合了微信平台的特点。在内容创作过程中加入了音视频元素，采用画面对内容进行创意传播，降低了用户获取信息的门槛，减轻了阅读负担，获得了较高的点赞量。“丁香医生”紧跟互联网传播生态，把条漫元素融入内容创作，使严肃的科普知识变得轻松、简单、生动、有趣，并且利于受众理解，在提升阅读体验的同时也增加了传播的深度。[③]

① 刘婷. 健康类微信公众号文章标题的制作规律——基于“生命时报”“丁香医生”等公众号的分析[J]. 青年记者，2018（5）：92-93.

② 符绍强，陈淼. 健康类新媒体平台的营销模式探析——以“丁香医生”为例[J]. 传媒，2021（5）：62-64.

③ 李海敏. 微信公众号“丁香医生”的传播策略[J]. 青年记者，2020（5）：60-61.

二、微博平台的内容运营

（一）微博平台的内容传播特征

微博平台的内容传播特征包括传播内容碎片化和内容传播多维度两个方面。

第一个特征是传播内容碎片化。微博的内容传播体现出较为明显的碎片化特点。一是用户使用时间的碎片化、书写终端的多样性和移动性使得用户可以随时利用空余时间来完成内容传播的传递和接收。二是微博内容的碎片化，微博的写作不具备系统表达的优势，用户在微博中只能通过一两句话来传递零散和不完整的内容，传播的内容较为随意，而这种碎片化的传播恰好迎合了现代社会人们快节奏的生活方式。①

第二个特征是内容传播多维度。微博内容传播能以点对点、点对面、面对面等多种方式进行。每个微博用户都是一个“点”，关注点与点的连接，即为“线”，当一个节点发布信息时，其用户都能接收到该信息，且其传播并非单向，而是多向、发散、非线性的。微博传播的参与者之间形成的交流系统呈网状，既可通过网络直接联系，也可经过不同的用户进行中转、间接联系。微博中分散的用户不再是内容传播的终点，他们除了对信息做出反馈以外，还能把信息转发给其他好友，从而形成“面”，这样至少形成了由点、线、面构成的二维传播方式。因此，微博内容传播具有多维度的特点。②

（二）微博平台内容运营策略

微博内容主要有两种类型：一种是针对热点话题的借势发挥；另一种是结合自己的定位做的每日更新。在微博内容运营策略中，包含以下四个方面的策略。

第一是内容定位策略。在进行微博内容运营时，首先要对运营账号的内容进行定位。根据账号自身的特点、受众、调性来定义公共平台所要进行运营的内容的特色。内容定位实际上包含两层意思：第一层意思是面向用户群的定位，运营者要清楚哪些用户群体会喜欢账号运营的内容；第二层意思是面向内容的定位，对于这样的用户群体，运营者应该通过什么类型的内容进行长期的运营。

---

① 谭辉煌，刘淑华. 新编新媒体概论[M]. 重庆：重庆大学出版社，2018.

② 朱梦月，丁一琦，张明君. 微博信息传播特点与模式分析[J]. 遵义师范学院学报，2020，22(1)：172-176.

第二是内容生产策略。在微博的内容生产中，要学会借势热点内容，即当微博有热点或热门话题事件出现时，要围绕热门话题、热点新闻、热点事件，以评论、追踪观察、揭秘、观点整理等方式进行内容生产。这样借势热点的内容，可以在第一时间从互联网上抓取流量。伴随热点的巨大搜索量，借势热点生产的内容能获得更多的转载、搜索，从而获得更高的关注度。但在借势热点的过程中，要有基本的道德底线，保证内容生产的高质量。

第三是内容发布策略。微博的内容运营中，内容发布要注意两个方面。一是要注意内容发布的时机要合理，微博发布时间会影响对微博的阅读率。要依据对微博发布效果进行动态观察，不断依据效果反馈进行调整从而确定微博最佳发布时间。二是在进行内容发布时，要充分利用微博社交化平台的特征，引导用户转发微博内容，使用户成为内容的二级传播者，实现内容的社交化传播。

第四是用户互动策略。微博运营应做好“用户画像”，用户是微博内容运营的基础，内容运营的效果评价很大程度上依赖于用户数量与用户的活跃度这两项指标。因此，在微博内容运营过程中，要主动与用户进行沟通，定期与用户互动，提升用户活跃度，加强用户黏性。

（三）案例分析：“微博搞笑排行榜”微博号

“微博搞笑排行榜”是微博平台上的一个内容丰富、受到用户广泛关注的账号。它在微博平台的内容运营策略包括如下三个方面。

第一，内容生产社会化。平台型媒体的内容并不主要来自媒体自身生产，而主要依赖于平台型媒体的用户提供，即社会化生产。“微博搞笑排行榜”初期以内容吸引用户进入平台。在拥有一定数量的用户积累后，淡化内容生产者的身份，将内容生产大权交给广大的用户，由他们通过互动完成主要的内容生产和消费。比如“微博搞笑排行榜”起初是转发搬运其他账号的微博内容，吸引粉丝关注，而后开始每天发布当日话题，让内容的生产者转为用户。用户对话题的评论、转发、再评论无限扩展了话题的内容，实现了话题内容的价值再造，同时也实现了“微博搞笑排行榜”内容的社会化生产。

第二，内容分发社交化。在内容分发上，“微博搞笑排行榜”充分利用了微博平台的社交化传播特征，使其微博发布的内容形成裂变式传播。如上文所述，微博平台上内容传播的特点主要是社交性传播，博主发布的内容首先由用户获得，若该内容获得用户的认同，用户还可能会将博主发布的内容一键转发，将这条动态同步到自己的微博中。如此循环往复，内容经社交化传播就获得了无限传播的可能性。“微博搞笑排行榜”在内容分发上，往往会选取一些热点和痛点话题，激发用户共鸣。一方面使用户积极参与话题讨论，另一方面也使用户能积极对话题进行转发，由此产生的传播效果将不可估量。

第三，内容评论互动化。在“微博搞笑排行榜”内容评论中不仅有内容生产者和内容消费者之间的互动，更有博主与用户的互动。这两种互动模式不仅提升了微博内容的参与度，也提升了微博用户的活跃度。在话题发布之初，越早评论越有可能成为热门评论，从而得到其他用户的点赞和再评论。并且博主还会从热门评论中抽取评论进行回复，参与话题互动。用户不仅满足了自身话语表达的需要，还实现了与更多人的社交。①

三、抖音平台的内容运营

（一）抖音平台的内容传播特点

抖音平台的内容传播具有以下几个特点。

第一个特点是简洁的创作模式。对于抖音平台的用户来说，在创作视频方面抖音 App 的操作十分简单便捷，平台可直接为其提供 15 秒或 60 秒的音乐，同时还有贴纸、特效、背景等诸多有趣的功能，用户只需打开手机直接进行拍摄就可以得到一段有趣的视频并将其发布。抖音短视频还结合了美拍的使用，在视频录制中加入了图像滤镜和声音滤镜，以及丰富的特效模式，让用户可以创作更多样的视频。用户可以通过简单的编辑和摄影，制作出照片精美、内容有趣的短视频产品。

第二个特点是良好的短视频用户体验。从“分”到“秒”，国内短视频重建用户体验。2016 年抖音短视频上线，从内容生产到使用界面都贴合用户的舒适度和使用需求。在用户体验方面，抖音平台的用户多为年轻人，因此抖音平台生产的内容也是围绕着这个目标受众而展开的，不断优化年轻人的短视频体验。

---

① 国秋华，武艳婷. 平台化生存：微博用户可持续运营的未来——以“微博搞笑排行榜”为例[J]. 新闻知识，2020（8）：49-54.

比如，抖音平台的logo——动感的音符，就是为吸引年轻人来进行设计的。[①] 同时，抖音短视频的视频创作模式也是以年轻用户作为基础的，所以在创作模式上，抖音优化了年轻用户的体验，契合了年轻用户追求个性、拥护潮流的心理特点。

第三个特点是不断细分的内容领域。抖音平台最初的定位是音乐短视频软件，但在不断发展的过程中，随着用户逐步增多，其内容分类也逐渐增多。除了针对普通用户播放的音乐短视频制作外，用户也可以变为生产者，开始自己创作、制作视频，由此抖音平台视频内容开始变得多元化。抖音平台的内容不断发展，几乎涵盖了我们日常生活的方方面面，如运动、美妆、美食、学习、好物推荐、旅游文娱等，短视频内容不断丰富，逐步出现了内容领域的细分趋势。

（二）抖音平台的内容运营策略

抖音平台的内容运营策略中，主要包含以下四个方面。

第一，以社交为桥梁，增强用户黏性。抖音的社交属性不断增强，是其发展如此之快的重要动力。为了扩大营销空间和内容消费空间，抖音为用户提供了多种内容和服务，例如上线“合拍”功能，用户可以在同一个框架内和亲朋好友甚至偶像同框，从而提高了用户的社交价值。另外，“粉丝”以各种形式与用户互动，这种“互粉”的形式打破了以往明星偶像垄断“粉丝”的现象，让普通用户也可以拥有更多的关注，这是一种双向交互。“粉丝”越多，用户得到的关注就越多，其创新动力也会越大，从而增强了用户的黏性。

第二，宣传主流价值观内容，提高内容影响力。现在，市场上的大多数短视频应用都非常重视娱乐的影响力，并致力于通过明星流量吸引用户，从而让移动短视频平台更加活跃。但是，尽管抖音平台多以娱乐视频为主，但是它仍然注重主流价值观的宣传。比如人民日报的抖音账号已经成为一个拥有超过 1 亿粉丝的主流新媒体。移动短视频平台必须大力弘扬社会主义核心价值观，维护文化道德，生产高质量的短视频，从而提高内容的影响力，促进平台的可持续发展。

---

① 陈琳. 抖音 App：网络直播平台盈利的模式[J]. 营销界，2021（31）：6-7.

第三，营销方式多元化，善于借势营销。抖音平台不仅依靠网红和明星吸引用户并增加黏性，还善于利用社会热点进行借势营销。比如2019年抖音作为中央电视台《春节联欢晚会》独家社交媒体传播平台，策划并在春晚直播中展开抢红包活动，充分利用春节的机会，进一步增加了平台的影响力。

第四，内容细分，深耕垂直领域。移动短视频的发展迅速，后期的发展趋势会更加倾向于内容的细分和垂直领域。虽然用户在网络视频消费基数庞大，但是在短视频活跃度上还有很大的发展潜力，并且存在着进一步增长的空间。将庞大的短视频内容市场进行细分，根据不同用户打造不同的专属内容，探索垂直领域的短视频内容生产将是抖音短视频在内容生态发展方面的关键。[①]

（三）案例分析："四川观察"抖音号

"四川观察"作为四川广播电视台抖音官方号，发展迅速，截至2022年4月，"四川观察"抖音号总计发布近17 000条视频，获赞31.6亿次，收获4692多万粉丝。它成功的抖音短视频内容运营经验值得我们借鉴的具体策略如下。

第一，精准的内容定位。研究发现"四川观察"抖音号民生类新闻占比最高，将镜头对准普通个体，从平凡人物中挖掘与用户情绪的共同点，触达普通人的内心，引起共鸣。"四川观察"抖音号善于从普通新闻叙事中挖掘不同角度的新闻内容，民生类新闻是其抖音号的主要内容类型，这符合其抖音号的定位。[②]在实际运营的过程中，它结合自身定位与用户喜好，注意深入挖掘用户潜在需求，填补供求不匹配的新闻类型，发布有价值且受欢迎的作品。

第二，内容与形式要与时俱进。针对如何做到内容与形式的与时俱进，新媒体运营者应该从内容和形式两方面入手。第一，内容的甄选。抖音短视频平台市场定位的主要群体是年轻用户，所以必须了解平台年轻用户的短视频需求，生产出与之相匹配的短视频内容。第二，内容形式的设计。要根据目标用户的需求，将新闻作品包装上短视频特有的节奏感。节奏感具体体现在音乐的适配性、语言的互联网化以及字体的醒目性、画外音的设置等方面，从而使新闻短视频具有一种平民化风格，短视频用户乐于接受的传播形式，易引起用户的共

① 齐震. 抖音短视频的内容生产与运营研究[D]. 辽宁师范大学，2020.

② 覃小倩. "四川观察"抖音号短视频的叙事研究[J]. 视听，2021（7）：212-213.

鸣和好感。

第三，紧密关注用户需求。“四川观察”抖音号通过与用户的持续交流，紧密关注用户的需求。在与用户的互动中，“四川观察”抖音号以轻松、诙谐的语气与用户交流，通过积极的沟通，不仅增进了抖音账号与用户的感情，还提高了粉丝的留驻率，进而也提升了“四川观察”抖音号对于用户需求的了解程度。例如，“四川观察”抖音账号也关注民生热点，制作了“两会代表委员有话说”等专题，跟进全国两会上提出的与民生相关的重要建议与议案、提案，“四川观察”抖音号及时跟进，创作了“把视力纳入学生综合素质考核”“明星返还未成年人贵重礼品”等主题的短视频，引起了用户的广泛注意和讨论。①

四、喜马拉雅 FM 的内容运营

（一）喜马拉雅 FM 的内容传播特征

喜马拉雅 FM 的内容传播具有以下三个传播特征。

第一个特征是专业生产内容与用户生成内容相结合。作为具有社交功能的移动应用程序，喜马拉雅 FM 运用专业生产内容与用户生成内容相结合的模式。在用户生成内容（UGC）方面，喜马拉雅 FM 集结了大量优质原创主播，开发了高质量的音频内容，并将其集成到用户生成内容中，然后将其作为专业生产内容进行推广。在专业生产内容（PGC）方面，喜马拉雅 FM 一直致力于强化内容的高度和深度，其专业生产内容来源主要包括平台原创、出版社、传统广播电台、电视台、自媒体。同时，喜马拉雅 FM 平台与阅文集团、中国中信集团有限公司、中南博集天卷文化传媒有限公司、北京磨铁数盟信息技术有限公司等签订了版权合作协议。

第二个特征是丰富、优质的音频内容。喜马拉雅 FM 节目内容包括新闻资讯、有声小说、音乐、相声、评书等。喜马拉雅听书报告显示，2020 年有声阅读内容同比增长 63.56%，有声阅读内容增长势头强劲。同时 2020 年喜马拉雅听书用户同比增长 22.23%。2021 年第一季度人均听书量为 7.4 本，比上年同期

① 尹冰璐，刘湘渼，钱函晓竹. 融媒体语境下电视媒体新闻类短视频制作策略探析——以“四川观察”抖音号为例[J]. 新闻研究导刊，2021，12（9）：126-128.

增长 32.14%。

第三个特征是灵活的传播形式。喜马拉雅 FM 的传统节目形式包括朗读、脱口秀、直播、读书会等。比如 2017 年 3 月，微博博主“悬疑志”开始与专业的作者和主播在喜马拉雅 FM 上做一档付费悬疑互动节目——《潜梦师》。节目的特点在于故事如何发展由听众说了算，每期节目都会在故事结尾设置 A、B 两个故事走向，由听众投票后在微博上公布结果，再根据结果定制下期内容。让大部分听众拥有对故事情节发展的掌控权，节目的参与度和互动性更强。喜马拉雅 FM 灵活、充分地运用其传播特点，成功地建立了一个“有声王国”，也为听众打造了有声知识的海洋。

（二）喜马拉雅 FM 的内容运营策略

喜马拉雅 FM 的内容运营策略中，包括以下三个方面。

第一，坚持“内容为王”的用户理念。全覆盖、多方位、多角度提供内容的互联网时代，内容质量决定着市场竞争力的强弱。因此，要坚持“内容为王”的理念，全覆盖、多方位、多角度为用户提供内容。要深入了解用户的需要，坚持从内容出发，提供内容齐全、知识覆盖面广的音频节目，以满足用户的需求。喜马拉雅 APP 研发团队可以通过以下两种方式来实现：第一，在用户首次注册使用喜马拉雅 APP 时，完善用户资料填写。用户资料填写以选择题形式呈现，包括用户阅读偏好、期待的节目种类等资料。第二，要利用好大数据技术，及时收集用户使用数据，做到精准化推送。

在内容分类方面，喜马拉雅 FM 做得十分细致，比如它的付费节目主要有两种，分别是 VIP 付费节目与精品付费节目。其中 VIP 付费节目主要可以分成三类，即 VIP 口碑有声书、VIP 精品专栏与 VIP 好书精讲。在精品付费节目类别里，喜马拉雅 FM 又将其分为：悬疑小说、言情小说、都市小说、幻想小说、文学经典、社科历史与商业管理等七种。喜马拉雅 FM 对节目内容的分类结合了“二八原则”，既保证了百分之八十的头部内容供给，又能将百分之二十的小众内容完美呈现给收听者，满足了不同用户的不同收听需求。

第二，注重培养用户成为平台的内容创作者。喜马拉雅 FM 初期采用用户生成内容的模式，大部分内容生产者都是普通的热爱有声读物的用户，他们对于有声作品的热情促使他们参与到有声读物的制作中来。但是，这类用户往往不具有专业的技术水平，制作上传的有声作品往往达不到专业水准，作品效果无法达到预期。为了解决这一问题，喜马拉雅 FM 通过报名、评选的方式，将许多有着优秀声音、有一定播音功底的内容制作者选拔出来，然后再经过公司的专业培训，培养出一大批优秀的主播。这样不仅保证了喜马拉雅后台有声读物制作的主播群体的专业性，同时也保证了内容生产的高质量。在这种模式下，主播可以通过粉丝的打赏获得盈利，平台则可以通过广告得到利润，两者实现利益共赢。

第三，丰富的产品营销方式。喜马拉雅 FM 采用了多种营销方式去推广音频产品内容，比如口碑营销、活动营销等。在口碑营销方面，一旦高质量的内容被用户认可形成口碑，那么该内容的主题就会被潜在的生产者所关注，这些潜在的生产者会带来大量的新用户，形成良性循环并有效地促进用户增长。同时，喜马拉雅 FM 建立了听友圈，好友的实时流媒体和粉丝群共享，以促进用户推广和口碑营销。通过这种营销方式，喜马拉雅 FM 在微信朋友圈和微博等社交平台上创建了具有强大影响力的话题，吸引了众多用户参与。

在活动营销方面，喜马拉雅 FM 利用社会活动热点策划相关活动来推广自己的音频产品。例如喜马拉雅团队策划的“喜马拉雅全国主播招募活动”；平台还举办了各种创意活动，例如“声优偶像大赛” “征集计划”等。这些活动都促进了平台与用户的交流沟通，促进了平台内容产品的推广。

（三）案例分析：“罗辑思维”音频号

“罗辑思维”音频号在喜马拉雅 FM 的成功运营吸引了大量的用户，其内容运营策略如下。

第一，精准的用户定位。在定位方面，“罗辑思维”音频号的用户群体以 20～39 岁的男性为主，用户群分布在北京、浙江、上海、广东等地，这与喜马拉雅 FM 用户群的特征相一致。所以，该音频号选择与喜马拉雅 FM 合作，推广自己的音频产品。二者用户群范围的高度重合，使得“罗辑思维”音频号能够有效传达给用户，开发潜在用户，减少市场开发成本。

第二，重视音频传播渠道。以自媒体平台起家的“罗辑思维”十分重视营销渠道的多样化。在当下随着网络广播越来越受到大众的喜爱，它的节目为企业品牌塑造提供了良好的契机。“罗辑思维”非常注重营销渠道的多元化，重视音频传播类的传播渠道，所以选择与喜马拉雅 FM 合作，推广自己的节目。新媒体音频平台作为一条重要的传播渠道，不仅能将优质内容、价值观和情感共鸣与用户最大限度地自由连接，还可以使自媒体人与用户建立以情感为纽带的互动联系，持续上升的知名度、美誉度可以吸引更多的用户群体。

第三，以社群方式传播优质内容。喜马拉雅 FM 提供了音频类的信息沟通方式，“罗辑思维”音频号以优质的内容形成新的社群，推广自己的音频产品。“罗辑思维”音频号的发展，起源于自身生产的优质音频内容，其在喜马拉雅 FM 形成了用户社群，增强了用户凝聚力；用户社群的进一步发展，反过来能促进“罗辑思维”音频号优质内容的进一步扩散，从而形成良性的循环关系。

第五节　新媒体广告

数字技术的快速进步带动了新媒体的高速发展。新媒体广告就是伴随着新兴媒介技术的兴起应运而生的。近年来新媒体广告发展突飞猛进，不断冲击和分流着传统的广告市场，也带来了广告业新的发展。

众多学者认为，广告是商品经营者或者服务提供者承担费用，并通过一定的媒介和形式直接或者间接地介绍自己所推销的商品或所提供的服务。广告通常有广义和狭义之分。广义的广告是指那些能唤起人们的注意，告诉人们某种事物、传播某种信息、说服人们接受某种观点和见解的广告，它包括商品、劳务、服务、观念、主张等一切信息。狭义的广告，通常指商业广告，它则是把广告看作一种商品促销手段。[①]

一、新媒体广告概述

（一）新媒体广告的定义

在网络技术日益发达的今天，通过新媒体媒介来传播的新媒体广告也是广

① 余明阳，陈先红. 广告学（修订版）[M]. 合肥：安徽人民出版社，2000.

告的一种形式。依据上述定义，我们认为新媒体广告就是商品经营者或者服务提供者承担费用，并通过新媒体传播信息的方式，直接或者间接地介绍自己所推销的商品或所提供的服务。它包括商业广告，也包括非商业形式的广告。

新媒体广告的发布主体可以划分为六类。第一类是广告专营公司，在居民楼、写字楼、公共汽车等场所以移动电视或触动传媒为媒介进行广告发布。第二类是具备ICP许可证（电信与信息服务业务经营许可证）和营业执照且通过互联网进行广告发布的主体。第三类是具有ICP许可证和广告经营许可证的企事业媒介单位，通过数字媒介，包括数字杂志、数字广播、数字报纸、数字电视等发布广告。第四类是企事业法人、其他组织或个人通过互联网链接，在自己的网站或网页上对自己生产、经营的产品或提供的服务进行宣传。第五类是具有增值电信业务经营许可证（SP许可证）、ICP许可证和营业执照的电信运营商，通过电信网络发布手机广告。第六类是恶意闯入计算机系统的不法黑客，利用互联网发布手机广告、网络广告。[①]

新媒体广告的投放载体包括如下三种。首先是户外新媒体，户外新媒体的广告投放主要包括户外视频、户外投影等，这些户外新媒体都包含一些户外互动因素，以此来达到吸引人气、提升媒体价值的目的。[②]其次是移动型媒体，包括车载电视、地铁电视等在内的承载于某一移动物体上的表现形式，借由移动电视节目的外设计与信息传递，增加并稳固受众黏性从而使广告投放更加有效率。最后是网络新媒体，伴随数字技术的发展，通过传统媒体广告与数字化的交融发展，成为新媒体广告投放载体的主流形式。[③]

（二）新媒体广告的特点

新媒体广告具有如下五个方面的特点。

第一，新媒体广告的表现形式丰富。由于科技的发展，新媒体的广告质量比传统广告更好，各种先进的新媒体技术在广告中的应用，可以让消费者直接体验产品、服务等。新媒体广告形式以图像、文字、声音和视频的形式传输，

① 杨文翔，于清春. 浅谈如何加强新媒体广告监管[EB/OL]. http://www.cmtad.com.cn/news/xinmeitzhishi/33437.html, (2015-03-29)[2022-05-22].

② 勾俊伟，刘勇. 新媒体营销概论[M]. 第二版. 北京：人民邮电出版社，2019.

③ 勾俊伟，刘勇. 新媒体营销概论[M]. 第二版. 北京：人民邮电出版社，2019.

让消费者感觉产品或服务就在现场。得益于技术的支持，新媒体的广告质量更好，往往可以增加受众传播广告信息的兴趣，增强对产品的记忆度。

第二，新媒体广告的内容丰富。由于新媒体方便快捷、辐射面广等特点，新媒体广告主倾向于在新媒体上投放广告。因此新媒体广告的种类涉猎面较为广泛，在公共类的交通、运输、安全、福利等方面，在商业类的产品、企业、旅游等方面，在文教内的文化、教育、艺术等方面，均能广泛地发挥作用。[①]

第三，新媒体广告具有交互性。新媒体广告以技术为支撑，展示形式和内容多样，具有视频、文字、色彩等功能，可以结合品牌、产品名称、实物照片、文化、风俗、信念、规范等，与消费者进行信息沟通。交互性是新媒体最大的优势，它不同于其他媒体的信息单向传播，其信息具有双向交互的特点。在互联网上,新媒体广告制作人可以通过新媒体平台收到有关广告的有效反馈信息。

第四，新媒体广告精确性高，传播效果影响范围更广。借助新媒体渠道推广的短视频广告的投放大多是基于新媒体中大数据算法推荐，通过广告主对潜在消费者的消费行为进行的系统分析，对算法模型进行的多次训练优化，最终实现精准投放。这样基于算法的广告投放方式能够根据消费者的喜好与习惯进行量身定制，深入挖掘不同种类消费者的需求。进入互联网时代，消费者的网络消费行为会留下痕迹，大数据搜索可以精准搜索到这些信息，使洞察和预测消费者的行为与需求变得既可能又可行，从而使得新媒体广告的投放更加精准。[②]

第五，实时、灵活、成本低。在新媒体上投放广告，可以根据市场信息，及时改变广告内容，当然也包括对广告内容进行纠错。及时改变广告的行为可以促进业务决策的变化。同时，新媒体广告的投放费用远低于传统媒体，可以为企业节省更多的销售成本。

（三）新媒体广告的传播方式

新媒体广告有以下四种传播方式。

第一种是圈层式传播。在新媒体时代下，用户主动性增强，他们可以根据

---

① 周晓璐. 浅谈新媒体广告[J]. 中外企业家，2009（12）：135.

② 韩燕飞. 我国新媒体广告现状与发展趋势研究[J]. 中州大学学报，2020，37（2）：67-71.

自己的喜好和需求来选择自己的圈子。在圈子里，广告信息发布者负责分享各种信息以供其他人参考，并在一定程度上影响他人的行为决策。圈层式传播不同于传统广告模式中死板、侵入式的联系，它是在一个圈子里传播，这种方式的交流联系，可以让用户更容易接收到广告信息。此外，由于用户对单个圈子的接近和信任，信息的呈现者数量更多，标识符更广泛，这使得在新媒体中投放广告变得更加容易。[①]

第二种是个性化传播。如今，新媒体广告不再以大众化为目的，而是逐渐呈现出个性化传播的趋势。通过采集用户的图像和其他信息来进行个性化的广告传播。例如使用人脸识别技术确定受众的年龄、性别、坐标等，并通过大数据、算法推荐等技术筛选符合用户需求的广告类型和广告投放呈现方法，以便进行有针对性的广告投放。这些用户筛选程序不仅显著增加了数据挖掘的深度和广度，也增加了数据和信息的准确性，通过采集优质全面的信息，可以让用户画像更加精准。智能移动终端的普及，使得用户更容易接收到广告信息，确保信息传播到相关个人，实现广告的清晰定位，使得新媒体广告的个性化趋势也越来越明显。[②]

第三种是场景化传播。场景分发是一种相对较新的广告信息传播方式，整个信息环境的数字化和脚本化对广告主和广告分发机构来说既是机遇也是挑战。在移动互联网的信息消费环境下，以企业为主导的垂直传播范式已经成为一种趋势。广告主利用互联网技术，结合消费者所处的具体环境，准确识别消费者需求，从而传递与消费者需求相匹配的广告信息。

第四种是隐性化传播。与传统广告不同，新媒体广告是无形的、委婉的。隐形分发方式让广告主可以使用灵活隐蔽的方式，减少对抗人们情绪和防御行为的信息，从而提高数据传播的效果，影响消费者。[③]例如在美妆视频中使用隐性化传播广告时，商家会利用“美妆达人”来展示自己的化妆技巧，从而有效地吸引美容爱好者；在化妆过程中，美容师会与用户进行有效的接触。在回答用户提问时，推荐美妆产品吸引观众购物，从而实现美妆品牌的隐性扩散。

---

① 陈莹. 探析新媒体广告传播模式运作[J]. 传媒论坛，2021，4（2）：79-80.

② 李慧璐. 浅析智媒时代的广告传播模式转变[J]. 今传媒，2019，27（7）：24-25.

③ 徐莉莉. 论网络媒体时代广告的隐性化传播[J]. 东南传播，2008（1）：61-63.

这种广告形式不仅不会引起观众的反感，反而会使观众主动搜索相关产品信息，主动购买产品。[①]

二、新媒体广告传播策略

中国社会科学院新闻与传播研究所发布的《中国新媒体发展报告 No.10（2019）》显示，2019 年中国新媒体广告市场规模超过 4000 亿元，继续稳步增长；2019 年快消品行业、网服电商、文化娱乐是中国新媒体广告投放量前三位。在细分领域，市场份额继续发生着变化，由于消费者线上商品选择的增多，电商广告成为增长趋势，46.0%的消费者对信息流广告持正面态度，信息流广告用户体验有所上升。微信和短视频平台营销广告用户接收度最高，短视频用户黏性增强、用户迅速增长，视频形式投放广告的占比呈上升趋势。[②]

通过以上数据可以看到，我国新媒体广告市场成长迅速，是未来广告业发展的趋势，所以我们有必要仔细研究新媒体广告市场，提出相关的传播策略，以便于更好地满足消费者的需求。具体来看，新媒体市场广告的策略包含如下几点。

第一，广告内容要注重创意。现在的广告市场产品同质化严重、消费者注意力稀缺，所以创意对于广告内容来说显得尤为重要。相比于传统广告而言，新媒体广告的消费者面临的广告信息更多、关注的时间更短，这就要求新媒体广告要更注重广告创意的策划。

第二，注重消费者参与，打造体验过程。新媒体时代，消费者的参与感越来越重要。消费者只有参与进来，进行沉浸式体验，新媒体广告才能发挥效用，消费者才能加深对品牌的印象。让消费者参与到新媒体营销活动的每个环节中，加强了企业与消费者之间的互动，从而增强了广告效果。例如野兽派花店是国内第一家开在微博上的花店，博主通过在微博上发布话题“实体店近况”和“故事”，让消费者参与进来讲述个人故事。然后企业将故事与自己的产品相关联，每一个故事用一束花来代表，其广告获得了很高的关注度，同时，花店的销量

① 高晨峰. 新媒体广告的传播方式及营销策略[J]. 新媒体研究，2018，4（24）：50-51.

② 唐绪军. 中国新媒体发展报告 No.10（2019）[M]. 北京：社会科学文献出版社，2019.

也随之增长。

第三，广告形式注重使用新媒体技术特效。新媒体广告伴随着 LBS、大数据、人工智能、VR、AR 等数字技术的发展，在表现形式上变得更加丰富多样，能够提供更具有场景化效果的用户体验。例如人工智能技术与广告业的结合，使得广告主可以依靠数据和算法，将智能广告广泛运用在广告调查、内容创作和广告发布领域。像搜狗公司就利用自己大数据的优势，与携程公司合作，进行了一场以“说走就走，大学是青春的旅行”为主题的广告营销活动，为携程获得了大量“90 后”年轻用户。

第四，发挥用户意见领袖的效应。当企业选择好新媒体广告营销活动后，需要考虑如何使其传播开来，这时候需要启动流量，也就是寻找意见领袖进行引流。品牌借力意见领袖，会产生辐射效应，使得用户自发投入到新媒体广告传播中，提高对于品牌的认知度。在选择意见领袖时，要坚持相关性原则，即所选用的意见领袖与企业品牌要契合。

新媒体的基本技术基础是数字化，基本传播特征是互动性。新媒体的数字化技术便捷迅速的即时传播以及大容量、互动性、低成本等媒体优势越来越为广告主所重视。展望前景，新媒体广告市场的发展必然要依托新媒体自身的成长。新媒体技术手段的不断更新发展，给新媒体广告的内容和表现形式提供了坚强的技术后盾。在市场需求多元化、新媒体技术高速发展的趋势下，新媒体广告的优势也将得到越来越多的广告商的认可。此时我们要积极探索新媒体的新特点和发展方向，不断总结传播经验，探索合适的新媒体广告传播策略，使新媒体广告的优势能够长久地持续下去。

三、新媒体广告的政府管理

（一）国外新媒体广告的政府管理

1. 美国的新媒体广告政府管理

新媒体广告运行的生态发生了变化，但对于新媒体广告来说，美国没有重新建立一个规制体系。新媒体广告所采用的法律规制主要来自三种途径：第一是将原有的法律规制扩大适用范围；第二是根据新媒体环境作适当调整；第三是当原有的法律无法适用时，根据新的广告形态创建新的法律规制。[①]

新媒体广告的规制涉及面很广，所以美国联邦贸易委员会制定了《互联网广告和营销规则指南》（Advertising and Marketing on the Internet：The Rules of the Road），汇集了美国颁布的有关网络广告以及与网络有关营销方式的法律、法规。主要涉及以下两个方面的内容。

第一是新媒体广告和营销需要遵守的相关规则。这些规则沿用了《联邦贸易委员会法》（Federal Trade Commission Act）第五条中关于广告“欺骗”和“不公平”的定义，同时指出《联邦贸易委员会法》禁止在任何媒体上发布的任何广告具有欺骗和不公平性，广告必须真实，不误导消费者。广告主张必须是可证实的，产品或服务的提供者对广告负责。除此之外，广告代理公司、网站设计者、产品目录制作者也负有相应的责任，从而把《联邦贸易委员会法》规制的范围扩大到网络。[②]这部分还介绍了《网络公司线上信息披露特别指南》（Special Guidelines for Online Information Disclosure by Internet Companies）的主要内容是规定公司网上所发布的免责声明必须明确而突出。

第二是网上消费者隐私保护规则。《互联网广告和营销规则指南》指出，广告主在进行网络营销时要注意保护消费者的隐私。美国联邦贸易委员会鼓励企业信守网络信息发布的四原则：明确告知消费者有关企业信息管理的规则；企业应提供消费者个人信息如何使用的选择；告诉消费者他们的个人信息是如何被收集的；企业要确保收集到的消费者信息的安全性。[③]除此之外，企业还必须了解《儿童网络个人隐私保护法》（Children's Online Privacy Protection Act）及其实施规制的有关规定。其中最为重要的一条是，该法律规定，从网上获得儿童的姓名、住址、电子邮件地址及其兴趣爱好等个人信息，事先必须征得其父母同意，否则就属于违法。[④]

2. 英国的新媒体广告政府管理

新媒体广告的迅猛发展使英国相关部门、自律组织对广告管理的研究与探

---

① 薛敏芝. 美国新媒体广告规制研究[J]. 上海师范大学学报（哲学社会科学版），2013，42（3）：61-69.

② 佚名. 美国网络广告法律规制[EB/OL]. http://mtw.so/5yEX6Y, (2014-06-23)[2022-05-22].

③ 佚名. 美国网络广告法律规制[EB/OL]. http://mtw.so/5yEX6Y, (2014-06-23)[2022-05-22].

④ 白净，赵莲. 中美儿童网络隐私保护研究[J]. 新闻界，2014（4）：56-62.

索方向发生了转变，广告自律组织越来越重视新媒体广告的规制情况，自律规定与研讨文件层出不穷，使得英国在新媒体广告领域再次成为世界上规制广告较为成功的典范之一。英国广告标准局（British Advertising Standards Agency）对广告业推行的行业自律政策是由广告实践委员会（Committee of Advertising Practice，CAP）负责草拟实施的，被统称为“CAP 条令”，这是英国广告自律体系的最高守则。近几年来，英国广告标准局与广告执业委员会针对新媒体广告出现的问题与争端，出台了一系列的自律条令，对“CAP 条令”进行补充，具体内容如下。①

第一，扩大广告自律条令的监管范畴，明确新媒体广告的监管内容。自 2011 年 3 月 1 日起，英国广告标准局开始对广告主在其网站和其他免费在线空间上的营销活动进行监管。

第二，规范新媒体广告标志，提升广告内容的透明度。2013 年 2 月 4 日，英国广告标准局开始执行新的在线行为广告的监管准则。新准则是针对为采用在线行为广告而通过其他公司或组织的网站收集和使用网络浏览行为数据的“第三方”（公司或组织）而制定的。该准则要求“第三方”需在销售网站和在线广告上作出明确标志，具体做法是为在线广告加注图标，提醒网络用户，该广告为定向广告。与此同时，广告商须设置表示“退出”或“取消”意思的标志，允许网络用户自行选择是否查阅广告，这就意味着在线广告商须向网络用户解释清楚正在实施的定向广告推广行为。此外，该准则还禁止商家出于传播定向广告的目的，对 12 岁以下儿童进行浏览行为分析，规定商家在对网络用户所浏览的网页信息进行采集时，须征得其同意。新准则的推行保证了网络消费者可享有透明度更高的商业信息，同时也有效控制了可能用于在线行为广告的网络浏览行为数据的采集与应用。

（二）我国新媒体广告政府管理

我国现存的广告法难以适应新媒体广告的管理，新媒体技术的发展，带动了新媒体广告的迅速崛起，而我国的新媒体广告法规却落后于新媒体广告的发展，出现了如下新问题。

① 谢胜男. 英国新媒体广告自律管理[J]. 编辑之友，2015（10）：107-112.

第一，缺乏对新媒体广告的规定。在《中华人民共和国广告法》修订之前新媒体广告并没有在广告法的规制范围之内，虽然与传统广告相比，新媒体广告拥有了许多独特的个性，但也依然只是广告的一种衍生和进化，仍然隶属于广告的概念与范畴。

第二，新媒体广告的执法问题。新媒体广告的隐蔽性较强，证据保存比较困难，在虚拟的网络世界里，人人都可以成为广告主并进行广告发布和经营活动。由于网络世界的虚拟体验性，执法机关在确认违法责任主体时会遇到真实身份信息认定困难的问题，使得后续工作很难有效进行。

第三，新媒体广告主体问题。在传统广告里，对于广告主体拥有明确和清晰的责任和定义划分，执法机关可以据此在执法过程中责任到人，但是新媒体广告的活动主体身份复杂，导致责任界定困难。

第四，新媒体广告评估问题。我国到目前为止缺乏权威机构来对新媒体广告进行权威的鉴定与评估。现在我们对于新媒体广告的评估方式主要是依靠网站提供的大数据进行统计计算，对于新媒体广告效果的评估也是依靠网站和电信经营商提供的点击率等方式作为参考。但是这些数据是否权威值得怀疑。因为我们缺乏真实有效的数据，因此在这样的情况下，我们难以公正客观地对新媒体广告本身进行评估与预测。①

针对以上问题，我们需要政府对新媒体广告的管理策略，具体包括如下三个方面。

第一，建立和完善新媒体广告的法律保障。由于现行的广告法是在新媒体广告产生之前制定的，相关部门应该尽快修订现行的《中华人民共和国广告法》《中华人民共和国反不正当竞争法》等法律，对新媒体广告进行明确的法律条文的制定。首先应该对新媒体广告的经营者进行资质审查登记，为符合标准的广告经营者发放新媒体广告经营许可证、移动电视广告经营许可证，明令规定只有领取相关广告经营许可证后，方可从事新媒体广告方面的经营活动。并且要求新媒体广告投放后要向工商部门报送广告样本，这样方便政府的监管。其次，应该对新媒体广告范畴进行明确的界定。当前对新媒体广告概念的界定是：在新媒体上投放的广告。根据定义，那网站自制的微电影植入广告是否算作新媒体广

① 刘泓吟. 我国《广告法》面临的挑战及其应对[D]. 湘潭大学，2015.

告，以及如何规范，应该有明确的界定，这样才有助于政府执法人员的监管。

第二，倡导行业自律。广告行业自律，又叫广告行业自我管理。它是指广告主、广告经营者和广告发布者通过自行制定广告自律规章、公约和会员守则等方法，对自身从事的广告活动进行自我约束、自我限制、自我协调和自我管理，使其行为符合国家的法律、法规和职业道德、社会公德要求。倡导行业自律有三个优点：第一，自愿性质，管理更容易；第二，调节范围更广，涵盖法律盲区；第三，惩治更加及时。只有新媒体广告经营者切实提高自身的行业素质，坚守行业自律精神，抵制不正当竞争，才能对新媒体广告的健康发展起到重要作用。

第三，完善监督管理体系。政府监管应充分发挥新媒体广告监督管理的职能作用，由于新媒体广告和传统媒体广告存在着诸多不同，政府部门对二者的广告监管应该区别开来，建议建立一套专门针对新媒体广告的监管体系，提升我国新媒体广告的监督管理效率。

第六章

新媒体规制：新的信息治理体制

随着科学技术的不断发展，新媒体被持续赋能，进入了蓬勃发展阶段。如今的新媒体已经深深地嵌入到了现代社会之中，融入了人们生活的方方面面，各种“互联网+”不断推进着社会各行各业的发展。“媒体社会化和社会媒体化”趋势不断交融，成了新媒体时代的发展趋向。然而事物的发展都具有两面性，新媒体一方面作为引擎不断推动着现代社会向前发展，另一方面在推动发展的过程中也暴露出了不少的问题。

随着新媒体的高速发展，政府规制逐渐成了政府管理媒体产业的主要手段。[①]2020 年 12 月 7 日，中共中央印发《法治社会建设实施纲要（2020—2025 年）》，提出推动社会治理从现实社会向网络空间覆盖，建立健全网络综合治理体系，加强依法管网、依法办网、依法上网，全面推进网络空间法治化，营造清朗的网络空间。[②]我国作为社会主义国家，媒体是宣传党的政治纲领和意识形态的工具，也是党和人民的喉舌。因此政府对媒体的规制有其必要性，这是新媒体健康发展的重要保证。本章将从新媒体政治传播、新媒体传播伦理、新媒体法律法规和新媒体政府管理体制等方面入手，讨论在新媒体时代，如何建立新的信息治理体制来进行新媒体规制。

---

① 夏源. 新媒体政府规制研究[D]. 浙江大学，2012.

② 新华社. 中共中央印发《法治社会建设实施纲要（2020—2025 年）》[EB/OL]. http://www.gov.cn/zhengce/2020-12/07/content_5567791.htm, (2020-12-07)[2021-04-05].

第一节　新媒体政治传播

一、新媒体政治传播的内涵与特征

（一）新媒体政治传播的内涵

新媒体已成为社会舆论、舆情的主要集散地，成为政府开展舆论引导工作、提升执政能力的重要载体，成为政府新闻信息发布、政务信息传递、舆情信息收集及疏导的主要平台，尤其在一些大规模的群体事件、突发事件以及区域性的公共危机事件中发挥了重要的信息传播及舆论引导作用。在国内外较发达地区，政府通过新媒体技术搭建的新政务信息化体系在社会经济发展中也发挥着越来越重要的作用。

从历史上看，政治传播与政治是同时诞生的，自从有了政治，有了国家，也就有了政治传播，政治传播与政治如影随形。早在古罗马，政治传播就很发达。据学者考证，古罗马庞贝的遗迹中就发现了许多竞选性的政治广告。有了政治传播也就有了对政治传播现象的关注和研究。

我国最早研究政治传播学的是台湾学者祝基滢，他在 1983 年出版了《政治传播学》一书。1991 年邵培仁先生出版《政治传播学》一书，成为大陆最早研究政治传播学的学者之一。随着政治传播作为现代政治运作的重要一环，政治传播越来越受到政界和传播学界的重视。

近年来，我国政治传播学的研究不断发展，学者们从多种角度对政治传播学进行了研究，并有大量高质量的文章发表。我国的政治传播学研究与国内的政治生态密切相关，重在解决本土问题。基于政治传播的自身特点，其研究的智慧和经验大多来自本国的政治实践与传播实践。在政治传播的功能中，最重要的一个是为国家的政治服务。我国的政治传播研究突出表现在对于本土个案的强烈关注，并且着眼于对具体社会事件的解决。这种偏向个案的研究方法，使我国学者基于历史与现实层面，将理论与实践相互结合，以国家政治事件为中心，目的在于解决我国发生的一系列社会问题。[①]

政治传播学是政治学与传播学的交叉学科，它是对政治传播现象的总结和政治传播规律的探索与运用，它包括政治传播的结构、功能、本质及技巧等方方面面。它的研究范围包括如下五个方面：一是政治传播行为，即政治传播的主体、客体及其之间的相互关系体系；二是政治传播内容，即政治的信息处理体系；三是政治传播途径，即政治符号和传播媒介体系；四是政治传播环境，即政治传播与相关社会现象；五是政治传播形态，即政治传播本体的表现体系。

政治传播是指存在于政治行为主体与客体之间的、以达到特定目的和取得特定效果为价值取向的，以新媒体为途径，使政治信息得以流动的过程。它的基本方式包括政治说服、政治修辞和政治沟通。目的是说服受众，达到政治主体的政治目标。作用包括信息传输、情感表达、社会控制和人际协调。国家运行的有序状态主要依赖于正式的政治沟通机制，政治传播的具体功能包括形成特定的政治文化、政治传播促进政治民主化和政治传播促进政治社会化。

到目前为止，政治传播的形式非常丰富，为新媒体政治传播的发展提供了基础。从前几年的"两微一端"到近年来的抖音、快手、哔哩哔哩、喜马拉雅 FM 等，政务新媒体平台选择更为多元，表现形式及风格特色更加丰富多样。公众的渠道获得性、体验感均大幅提升，使得新媒体政治传播更接地气、更有人气。截至 2020 年 12 月，经过新浪平台认证的政务机构微博为 14.08 万个；微信政务公众号发展迅速，根据腾讯 2020 年 9 月发布的《WeCity 未来城市 2.0 白皮书》，已有 21 个省级政务微信小程序接入"国家政务服务平台"，累计办事达 15.17 亿次、访问量超 50 亿次[②]；同时政务新媒体也积极利用抖音短视频平台，各级政府累计开通抖音号 26 098 个。[③]

我国政府非常重视政务新媒体的发展，2018 年 12 月 27 日，国务院办公厅发布《国务院办公厅关于推进政务新媒体健康有序发展的意见》（国办发〔2018〕

---

① 刘时雨，许静．中国政治传播研究现状的一种可视化分析[J]．浙江传媒学院学报，2015，22（6）：43-49.

② 腾讯研究院．腾讯 WeCity 未来城市 2.0 发布，56 页报告深入诠释智慧城市运行之道[EB/OL]．https://baijiahao.baidu.com/s?id=1677977695012567235&wfr=spider&for=pc, (2020-09-16)[2021-12-10].

③ 中共中央网络安全和信息化委员会办公室，中华人民共和国国家互联网信息办公室，中国互联网络信息中心．《第 47 次中国互联网络发展状况统计报告》[EB/OL]．http://www.cac.gov.cn/2021-02/03/c_1613923423079314.htm, (2021-02-03)[2021-12-10].

123 号），明确了政务新媒体的定位，指出政务新媒体是在移动互联网新时代党和政府联系群众、服务群众、凝聚群众的重要渠道。[①]随着新媒体的迅猛发展，我国各级政府在不同平台开设了各种形式的政务新媒体账号。各类政务新媒体依托新媒体的特性，发挥政务公开、账号联动和社会治理的作用。政务新媒体已基本实现布局立体、区域差异、功能互补及资源连通的发展态势，横向包括政务“两微一端”、政务短视频、政务直播等载体，纵向实现了覆盖国务院部门、省、市、县的垂直格局。

根据以上理论研究和实践经验，我们认为新媒体政治传播属于政治传播的范畴，它是指存在于政治行为主体与客体之间的、以达到特定目的和取得特定效果为价值取向的，以新媒体为途径、使政治信息得以流动的过程。它的作用包括利用新媒体来进行政治信息的传输、情感表达、社会控制和人际协调。

（二）新媒体政治传播的特征

《中华人民共和国国民经济和社会发展第十四个五年规划和 2035 年远景目标纲要》中明确指出，我国将不断提高数字政府建设水平，将数字技术广泛应用于政府管理服务，推动政府治理流程再造和模式优化，不断提高决策科学性和服务效率，包括加强公共数据开放共享、推动政务信息化共建共用、提高数字化政务服务效能。[②]

如何利用新技术及新媒体环境、新政务模式有效推进社会的经济发展，如何充分有效利用新技术，融合新媒体的资源、信息、传播渠道，促进时代经济繁荣、社会和谐发展，这是新媒体政治传播的一项新课题。当前，我国新媒体政治传播的特征主要有以下几点。

第一，新媒体政治传播媒介的变革——向立体化方向发展。新媒体政治传播的首要特征就是传播媒介的快速发展，传播媒介表现出复杂化和立体化的发展趋势。新媒介传播无时不在，无处不在，并形成了对文字、图片、数据、音频、视频进行立体合成的传播媒介。在新媒体时代，人们可以通过电脑、手机

① 国务院办公厅. 国务院办公厅关于推进政务新媒体健康有序发展的意见[EB/OL]. http://www.gov.cn/zhengce/content/2018-12/27/content_5352666.htm, (2018-12-27)[2021-12-10].

② 新华社. 中华人民共和国国民经济和社会发展第十四个五年规划和 2035 年远景目标纲要[DB/OL]. http://www.gov.cn/xinwen/2021-03/13/content_5592681.htm. (2021-03-13)[2021-12-10].

等新媒介获取政治信息，编辑和发布政治信息、政治观点和政治新闻。有线传播、卫星技术、网络技术、数字技术使人们可以通过有线电视、网络电视、手机电视、广播电台、手机短信、手机报等获取政治信息，政治信息的传播渠道趋于灵活、复杂。所有的传播媒介，差不多都是通过互联网技术构成的立体化传播方式，以往的线性传播变成如今的非线性传播。

第二，新媒体政治传播模式的变革——双向互动传播。在新媒体传播时代，由于媒介技术的发展、公民民主意识的提高，广大公众不再是被动的政治信息受众，而是主动的政治信息消费者。就如“媒介使用与满足”理论认为的那样，受众不是盲目的一大群人，而是积极的、有目标导向的群体，他们会主动地寻求媒介内容来满足自身的需要，他们会根据自己的需求积极主动地选择接收政治信息，政治传播的互动性明显增强。新媒体政治传播互动性的增强，使得传统的政治传播模式受到挑战。在传统政治传播模式中，一般都是传播者通过大众媒介（如报刊、广播、电视等）将政治信息传达给受众，受众往往只能被动地接收，极少会形成信息反馈机制，受众几乎不可能成为政治信息的发布者。新媒体政治传播模式则不同，受众可以具有双重身份，既是信宿，又是信源，传播者与受众之间有很大的交互性，能够形成很好的信息反馈机制。于是，以往的单向政治传播开始让位于双向政治传播，政治传播中的“传播”慢慢地让位于“沟通”。双向互动性政治传播，对改变传授双方的地位、深入发挥舆论监督作用、激发公众的政治参与热情、提高他们政治参与的能力都具有促进作用。由此可见，政治传播互动性的增强，促进了传统消极公民向现代积极公民的转变，是民主政治过程中公民与政治组织加强互动的一个体现，是政治文明的巨大进步。

第三，议程设置的变革——开始受到公众个体的影响。在资本主义社会的政治传播中，政府或利益集团掌控着传播媒介，它们按照既定需要，利用大众媒介为公众设置中心议题，影响民意走向，引导社会舆论。新闻媒体往往会操纵或支配人们对信息的接收和思考内容，媒体会代替人们判断信息价值，取舍信息供求。简言之，媒介虽然没有告诉人们怎么想，但是告诉了人们想什么，媒介是“公告板”，发布讨论的中心议题。然而随着传播媒介的变化发展，尤其是新媒体的出现，这种趋势渐渐地发生了变化。新媒体因为即时、互动等优势，受众从被动接收者变为主动选择者，甚至成为内容的创造者和传播者，他们的声音开始左右议程设置和社会、经济、文化走向。

第四，新媒体政治传播主体的变革——个人即传播主体。相对于传统的单向政治传播而言，新媒体时代双向互动传播的主体正在发生变革，出现了个人即传播主体的趋势。新媒体政治传播使受众的地位发生了变化，他们不仅是信息接收者，同时也是信息的传播者。这得益于交互式的新媒体平台，它为人们接收、评论、传递政治信息提供了技术支持，满足了现代个体渴望发表个人政治观点、参与政治生活的心理需求，更加体现了传播的本质——交流。人们可以通过各类新媒体平台来传播信息，发表自己的看法及观点，并且还可以根据个人的实际情况自主地安排发布的内容、形式和时间。每个人都可能成为一名评论员、新闻记者、专栏作者，广大公众将拥有更多话语权，给政治传播主体带来新的变革。①

第五，新媒体政治传播技术的革新——数字政府。从全球发展来看，人类社会的数字化转型是时代潮流、大势所趋，数字化治理将成为各国治理能力竞争的核心指标。从我国来看，政府的数字化转型将成为整个经济社会数字化转型的关键。政府应当顺应并引领这一潮流，加快推进数字政府建设。将数字技术运用到数字政府建设中，是治理场景日趋复杂多样的必然要求。一方面，受数字化、网络化影响，原有信息传递规则被打破，信息和数据由单中心传播向多中心传播转变，极大提升了传统治理场景的动态性、复杂性和不可预知性。如新媒体社交平台使得网络舆情应对和研判的不确定性增加，网络诈骗、虚假宣传、低俗内容传播等门槛降低。另一方面，数字技术的发展和应用，将治理边界从传统线下治理空间拓展至数字治理空间，产生了诸多新的数字治理议题，如数据治理、数字身份安全、数字鸿沟、算法治理等。面对治理场景的复杂变化，亟须通过信息化驱动现代化，提升政府的数字化治理能力。②

相对于传统的政治传播而言，在新媒体政治传播中有一个很显著的特点，即公民可以利用新媒体参与政治传播的全过程。下面我们将重点分析公民参与新媒体政治传播的这一重要特点。在新媒体环境下，许多新的因素渗透到政治

① 黄婷玉. 新媒体政治传播功能分析[D]. 吉林大学，2013.

② 中国信息通信研究院. 中国信通院发布《数字时代治理现代化研究报告（2021 年）》[EB/OL]. https://www.sohu.com/a/453821206_120060213, (2021-03-03)[2021-10-23].

传播过程中，使政治传播在传播主体、传播媒介、传播模式等方面都发生了变革，产生了新媒体政治传播。那么受众是如何充分利用新媒体参与到政治传播过程中的？利用新媒体参与到政治生活中又给我们的政治传播带来了什么影响？随着媒介技术的发展，传统的“传受”结构被改变了，受众与传播者取得了平等的地位，表达渠道增多，媒体话语权出现了弱化的趋势，于是话语表述在话语权建构中发挥着越来越重要的作用。这使得新媒体政治传播中的公民参与呈现表现出以下四个特点。

第一个特点是参与主体具有普遍性。随着网络时代的到来，接触网络的主体不断增多，互联网普及率不断提高，我国手机网民规模也不断扩大。人们通过网络进行政治参与无须过度考虑职业、受教育程度、年龄、收入、社会地位等因素，所有群体都具有话语权，都可以根据自身感受直接表达自己的政治态度及见解，从而实现政治参与。

第二个特点是参与方式具有便利性。随着网络覆盖率的提高，只要在有信号的地方，用手机、电脑、平板甚至电子手表等设备，人们就可以随时上网，登录各大网站了解信息，根据自己的观点、见解在网络上发表对某一政策的看法。相对于传统政治参与方式，例如基层群众自治中的基层选举制度，以前要确定统一的时间和地点进行选举，互联网技术及移动通信的发展为公民政治参与提供了很大的便利，有些地区开始通过微信、机构网站等组织线上投票，这不仅解决了因为时间和空间不能参与投票的问题，而且减少了参与者来回的交通费用，缩减了选举过程的程序及成本，提高了公民政治参与的积极性。

第三个特点是参与过程具有即时性。在传统媒体时代，人们只能被动接收信息，往往所得消息不够及时，也很难获得所关注事件的全面信息，而互联网传播追求时效性，人们可以通过网络第一时间获得最新的时政消息，得到相关事件的全面情况。因此通过网络，公民可以快速做出反应，发表看法，这极大地增强了公民政治参与的即时性。

第四个特点是参与效果具有高效性。通过网络，人们可以方便地获取关注的事件信息，并在相关官方网站或权威线上媒体发表自己的看法，无须像传统的参与方式那样花费较多时间或经过多种程序或者由别人代为发表意见，增强了公民政治参与的主动性，为实现全民参政议政提供了可能。同时，政府通过公民的网上政治参与征集民意，想民之所想，为民之所愿，工作效率显著提高，科学性及民主性明显增强，这体现着公民政治参与的高效性。2019年两会期间，公民通过网络反映自身需求、发表看法，国家有关部门纷纷作出回应，如国家医疗保障局局长胡静林表示要把更多救命、救急药纳入医保；中国民航局局长冯正霖表示要让无纸化出行和 Wi-Fi 技术得到推广。公民通过网络可以快速反映自身需求，政府及时做出反馈，这都是网络政治参与成果高效性的表现。[①]

二、政务新媒体

随着新媒体的兴起，政务新媒体是政府进行新媒体政治传播的主要媒介。现在的抖音、微博、微信、新闻客户端等新媒体正在改变着信息流的传播路径，重构信息传播格局。单一的“信息发布”功能已无法适应社交舆论环境下政府与民众互动与沟通的需要，社交媒体在提升政务信息传播的效率、推动政府与民众对话和舆论引导方面正在发挥着越来越重要的作用。

（一）政务新媒体的定义

政务新媒体作为政府提升公共行政能力、推进服务型政府建设的重要途径，在促进政治融合、加强政府与公众之间的沟通方面发挥着越来越重要的作用。近年来我国政府非常重视政务新媒体传播，打造了“两微一网多端”的新媒体矩阵。政务新媒体是指以数字技术为基础、以网络为载体进行政务信息传播和政府服务工作的媒介。政务新媒体传播不仅是政府机构在新媒体环境下建立的政府管理体系与职能的扩展，也是国家现代化建设过程中必须跟进的治国理政手段。

（二）政务新媒体的现状与问题

截至2020年12月，我国共有政府网站14 444个，主要包括政府门户网站和部门网站。其中，中国政府网1个，国务院部门及其内设、垂直管理机构共有政府网站894个；省级及以下行政单位共有政府网站13 549个，分布在我国31个省（区、市）和新疆生产建设兵团。各行政级别政府网站共开通栏目数量

① 吴淑逸，高云. 互联网时代我国公民网络政治参与的对策研究[J]. 西部学刊，2021（3）：26-29.

29.8 万个，主要包括信息公开、网上办事和政务动态三种类别。在各行政级别政府网站中，市级网站栏目数量最多，达 13.7 万个，占比为 45.8%。在政府网站栏目中，信息公开类栏目数量最多，为 21.5 万个，占比为 72.1%；其次为网上办事栏目，占比为 12.4%；政务动态类栏目数量占比为 12.0%。[①]

经过多年的发展，"政府微博"已经从一个新兴的产品演变为一个广为接受的政务产品。《第 47 次中国互联网络发展状况统计报告》数据显示，截至 2020 年 12 月，新浪微博平台认证成功的政务机构微博数量已达 140 837 个。[②]微博作为我国政府发布政务信息的有效渠道，在推动政府开放、提升政府回应性和引导网络舆论过程中发挥着积极作用。由于微博的特点，很多政府微博主要用于发布短消息，而且由于其互动性强，它成了一个交流的渠道，使人民和政府能够沟通和互动，人民可以通过微博了解社会问题和事件，政府也可以通过微博及时响应人民反映的问题。

尽管我国的政务新媒体发展迅速，但是也存在一些问题，主要包括以下几个方面。

第一个问题是政务新媒体发展不均衡。从人民网舆情数据中心历年的报告来看，我国政务新媒体长期以来存在发展不平衡的问题。从职能部门来看，公安、宣传、团委、司法、文旅等领先；从地理上看，东部和南部地区在数量上也优于中部和西部地区；此外，不同地区的部委、省市账户和基层账户的运作也存在较大差距，部门之间也存在差异。政务新媒体发展的这种局面说明我国政府仍需进一步努力，加强落后地区、部门的政务新媒体建设，以形成更加科学合理的结构。

第二个问题是政务新媒体受重视程度不够。尽管一些地方政府的新媒体传播工作取得了显著成效，对全国各地新媒体建设起到了示范引领作用，但是对于部分地区的政府机构来说，由于地处偏远地区，对新事物缺乏敏感性，没有

① 本段内容均源自：中共中央网络安全和信息化委员会办公室，中华人民共和国国家互联网信息办公室，中国互联网络信息中心. 第 47 次中国互联网络发展状况统计报告[EB/OL]. http://www.cac.gov.cn/2021-02/03/c_1613923423079314.htm, (2021-02-03)[2021-12-10].

② 中共中央网络安全和信息化委员会办公室，中华人民共和国国家互联网信息办公室，中国互联网络信息中心. 第47次中国互联网络发展状况统计报告[EB/OL]. http://www.cac.gov.cn/2021-02/03/c_1613923423079314.htm, (2021-02-03)[2021-12-10].

意识到新环境下公共服务更新的必要性，无法及时更新管理思路和方法，对于政务新媒体建设的重视不够。此外，过去几十年在传统媒体中成长起来的政府信息传播模式和公共服务模式已经根深蒂固，许多地方政府满足于旧模式，缺乏学习新事物的能力，缺乏主动性，对政务新媒体在现代社会生活中的重要性认识不足，仅仅在国家政策的引导下被动开展政务新媒体建设，因此导致政务新媒体传播效果不佳，影响力薄弱。①

（三）我国政务新媒体的发展对策

依据上文政务新媒体的发展现状与问题，我们认为要对政务新媒体进行改进，具体对策如下。

第一，要强化政务新媒体的宣传推广。在政务新媒体前期宣传推广工作中，政府部门既要利用意见领袖的作用，同时也要组织各种活动。媒体中的意见领袖对于政务新媒体的宣传、推广具有不容忽视的作用，因此政府部门可以与具有较多粉丝、关注度的公务人员、专家学者、草根代表开展合作，对政务新媒体进行宣传推介，从而有效提高政务新媒体的影响力。同时政府机构可以组织各种活动来吸引公众对政务新媒体的关注。例如，政府机构在线上可以通过奖励来调动公众对政务新媒体的兴趣，在线下则可以通过为公众提供社会福利和服务，来宣传政务新媒体。同时政府机构可以拓宽政务新媒体广告宣传渠道，提高广告宣传效果。

第二，要推动各大政务新媒体之间的协调配合。政府要切实加大政务新媒体信息内容的传播力度和传播广度，就必须加强政务新媒体之间的联系，使其成为一个连贯的整体。政务新媒体相互配合开展各类广告宣传活动，不仅能有效拓宽信息的广告投放渠道，而且能使单一政务新媒体发布的信息内容更容易被新的粉丝看到。从新媒体平台的相关特征来看，各个平台的受众、内容呈现形式、传播方式和用户特征各不相同，不同平台的分离、细分化运营对于政务新媒体矩阵都非常重要。同时，从中国政务新媒体的发展来看，除了极少数能够针对不同平台、不同受众进行针对性运营的机构外，大多数部门都存在同质

① 国务院办公厅. 国务院办公厅关于推进政务新媒体健康有序发展的意见 [EB/OL]. http://www.gov.cn/zhengce/content/2018-12/27/content_5352666.htm, (2018-12-27)[2021-12-10].

化运营问题。因此各部门要合理打造政务新媒体矩阵，充分了解各平台的平台特点和受众特征，进行特色化运营，实现相互依存、相辅相成，形成良好的矩阵运营模式。[①]

第三，从重传播转向传播和服务两手抓。对我国政务新媒体进行系统分析可以发现，大部分政务新媒体的运营重点都放在传播上，缺乏对服务的重视，导致政务新媒体持续受关注度不高。所以《国务院办公厅关于推进政务新媒体健康有序发展的意见》中明确指出："突出民生事项，优化掌上服务。强化政务新媒体办事服务功能，围绕利企便民，聚合办事入口，优化用户体验，推动更多事项'掌上办'。要立足工作职责，重点推动与群众日常生产生活密切相关的民生事项向政务新媒体延伸。"[②]因此，政府部门在注重政务新媒体传播的同时，更应当及时解决公众所关心的问题，提升政府服务质量，以此来推动政务新媒体的可持续发展。[③]

第四，重点关注社群传播，促进政务新媒体新发展。各项政务工作服务的核心是公众，政务新媒体要提高影响力，增强公众的认同感，其中采用的重要方式之一就是进行传播渠道的创新。社群传播是新媒体传播中的一种重要方式，借助新媒体传播平台，有效提高信息传播效率，政务新媒体要及时关注社群传播。政府机构在运营政务新媒体时，要及时打造政务社群，利用社群来进行政务信息的传播。社群是一个社区，它的目的是将社区内的人们联系起来。在日常运营上，将信息分发到不同的社群，提升政务新媒体的运转效率；在具体操作上，考虑社群特点，发送与社群特点相关的政务信息，促进政务新媒体的新发展。

第二节　新媒体传播伦理

以数字化为基础的新媒体，打破了传统媒体点对面的固有传播模式，具有

① 李静. 新时代政务新媒体发展提升路径与趋势探究[J]. 新闻研究导刊，2021，12（4）：157-158.

② 国务院办公厅. 国务院办公厅关于推进政务新媒体健康有序发展的意见 [EB/OL]. http://www.gov.cn/zhengce/content/2018-12/27/content_5352666.htm, (2018-12-27)[2021-12-10].

③ 刘静，凌以民. 我国政务新媒体矩阵的建设分析[J]. 出版广角，2020（19）：23-25.

交互性、全息化、网络化等特点。然而新媒体在给我们带来便捷通信与海量信息的同时，高度自由的传播环境，也考验着新媒体使用人群的伦理规范与道德底线。新媒体传播过程中的失真问题、安全问题、污染问题、知识产权问题等交织成了新媒体传播环境下的伦理失范。在人人都可以成为独立传播者的今天，对新媒体传播实践中所遇到的伦理道德问题，有必要进行深入的理论研究并提出相应对策。

一、新媒体传播伦理的内涵

（一）新媒体传播伦理的定义

伦理（ethics）从根本意义上指的是处理“己”“人”关系的准则，包括人与他人、人与人类、人与国家、人与自然等关系处理的准则。引申到特定的环境，这里的“人”可以是泛指的“客体”，“己”可以是泛指的“主体”，伦理是人们对于自身所依赖的社会关系的一种自觉反映形式，是依靠教育、社会舆论和内心信念的力量，调整人们之间的相互关系的行为规范、准则的总称。

伦理是人类社会关系的产物，它没有自己特有的独立活动领域，而是作为一种基本价值，渗透在社会生活的多领域之中。[①]在西方，“伦理”及“伦理学”的概念最初是由亚里士多德通过改造古希腊语中的“风俗”(ethos)一词所创立的。中国古代虽无“伦理学”的概念，但有“伦理”“道德”的概念。其中，“伦”在东汉许慎的《说文解字》中训为“辈”，即指人与人之间的辈分次第关系。由此义引申出“类”“比”“道”“理”等含义。“理”的本义是治玉，后由此引申出“条理”“规则”“道理”“治理”“整理”等含义。一般而言，“理”是指事物和行为当然的律则和道理。“伦”与“理”二字合起来组成“伦理”，指处理人伦关系的道理或规则。[②]

美国新闻学者约翰·L. 赫尔顿（John L. Hulteng）曾以生动简练的语言阐述了新闻传播与伦理的关系：“在新闻领域里，没有哪个问题比新闻道德问题更重要，更难以琢磨，更带有普遍性。事实上，如果新闻工作一旦丧失道德价

① 李智慧. 新闻传播伦理问题研究[D]. 北京交通大学，2008.

②《伦理学》编写组. 伦理学[M]. 北京：高等教育出版社，人民出版社. 2012.

值，它立刻便会变成一种对社会无用的东西，就会失去任何存在的理由。”[①]“合德性”就是指新闻传播主体所选择的、作为公开报道对象的新闻事实，应该是社会公认的道德规范、道德观念认可、允许和能够接受的东西，应该是新闻职业道德允许的东西。道德是人类社会生活中所特有的、由经济关系决定的、依靠人们内心信念和特殊社会手段维系的，并以善恶进行评价的原则规范、心理意识和行为的总和。[②]新闻传播作为一种影响迅速、广泛的信息传播活动，在选择将什么样的新闻事实公布于社会公众的时候，必须考虑和顾及它在道德方面的可能效应。对报道对象的选择，必须符合社会道德规范的要求，能为人们普遍具有的道德观念所接纳。

新媒体伦理是人们在新媒体行为中所有道德关系的总和。新媒体伦理存在于新媒体传播中的各个环节，传播主体在新媒体平台中进行着信息的生产、积累、共享和传播，在这些过程中所产生的善与恶、义与利、知与行、荣与辱的关系问题统称为新媒体伦理问题。对新媒体伦理的研究，就是去探索新媒体行为中善与恶的矛盾，确立正义与非正义的理性抉择；而面对一种新型传播媒介，要对信息传播中的各个环节进行伦理规范。[③]

（二）新媒体传播伦理的原则

由于网络空间的特殊性，新媒体环境下的媒体伦理原则已经不能直接套用传统的媒体伦理建设模式。传统的媒体建设原则是由媒体所有制和所服务的阶级决定的，并且传统媒体的规模效用更易于建立统一的、可控的伦理建设原则。但是在新媒体环境下，因为所有制的多样化和传播主体的多元化，加上网络空间的分层更为细化，不易于对其进行统一有效的控制。

因此，在新媒体环境下进行传播伦理原则建设不宜采取传统伦理要求，而应该采取伦理建设底线，给网络空间更大的弹性，充分发挥网络的优势。因此，新媒体传播中的伦理原则应考虑网络空间的交往特性，并以此作为新媒体伦理建设的出发点，建立新媒体传播的伦理原则。

---

① 吴玉兰.《世界新闻报》为何丧失新闻操守[EB/OL]. http://mtw.so/69R1ns, (2011-07-25)[2022-05-03].

② 张穗华. 媒介的变迁[M]. 北京：中国对外翻译出版公司，2002：126.

③ 朱严峰. 自媒体伦理研究[D]. 广西大学，2013.

第一个原则是信息自由和社会责任兼顾原则。新媒体传播中面临的首要问题是信息自由和社会责任这一对矛盾。在网络空间中这对矛盾的复杂程度、尖锐程度都远远超过现实社会的表现。任何社会都需要稳定的社会舆论来维系，但出于政治的、经济的或文化的原因，社会对人们的信息自由实行一定的限制，从而产生信息自由和社会责任的冲突。在网络空间中，因为对网络乌托邦的集体想象而使人们沉浸在信息自由的幻想中，加剧了二者的冲突。但是，无论网络空间多么自由，其最终是要作用于现实社会，只有使二者兼顾才能实现真正的良性运行。

第二个原则是个体自律原则。在当下的数字阶段，信息生产和传播的速度大幅度提高，可能引起的社会舆论和事件后果难以把控，同时信息流向的复杂性使事后处理变得十分困难，评价和追责工作难以落实。在这种情况下，许多国家完善、修订法律法规以适应现实需要，但现实情况的复杂性和法律的适用性难以控制，甚至可能引发新的问题。法律的制定与颁布程序周密、严谨，周期较长，需要考虑兼顾多方面因素，短期内很难实现。因此，注重媒介伦理的个体自律十分必要。长期以来，媒介伦理规制的主体指向职业传播者，社会公民充当监督反馈的角色。如今媒介赋权公民，公民陷入“公开传播权”的滥用和专业媒介素养缺失的困境之中，应倡导社会传播领域中公民的伦理道德建设，将职业自律拓展为个体自律。①

第三个原则是坚持新闻专业精神原则。“真实、公平、生命至上、最小伤害”，这是新闻专业精神的重要内容，也是传统媒介伦理的基本要素。伴随着新媒体的兴起，新闻实践的边界与形态正在扩展，媒介伦理的外延不断延伸，内涵也不断增加。但是，这并不意味着新媒体与传统媒体在操作标准和媒介伦理方面发生断裂。传统媒体语境下提出的行业标准和道德规范并没有过时，对真实性、客观性、独立性的要求本质上是对新闻信息内容的要求，不会因为传播媒介的变化而改变。新闻专业精神的若干要素仍旧是新媒体伦理规范的不变内核，这是新媒体与传统媒体在行业标准和道德规范方面的共通之处。②

除了上述原则之外，新媒体伦理规范还须遵循无伤害原则、互惠互利原

① 李丹阳. 媒介伦理基本论域的嬗变与应对[J]. 新闻传播，2021（2）：16-17，20.

② 欧阳照，张鑫蕾. 新媒体语境下媒介伦理问题的再思考[J]. 青年记者，2019（33）：37-38.

则、互相尊重原则等。具体来说，虚拟空间管控较难，需要个人自主自律。开放多元的新媒体应遵循对他人无害的原则，这是人类最基本的道德原则，也同样适用于新媒体。由于新媒体自由、开放、共享的特征，互惠互利原则应成为重要前提，这种互惠互利适用于网站与用户之间、用户与用户之间，甚至网站与网站之间；新媒体环境下，不同的道德意识、道德观念和道德行为易产生冲突、碰撞和融合，新媒体参与者应相互尊重，求同存异，尊重他人的隐私权和版权。[①]

（三）新媒体传播伦理的特点

新媒体传播伦理具有以下四个特点。

第一，新媒体传播伦理是一种内在的传播规范。新媒体传播伦理是人们在新媒体行为中道德关系的总和，目的是探讨人们在新媒体行为中应该遵守的道德准则和规范。新媒体传播伦理等同于一种内在的传播规范，它包含了三层内容：新媒体礼仪、新媒体规范和新媒体原则。这三个层次由浅到深，新媒体礼仪是能使新媒体正常运行的最基本的行为规则；新媒体规范是新媒体礼仪的升华，是已经明文规定或约定俗成的行为标准和道德评价标准；新媒体原则是新媒体礼仪与新媒体规范的总括，是新媒体伦理关系的集中体现。之所以称之为内在的传播规范，是因为网络的虚拟性导致新媒体行为中的不确定因素很多，只有在传播主体本身能够真正认识到新媒体伦理的价值，并能够主动做到自我约束传播行为，不受到其他因素的影响和诱惑时，新媒体伦理的价值才能够体现出来。

新媒体伦理的规范对象是新媒体主体，对于主体而言，新媒体伦理虽然不具有法律的强制性，但是却有舆论的强制性。新媒体为用户提供的服务多元化，涉及领域更加广泛和具有深度，网民的自由度、认知力和选择性空前增大，这也增加了网民受到侵害、发生道德事件的概率。网络技术使得新媒体个体的交往关系成为一种信息关系，网络社会与现实社会有着诸多不同，这种信息关系不仅需要技术的支持，还需要伦理道德进行调节和制约，更需要把新媒体伦理内化到每个个体的世界观与价值观当中进行自我道德约束。只有新媒体伦理得

① 王佳华. 新媒体传播伦理问题透视与伦理规范建构[J]. 南通职业大学学报，2019，33（3）：14-18.

到新媒体主体的认同和内化,新媒体伦理才能发挥其对关系调整的主导性作用,才能够引导新媒体的良性发展。

第二，新媒体伦理是开放型的道德伦理。新媒体伦理的研究对象是新媒体中存在的各种道德关系,新媒体伦理存在的目的是将这些关系调整至理想状态。与现实社会的道德伦理比较，新媒体伦理更具有开放性。

网络的到来，将整个世界的沟通提高到另一个层次，地理界线、国家界线逐渐消除，传播方式的迅速发展让地球迅速“变小”，人与人之间的地理距离在网络世界里消失了。在网络世界中，“网络社会”应运而生，不同地区、不同年龄、不同肤色的人可以在这个“社区”里自由交往，在网络社会里，即使足不出户，也能了解世界信息。道德的社会基础已经发生变化，不再仅限于现实社会，而是转向了更具开放性的网络世界。

新媒体已经被世界人民广泛使用，所以新媒体伦理与传统道德伦理相比，它所存在的基础环境不再封闭，而是更为开放。新媒体伦理的研究对象不再受地域、宗教、文化等客观因素的制约，而是面向所有新媒体主体。新媒体伦理最基本的原则与规范适用于世界范围内的新媒体，新媒体伦理的具体内容因地域、人文、国情等因素的差异而不同。在新媒体世界里，一些价值观念、道德规范、道德行为方式的冲突将会更加尖锐化，这对新媒体伦理的剔糟粕取精华有明显的促进作用。一些落后的、缺乏道德责任感的、非人性的道德规范将受到方方面面的抨击，而一些先进的、符合社会伦理的、维护大众权益的道德观念将被人们推崇和效仿。所以，新媒体伦理的开放性更有益于新媒体主体遵从符合大众价值观的道德规范，有助于除旧立新，让道德伦理与开放的、不断进步的世界道德趋于一致。

第三，新媒体传播伦理的道德主体大众化。与传统的新闻传播伦理不同，新媒体传播伦理所研究的道德主体不具有职业属性，应当是大众，而非专业的新闻传播者。新媒体作为一种高度开放的媒体，不限制身份、学历、性别，也没有对社会地位的严苛要求。作为一种媒体，每个人都可以利用它，比如微博、微信等，每个人仿佛也在不知不觉中从以前的受众成了信息的传播者。这使得新闻传播伦理的主体从以前的权威组织开始转变为普通用户，呈现出大众化趋势。

第四，新媒体伦理的归责主体分散化。在传统媒体时代，媒介组织完全掌握新闻的采集、生产、把关与分发，每一个环节都有参与者的署名，当出现伦理失范乃至于违法行为时，都能快速找到明确的责任主体进行伦理约束与法律惩罚。在新媒体时代，技术作为一种载体，它承载着开发者和能够影响它运作的个人或团体的价值取向，而使技术承载价值的行为往往隐藏在幕后。①

二、构建新媒体传播伦理规范

我们之所以要构建新媒体传播伦理规范，是因为在新媒体传播过程中，经常会出现一些违背人们普遍认同的“真善美”的基本原则的行为。这些行为会对传播主体和传播客体造成精神上以及物质上的侵害，具体问题包括以下几个方面的内容。

第一是新媒体传播中的虚假问题。在新媒体时代，传播信息的虚假问题涉及传播过程的每个环节，例如传播主体的虚假、传播客体的虚假、传播渠道的虚假等。相对于传统媒体而言，新媒体传播中的虚假问题比人们通常以为的虚假信息更加复杂、更加变化多端、更加形式丰富，传播方式也更加令人难以想象和控制，解决的办法也比人们想象的更加困难。这种虚假带给人们很多的恐慌和焦虑。

第二是新媒体传播中的隐私问题。在新媒体时代，传播主体和客体的隐私往往容易受到损害，隐私权是属于个人的权利。随着我国法治建设逐渐完善，有关新媒体传播中的个人隐私的保护问题需要更细致的规范。例如 2020 年的“张玉环案”在网上发布后，立刻引发了网络热议，张玉环和其亲友的照片被各路媒体转载报道，他们的职业、居住环境、生活条件等也都被媒体曝光在屏幕前，给他们的个人生活带来了巨大的负面影响。②所以，要重视新媒体传播中侵犯隐私的问题。

第三是新媒体传播中的信息失真问题。新媒体的出现显著提高了受众的参与度和互动性。互联网和手机网络为传播和使用信息创造了无限可能，同时也

---

① 余红升，罗彬. 智能传播中媒介伦理的困境及反思[J]. 齐齐哈尔大学学报（哲学社会科学版），2020（11）：135-139.

② 伍欣. 新媒体时代刑事错案报道中的伦理失范与规范——以“张玉环案”为例[J]. 科技传播，2021，13（1）：47-49.

为新媒体信息失真创造了条件，有用和无用的信息相伴而生。过去传统媒体有着严格的信息控制和选择机制，并且多重审核机制保证了信息的准确性。然而在新媒体传播中，庞大的信息数量对平台把关造成压力，难以对信息进行一一审核，信息失真不断出现。例如 2018 年在“重庆公交车坠江”事件的报道中，舆论的关注点、攻击的对象一变再变，事件所谓的“真相”也是一改再改，究其根源还是在于媒体在报道事件内容的时候，存在报道内容失实、信源模糊、贴标签等失范行为，这些造成了信息污染，使得新闻真相一再反转。①

上述新媒体传播过程中伦理问题的产生，主要原因在于以下几个方面。

第一是传播主体的隐匿性。新媒体时代的信息发布往往都是匿名行为，因而也就导致了传播内容的随意性。在这种环境下，传播者可以避免道德责任，甚至根本找不到责任主体，这在一定程度上诱使一些传播者在网络上采取不道德的信息传播行为。

第二是新媒体的开放性。新媒体的开放性导致了传播者的言论和行为的开放性和不易控制性，也使新媒体传播行为的监管成为难题。在新媒体信息传播中，大量违背社会伦理道德的信息，主要源于新媒体平台的开放性，如微博、微信、抖音等，它们是新媒体中最能体现公共舆论的言论场所，同时也是最难监管的传播通道。②

第三是新媒体传播参与门槛低。新媒体的出现打破了传统媒体的垄断，让观众不仅可以评论信息，还可以报道与新闻相关的事件。许多没有受过新媒体专业培训的非专业人士也可以利用新媒体进行信息生产，这导致了新媒体从业者门槛越来越低。正是由于新媒体从业者素质降低，所以产生了大量的新媒体伦理失范现象。③

所以我们要依据新媒体的特点，建立新时期新媒体传播伦理新的规范。我们要从信息规范、传播规范和主体规范三个方面，探讨新媒体传播的伦理规范：信息规范是传播规范的基础；传播规范决定了信息规范的内容；主体规范是对信息规范和传播规范的补充。具体包括如下几点。

---

① 李宇鹏. 后真相时代媒体伦理道德的反思——以重庆公交车坠江事件为例[J]. 传播与版权，2020（1）：3-5.

② 沈月娥. 新媒体伦理缺失及其体系构建[J]. 甘肃社会科学，2012（2）：19-21.

③ 赵伟. 社会治理中新闻媒体伦理问题研究[D]. 湖南科技大学，2019.

第一，建立服务大众理念下的信息规范。

作为一种用于传播的信息，新媒体信息应当满足能够服务大众的标准，必须最大程度上保证传播出的新媒体信息能够真实、客观、健康、公正，这不仅是信息受众对于信息质量的要求，也是新媒体能够安身立命的基础。那些过度地张扬个性、耐不住裸露和偷窥的诱惑、极度地想要获得认可的心理必须予以过滤，否则，必然导致新媒体信息的真实性和健康性出现问题，信息质量无法保证，造成新媒体出现伦理失范。

一方面我们要注重新媒体信息质量的真实、客观。媒体信息要能够客观地反映具体事实，保证信息内容的真实性。真实是指新媒体信息的生产必须遵循符合客观实际的原则,尽可能地去保证它能够经得起人们的质疑和事实的检验，以任何理由蓄意发布虚假信息的行为都是不可取的。发布虚假信息不仅会误导信息的受众，还忽视了作者需要对自己言论所负的责任，信息一经证明是虚假的，作者往往会成为千夫所指，为众人所唾骂。只有首先保证了新媒体信息的真实性，才有可能正确地发挥其教育和引导等积极作用，确保新媒体的健康发展。

另一方面，我们也要注重新媒体信息内容的健康、公正。新媒体信息还应当考虑到对受众群体的影响，要使信息的内容保持健康、公正。保持信息内容的健康、公正，就是要在新媒体信息的生产过程当中避免出现那些不健康的、有失公正的、包含偏见的信息，这些信息虽然能够迎合他人的特殊嗜好，但对受众却有着非常恶劣的影响。新媒体用户中，有许多都是模仿能力强但辨别能力弱的青少年，他们是新媒体网络中非常庞大非常具有影响力的一个群体，这个群体的高度活跃性是新媒体网络保持强大发展潜力的重要因素，同时，这个群体还活跃在现实社会当中，是未来社会发展的主动力。如果不对新媒体信息的内容加以约束，将其低俗化、怪异化的势头加以扼制，势必对青少年群体的身心健康产生不良的影响，一些在虚拟环境下产生的特殊的意识形态也将反噬现实世界，许多最基本的伦理道德也将成为一纸空文，最终受到伤害的不只是少数人，而是整个新媒体网络乃至社会的良性发展。

第二，要建立保持自媒体良性发展的传播规范。自由的空间，是新媒体带给人们的精神上的体验。新媒体传播的流程大致分为信息源、传播媒介、受传者，每一个环节都非常重要，要保证新媒体持续良性的发展，就要建立符合新媒体长期发展需求的传播规范。

一方面我们要严肃对待新媒体的传播责任。新媒体是一个自由开放的虚拟空间，这个虚拟空间离不开每一个个体的积极参与和创造，这些个体在新媒体空间进行自由传播的同时，理应严肃地承担自由传播时的义务和责任。同时新媒体传播具有很强的公众性，新媒体传播不同于传统媒介的传播，新媒体的传播主体没有专业的新闻传播理论素质，不受新闻传播伦理教育的影响。因此新媒体传播者更应该充分考虑自身传播行为的后果，对于吸引眼球、断章取义、扭曲事实、胡编乱造的行为必须进行约束，防止在信息传播中加入传播者的主观修正，避免对信息的接收者产生误导和欺骗。虽然新媒体传播的门槛很低，但作为信息的生产者来说，不能一味地通过满足他人的心理阴暗面来获得更高的关注度，或者通过利用他人的同情心来达到自己的目的。在行使自己传播权利的同时，每个人都要严肃地对待自身传播行为所应承担的责任，不能以损害其他独立主体的利益为代价来行使自身的自由权，应当通过从事高质量的信息传播来获得虚拟网络中健康的精神体验，通过提高自身的正面影响力来获得他人的认可，这样才能够在行使传播自由和履行传播义务间找到最佳平衡点。

另一方面我们也要理性对待信息反馈。要建立符合新媒体发展需求的传播规范，就要考虑到新媒体传播的网状型特点，不仅要考虑到信息的信息源传播和二次传播，同时也要考虑到传播的结果——受众对于信息的反馈。作为新媒体信息的接收者，信息的受众也应当对自己的行为负责。由于个体个性的不同，个体对于信息的理解和解析是有可能出现偏差的，但是受众的偏好对于信息传播的影响又非常重要，一定程度上也决定了信息源的处理偏向。因此，受众对于信息的解读应当符合社会总体道德体系的要求，应当是健康积极的、客观全面的、有利于总体和谐发展的，尤其在面对一些特殊情况的时候，应当保持冷静的头脑，进行理智且全面的判断。新媒体传播不同于传统媒体的传播，信息传播者和接收者的界限比较模糊，并且信息的接收者能够直接对信息及信息的传播者进行反馈和评价。

第三，要建立符合社会伦理道德体系的新媒体主体规范。新媒体是人与人进行社会交往的平台，新媒体受众既是用户，也是社会人，它的发展是个人、科技、企业、政府等方面通力合作的结果。随着社会制度的变革，科技的突飞猛进，个人逐渐取代政府和科研机构成为新媒体发展最重要的推动者。新媒体是一个平等的交流平台，正是因为人的平等参与，才使得新媒体不同于传统媒体。所以，人在新媒体中的行为也应该遵从无害参与、尊重他人、平等公正的准则。

首先，新媒体主体的无害参与。参与新媒体的个体间，以及对于新媒体本身都应该是无害的，新媒体受众对自己的自由和权利要有限制地享受。若个体过分放纵自己的自由和权利，就会影响他人的权利和自由，这是不道德的。目前新媒体面临着信息真实性问题、大众选择盲目性问题以及网络侵权问题，这些缺乏道德准则的现象使得新媒体陷入了道德两难的困境，而无害原则对解决此类信息技术领域道德问题很有帮助。新媒体中的每个个体要本着无害参与的原则，自觉发挥主观能动性，维护新媒体的发展，建设新媒体伦理道德环境，切实推动新媒体的健康成长。

其次，新媒体主体要尊重他人。新媒体之所以有别于其他传统媒体，是因为它的大众化特点。它是由普通大众主导的信息传播活动，它的主体是人，所以新媒体更应该符合人的特性，只有新媒体中主体的互相尊重，新媒体才有一个和谐的人际关系环境。在这种开放式的平台，往往会出现没有经过授权和本人同意，将一些文件和隐私直接发布于新媒体，而一些黄色垃圾信息也被人不负责任地肆意传播，不管是对于信息接收者还是信息的主人，他们的隐私和利益都受到了干扰和侵害。即使每个个体的伦理观存在着差异，但是在道德的基准下，尊重他人的差异性、尊重他人的权利和自由是基本的原则，也是新媒体存在的必要条件。

最后，要平等公平地参与到新媒体传播过程中。无论用户在实际生活中是什么样的社会地位和背景，在新媒体中都应当是平等的。他们既要享受新媒体所提供的基本服务和便利的权利，也要遵守一定的伦理道德规范，履行一个新媒体行为主体应尽的义务。新媒体对每个用户都应该一视同仁，不应该出现例外或为某些个体制定特别的规则，更不应该将某些个体的权利和义务特殊化，对于任何一个新媒体个体而言，都应该受到公平公正的待遇。①

① 朱严峰. 自媒体伦理研究[D]. 广西大学，2013.

第三节　新媒体法律法规

一、新媒体法律法规的内涵

新媒体法律法规是国家针对新媒体运营中的若干问题颁布的关于新闻采集、传播、交流的法令规章，尤其是针对新媒体传播信息当中的失范事件制定的法律条文。我国新媒体法律法规涵盖的内容非常广，目前我国实行的关于新媒体的法规是我国国家机关制定的有关新媒体行为规范性文件。范围涉及以下四个方面。

第一个方面是新媒体基础设施的规范。从技术上看，新媒体涉及数字技术和网络技术；从传输方式上看，新媒体涉及互联网、宽带局域网、有线电视网和卫星等多种渠道；从传播载体上看，新媒体基础设施又包括了电视机、手机、电脑、车载接收设备和数据广播接收设备等。按我国现行的法律制度，新媒体将要面对包括工业和信息化部、国家广播电视总局、文化和旅游部、国家新闻出版署、国家市场监督管理总局等多个部门的管理。比如我国工业和信息化部承担着我国新媒体的网络接入、IP 地址以及对经营性网站等的审批、非经营性网站的备案；工商部门主要对接入互联网的营业场所颁发营业执照，并对无证经营的场所进行查处。

第二个方面是新媒体信息服务内容的规范。从传播的内容来看，新媒体主要涉及图像、视频、音频、文字四种传播要素。[①]我国目前对于新媒体内容监管主要是针对国家信息安全或是政治敏感性内容，对于如新媒体出版、保护个人隐私等方面的监管力度正在逐步加强，新媒体并非法外之地，对违法行为应予以严厉处理。

第三个方面是新媒体传播权利的保护。新媒体传播权利涉及传播主体、传播客体和传播内容的权利保护。比如，我国于 2013 年修订的《信息网络传播权

---

① 新华社. 中共中央提议制定完善对网络直播、自媒体等新媒体业态和算法推荐、深度伪造等新技术应用的规范管理办法[J]. 中国广播，2020（12）：56.

保护条例》为新媒体传播权利的保护提供了法律依据，该条例包括合理使用、法定许可、避风港原则、版权管理技术等一系列内容，区分了著作权人、图书馆、网络服务商、读者各自可以享受的权益，使得网络传播和使用都有法可依，形成一个相互依存、相互作用、相互影响的对立统一关系。

第四个方面是新媒体不良信息的管理。新媒体不良信息主要是指色情、诽谤、虚假等不实信息。由于互联网的匿名性，新媒体谣言、恶意诽谤等行为猖獗，这些都造成了新媒体参与者的名誉和财产损失。国家相关机构出台了一系列的法规对不良信息进行管理，比如自 2013 年 9 月 10 日开始施行的《最高人民法院、最高人民检察院关于办理利用信息网络实施诽谤等刑事案件适用法律若干问题的解释》，对利用信息网络实施诽谤、寻衅滋事、敲诈勒索、非法经营等刑事案件适用法律的若干问题做出了解释，对利用互联网进行造谣诽谤也做出了具体的规定，同一诽谤信息实际被点击、浏览次数达到五千次以上，或者被转发次数达到五百次以上的，视为情节特别严重。

二、完善新媒体法律法规体系

当前我国新媒体发展迅速，面对瞬息万变的新媒体环境，我国的新媒体法律法规体系存在着如下几个需要完善的内容。

第一，立法范围不够全面，存在立法空白。目前新媒体立法范围有限，现有法规在应对突发情况时不够全面，大规模网络公共事件将新媒体法律法规体系的弊端暴露出来。我国现有的互联网法律法规涉及两套体系，即互联网专门法律体系和对应的传统法律体系，而新媒体领域暂未有针对性的法律法规体系，只能暂时采用传统法律法规进行治理。传统法律法规的治理对象较为宽泛，主要是针对具有营利性质的传播主体进行治理，而个体的传播权容易被忽略。常用的法律手段是事后严厉制裁，而不是事先预防。[①]

第二，立法理念不一致。各行政机关进行行政活动所参照的法律文件多为行政法规和部门规章、规定，仅限于本部门范围，且各行政机关在制定、执行部门规章和行政规定时各有侧重。对于新媒体监管的行政主体、法律制度相对

① 王彬凯. 我国互联网法治的现状和困境[D]. 安徽大学，2018.

于传统广播电视、电信的管理发生了许多新的变化。我国工业和信息化部、国家广播电视总局的现行行政法律制度源于不同的立法理念，因此两个部门对行政法规、部门规章以及一系列规范性文件的制定和施行完全会产生不同的结果。

第三，新媒体领域的管理缺少总体规划。由于我国互联网发展起步相对较晚，相关制度仍未健全，高效的互联网治理法规尚未完全形成。随着互联网的影响力逐步增强，相关政府部门根据传统职权分工对互联网进行治理已经出现很多问题，在实际体制运行过程中造成了较多的职能交叉和管辖争议，对于新媒体的管理缺少总体战略规划。①

如上文所述，新媒体法律法规的建设中存在这些问题，这就要求新媒体信息的发布与传播必须有法可依，这是确保新媒体信息安全的需要，是保障国家安全、社会稳定、公民权益的需要，也是司法机关制裁违法犯罪行为的需要。我们可以采取如下三个措施来完善我国的新媒体法律法规体系。

第一个措施是完善新媒体法律法规。新媒体是因技术创新而生的，有很多问题是过去的通行法律所不能覆盖的，因此制定专门的新媒体法律法规非常有必要。应当根据新媒体的本质特点和将来发展趋势，制定全覆盖、可延伸、适用面广的新媒体管理的专门法律法规。通过实践检验总结出切实可行的新媒体法律法规的指导思想、基本原则、管理范围和重点、管理机构职责、法律解释等，形成一个新媒体法律法规原则。具体的法律、法规、条例、办法，可以在宪法以及新媒体法律法规原则的指导下制定和完善，对新媒体相关各方的权利和义务进行界定。

若制定新媒体专门法律法规条件不成熟，则须加强重点领域立法和司法解释，修订完善已有法律法规，进一步提高法律层级，同时加强对现有法律适用于新媒体管理的延伸和司法解释工作。如利用现行法律中的相关条款，将其延伸到新媒体的管理中，进一步明确认定标准和适应范围。再如进一步细化《全国人民代表大会常务委员会关于加强网络信息保护的决定》《全国人民代表大会常务委员会关于维护互联网安全的决定》中涉及新媒体管理的条文，增强新媒体管理法律条文的可操作性。还可针对当前我国新媒体中造谣诽谤问题作出专门的司法解释，增强管理的法理依据和成效。

---

① 贾广宇. 完善我国互联网治理体系问题的研究[D]. 山东大学，2018.

第二个措施是建立健全新媒体协同管理机制。新媒体的管理仅仅依靠法律的制定是难以达到良好效果的，同时也要注重行政的管理。比如日本出台了《不良网站对策法》，综合运用法律调控、行政介入、行业自律三种方式进行管理。在行政管理方面，我国可以依据《中华人民共和国立法法》的规定，提请国务院制定行政法规或者由国务院有关部门联合制定规章；同时，新媒体产业的管理涉及文化产业、经济产业等多个方面的行政机构，也可以向司法部提出申请立项，由司法部协调成立立法小组根据具体情况制定新的行政法规。

健全新媒体协同管理机制也可通过制定法规提升新媒体犯罪成本来减少新媒体的犯罪行为。比如在2020年，新冠肺炎疫情防控工作关键时期，疫情相关信息的准确权威发布关系到社会公共秩序的稳定，但仍有极个别网民不顾社会大局和事实真相，通过网络编造、传播、散布涉疫情不实信息，给社会造成一定的负面影响，甚至引发恐慌。人民网认为对谣言传播者的打击处罚力度不大是谣言传播的原因之一。2013年颁布的《最高人民法院、最高人民检察院关于办理利用信息网络实施诽谤等刑事案件适用法律若干问题的解释》中，明确了利用信息网络诽谤他人，同一诽谤信息实际被点击、浏览次数达到5000次以上，或者被转发次数达到500次以上的，应当追究刑事责任。[①] 这加大了对制造谣言行为的执法力度，所以提高新媒体犯罪的成本是降低犯罪率的方式之一。

第三个措施是加强新媒体执法力度，建立完善打击新媒体犯罪的高科技人才队伍。新媒体执法的有效性离不开人才队伍的建设。与传统媒体管理相比，新媒体管理的一个重要区别在于它特别注重技术手段的应用。新媒体犯罪是一种高智能的犯罪，因而传统法规无法有效遏制新媒体犯罪，需要依赖新媒体技术手段来解决。因此，为应对新媒体犯罪，建立懂互联网技术的执法队伍就非常重要。目前，我国政府建立了打击网络犯罪的警察队伍，这种新型警察队伍有助于打击新媒体犯罪，但是随着新媒体高科技的犯罪形式越来越多，新型警察队伍的数量应该增加，技术应该进一步加强。

---

① 最高人民法院，最高人民检察院. 关于办理利用信息网络实施诽谤等刑事案件适用法律若干问题的解释[EB/OL]. https://www.spp.gov.cn/spp/zdgz/201309/t20130910_62417.shtml, (2013-09-06)[2021-12-10].

第四节　新媒体政府管理体制

一、国外新媒体政府管理体制

围绕网络中出现的道德和法律问题，世界各国出现了关于新媒体是否需要规制和如何规制的争论。总体看来，大多数西方国家最初都主张对新媒体放任自流，但后来又都不约而同地采取了一定的规制措施，并逐渐将其纳入法治轨道。对于新媒体管制权的归属，由于大部分发达国家将新媒体视为电子媒介，因此一半的管制权在管理传统广播电视行业的部门手中。由于历史传统和文化背景的差异，各国对新媒体的管理基本都遵循了以下三个原则：保护言论自由的原则、限制不良信息传播的原则和鼓励行业自律的原则。

由于新媒体产业发展程度的不同，各国对于新媒体的管理体制也不相同。以这个为标准，我们可以把新媒体管理体制分为发达国家的新媒体管理体制和发展中国家的新媒体管理体制。发达国家的新媒体管理体制以美国、英国、法国、日本等为代表，发展中国家的新媒体管理体制以印度、越南等为代表。

首先是以美国、英国、法国、日本为代表的发达国家的新媒体管理体制。在新媒体管制方面，美国成立了联邦通信委员会，设立了若干的特别机构，不受政府限制，独立行使权力，其权力涉及新媒体管制。美国有关电信、广播电视、有线电视等产业的法案是《1996年电信法案》（Telecommunications Act of 1996），这成为各国争相模仿的蓝本和典范。美国为达到管理网上新媒体信息传播的目的，有时并不是直接制定专门的法律法规，而是从通信、电子商务、网上知识产权保护等领域切入，设立相关条款。在英国，对新媒体进行规制的政府机构是通信管理局，该局负责维护新媒体的内容标准，并以法律为基础，通过持续有效的机制加强对互联网非法和有害内容的管制。法国在新媒体管理方面分别建立了网络、内容监管机构。新媒体监管由最高视听委员会负责，它独立于政府、议会之外。

在日本，新媒体产业的管理由邮政省负责，邮政省主管包括广播电视在内的整个电信事业。其中广播行政局负责管理广播电视业，包括有线电视系统在内，涉及新媒体产业；电信局管理频率分配和通信业务；通信政策局负责制定电信系统的各项基本政策和综合性规则。这种集权的管理模式，优势在于关于电信、广电的相关行政法律制度较为配套，对于新媒体管理的效率较高。韩国是世界上最早设立互联网审查机构的国家。1995 年，韩国成立信息通信伦理委员会，该委员会的主要工作包括接受不良信息举报、对网络进行监察、对网络纠纷进行仲裁、关闭国内非法或不健康网站以及屏蔽国外不良网站等。比如韩国是世界上首个强制推行“网络实名制”的国家，2005 年，在广泛征求社会各界意见后，韩国政府发布了“网络实名制”的规定，根据该规定，网民在网站留言、建立和访问博客时必须先登记真实姓名和身份证号，通过认证后方可使用。

其次是以印度为代表的发展中国家的新媒体管理体制。在印度，新媒体管理由电子和信息技术部负责，印度政府根据新媒体产业的发展，对其政府监管政策不断修改和完善。2019 年 1 月，印度政府为社交媒体和信息应用程序制定了 IT 指南，新的指导方针建议，任何损害国家主权和完整的内容或信息都应该在发布的前 24 小时内被追踪和删除。进入 2020 年，印度政府又对社交媒体的监管规则进行了修订，修订后的规则试图在“重要的社交媒体公司”以及所有其他中介和平台的义务和要求之间进行区分，重要的社交媒体应进行验证并维护其所有用户的有效移动电话号码数据库。通过提出这样的要求，社交媒体也将与《个人数据保护法案》中的规定保持同步，后者提供了验证社交媒体用户的条款。

总体来看，关于发展中国家的新媒体管理体制的文献研究非常少，发展中国家由于新媒体产业发展时间较短，整个产业正处于发展中，政府关于新媒体的管理体制多是零散、不成系统的。

二、我国新媒体政府管理体制

新媒体与网络的快速发展不仅推进了我国经济的快速发展与人们生活水平的提升，也影响着我国政府的管理体制。我国的新媒体政府管理体制近年来围绕电子政务创新、在线决策与治理改革、数字化改革等方面不断探索与发展。

（一）我国新媒体政府管理体制中存在的问题

第一个问题是监管主体多元，权力交叉较多。政府管理网络的权力分散。网络的主要管理机构是政府机构和民间社会机构。国外政府机构设立了相关管理机构，英国互联网治理机构是互联网观察基金会（Internet Watch Foundation，IWF），它是一个半官方的行业自律组织；新加坡媒体发展管理局是一家新加坡主管媒体行业的政府部门；美国互联网管理局是联邦通信委员会。在我国，新媒体管理根据信息形式和内容的不同，将责任人分开，进行多部门管理，形成了多部门交叉控制的功能。我国新媒体产业管理涉及多个部门，这些中央政府部门很大程度上参与了新媒体的管控，出现了管理部门争夺管理权的尴尬局面。

第二个问题是重内容规范管理，轻产业发展推进。目前，新媒体管理侧重于信息服务和内容管理方面的政策制定，而缺少从整个新媒体产业的角度来规划产业的发展。新媒体是一种媒体形式，同时也是一个应用广泛的平台。该平台可以联合媒体，发展电子政务和电子商务等多种业务形式，对于用户来说是不可缺少的生活空间。因此，要以大平台的思路搭建好新媒体平台，从产业的角度进行规划，让新媒体产业做大做强，从而激发我国新媒体产业竞争力，发挥好新媒体产品的作用。

第三个问题是新媒体管理政策制定和实施的滞后。新媒体管理中存在政策措施滞后的现象。一方面新媒体技术不断更新换代，新媒体领域出现的新问题种类繁多，应对政策和规定的出台需要一定的周期，所以显现出管理跟不上互联网技术应用发展的步伐的情况。另一方面，原有的部分政策规定已不适应发展变化了的新情况。比如对于微博与短视频等新兴传播形态，现有的管理部门已无法为其提供系统而权威的政策法规体系，只有一些不完善的部门规章和不具备强制执行性质的规范性文件。此外，随着新媒体的蓬勃发展，人们对知识产权等保护需求也在逐渐加强，亟须建立一种全媒体传播环境下的知识产权保护机制和用于规范数字化生存方式的网络文化产业制度。①

① 高宏存. 比较视野下网络新媒体管理机制探索[J]. 行政管理改革，2010（12）：75-79.

（二）我国新媒体政府管理体制的发展对策

1. 深化新媒体制度改革

在我国，深化新媒体政府管理体制有如下三个方面的发展对策。

第一，优化简政放权，进一步加大“市场”对新媒体的运营作用。我国新媒体管理制度要实现的目标是保护网络信息安全，规范新媒体服务秩序，促进新媒体健康发展，保障公民、法人和其他组织的合法权益，维护国家安全和社会公共利益。其中存在的一个问题就是比较重视安全和秩序，而忽略了作为一种新媒体本身生存与发展的最重要的一个方面即经营。这就需要各级管理机构人员进一步解放思想，与时俱进，适应身份、地位、角色的转化，这样在制定各种各样的制度，包括网络媒体管理制度时，不至于被陈旧观念束缚而使其目标系统本身出现问题。

新媒体是当前传媒业发展中最有活力和潜力的部分，具有高速度、高效率和高风险的特征，发展时机稍纵即逝。简约是新媒体的时代特征，政府管理部门要继续深化行政审批制度改革，优化程序、简化流程、改进服务态度，提高服务效率，为新媒体发展提供更为简约、高效的服务。

优化新媒体市场的资源配置，引导生产要素向优势企业集中，推动符合条件的新媒体骨干企业上市融资，鼓励跨地区、跨行业、跨所有制兼并重组，做大做强。鼓励媒体通过兼并、收购、参股、合资新建、资本引进、项目合作等方式，加速人才资源、版权资源、经营资源整合，实现产业融合，跨界发展。

注重市场主体培育，面向市场推进体制机制创新，建立健全现代企业制度，培育壮大新媒体发展主体。重点支持国有报业、广电、出版、印刷、发行集团新媒体融合实践探索。同时，关注和支持民营新媒体企业发展。一个产业越接近它的交易中心，其发展就越有无限的可能性。

第二，积极建设新兴主流媒体，掌握舆论主导权。大多数学者认为，所谓舆论传播主导权，主要包括议程设置权、话语主导权、舆论控制权。这关系到国家的核心利益，即政权的合法性、社会的稳定性。加强对新媒体的管理，毫无疑问，必须推动党和政府牢牢掌控传播主导权。扶持和建设一批新兴媒体，壮大主流媒体阵地，抢占新媒体技术发展制高点，主动设置议题，引领舆论走向。推进政务新媒体的运用，及时更新与民生密切相关的信息内容，体现为民、务实，吸引民众浏览。善用网络语言，与群众平等交流，在真诚互动中引导舆论。在突发事件、热点、敏感问题上，要在第一时间发声，让主流、权威、真实的声音占领公众意见市场，对别有用心的谣言运用法律手段予以严厉打击。

第三，利用大数据等技术，为新媒体制度改革提供动能。以大数据为代表的技术变革是提升政府新媒体场域治理能力和推动政府新媒体治理能力智能化、现代化的重要力量。随着数据作为一个国家战略资产的认识的增强，以及更多的国家把数据管理提升到战略层面，大数据必定会以愈发积极的姿态迈入社会公共管理与政府新媒体治理工作的范畴内。不管是把大数据单纯看作一种技术，还是视为一种抽象理念，抑或是一个时代的背景，它都势必对政府新媒体制度改革、治理理念、治理方式、治理范围、治理手段等带来不同程度的影响。政府在运用大数据进行新媒体管理时，需要仔细分析、审时度势，综合考虑重要环节，以积极姿态和充分的准备落实大数据战略，实现政府新媒体治理能力的极大提升。同时，在支持加快技术研究方面，政府要将推动大数据技术发展上升至战略高度、推动单项技术突破、大力激发企业扩大技术优势，通过一系列措施促使大数据技术更好地服务政府新媒体治理；而在大数据人才方面，政府需要联合高等院校、企业，联合培养大数据相关人才、加大人才培养力度、实施人才引进等。保证大数据技术相关人才支持，政府的新媒体创新能力提升才能具有可持续性。①

2. 细化政府管理规章制度

细化政府管理的规章制度具体可以从以下三个方面进行。

第一，实行分级技术。阻止进入技术、过滤技术和分级技术是目前我国对新媒体进行技术监管的主要手段，常用的是阻止进入技术和过滤技术。分级技术主要是通过对于网络上纷繁复杂的信息内容进行分级整理，使得网络用户在通过搜索引擎等方式查找所需内容时可以直接取得所需要的内容，而一些不符合法律规范、道德规范的不正当内容则会直接被屏蔽掉。国际社会中比较常用的分级软件平台主要有因特网内容选择平台（Platform for Internet Content Selection，PICS）和个人隐私安全平台项目（The Platform for Privacy Preferences

① 王敏. “互联网+”背景下政府治理能力现代化研究[D]. 中共中央党校，2018.

Project，P3P）。目前世界上许多国家都采取了这样的技术手段以达到对互联网监管的目的，如美国、日本、澳大利亚等。强制性审查和监控：德国联邦法院于2013年下令谷歌必须从搜索中删除“含诽谤性”的搜索结果；英国则对网络信息内容进行详细分类，实行严格的分级和信息过滤。我国目前还没有实行互联网分级制度，不论浏览网站的用户年龄如何，都采用统一的管制标准。

第二，设立非政府组织等监督机构。我国国家广播电视总局引导社会监督，让整个社会参与到管理过程中来。重点在以下几个方面：组建网络广播电视行业协会或在现有中国广播电视协会设立网络广播电视委员会；制定网络广播电视行业自律规定和规则，引导网站和网民自觉遵守相关法律法规，接受社会监督；加强行业协会与政府的合作，配合政府主管部门打击网络广播电视领域的违法违规行为。在政府所属的视听节目监听监看中心或行业自律机构中设立举报电话或举报网站，鼓励群众特别是网民监督举报有害信息和网站。在高校教育设立课程，在报刊、广播电视、网络等媒介传播中设立专题，在政府行政主管部门、共青团组织、协会、社区等机构中开设咨询服务，开展媒介素养教育，提高群众对不良信息、违规内容的鉴别能力。重点加强版权意识培养，使从业者和网民自动抵制视听节目盗版行为，共同创造良好的运营氛围。在英国，政府推动成立了旨在消除通过互联网传播儿童色情和种族仇恨等内容的互联网监管基金会，这些监管单位的成立也有助于形成对国家对于新媒体制度和法律管理的补充。

第三，统筹监管范围，鼓励行业自律。坚持依法治网，通过法律法规明确要求各网站加强网络经营管理。加大监管力度，统筹监管范围，强化网络接入服务商监管责任，严厉打击传播淫秽色情信息等违法犯罪活动，整治低俗之风。引导新媒体加强行业自律，建立一批曝光、清理不良信息的权威网站，发动广大网民对违规行为进行监督，不断净化网络文化环境。更重要的是应鼓励网络服务商自律。面对海量信息的互联网，行业自律的作用不可小觑。管理机关鼓励互联网络连接服务商对各自的传播内容进行自律性控制，这是政府管理的补充，也十分必要。

参考文献

啊大王 Ww. 绿洲 APP 产品分析报告：站在巨人肩膀上能否看得更远？[EB/OL]. http://www.woshipm.com/evaluating/3685530.html, (2020-04-13)[2021-10-21].

艾媒产业升级产业研究中心. 艾媒咨询|2020 中国移动应用市场生态洞察报告[EB/OL]. https://www.iimedia.cn/c400/74427.html, (2020-09-22)[2021-12-10].

艾媒大文娱产业研究中心. 艾媒咨询|2020—2021 年中国短视频头部市场竞争状况专题研究报告[EB/OL]. https://www.iimedia.cn/c400/76654.html, (2021-01-23)[2021-12-10].

安东尼·吉登斯. 现代性与自我认同：现代晚期的自我与社会[M]. 赵旭东，方文，译. 北京：生活·读书·新知三联书店, 1998.

白净，赵莲. 中美儿童网络隐私保护研究[J]. 新闻界, 2014(4): 56-62.

白姗姗. 新媒体广告的传播方式与营销策略研究[J]. 传媒论坛, 2021, 4(9): 49-50.

包田红. 媒体融合时代记者的转型发展[J]. 记者摇篮, 2021(7): 83-84.

包圆圆. 本质性互动视阈下新媒体用户的主体性建构[J]. 现代传播(中国传媒大学学报), 2019, 41(10): 156-158, 163.

保罗·F. 拉扎斯菲尔德，伯纳德·贝雷尔森，黑兹尔·高德特. 人民的选择：选民如何在总统选战中做决定(第三版)[M]. 唐茜，译. 北京：中国人民大学出版社, 2012.

曹增节. 网络美学[M]. 杭州：中国美术学院出版社, 2005.

陈琳. 抖音 App：网络直播平台盈利的模式[J]. 营销界, 2021(31): 6-7.

陈默，陈丽芳. 新媒体数据分析[M]. 北京：清华大学出版社, 2021.

陈默. 媒体融合视域下主流媒体趣群化发展探索[J]. 青年记者, 2021(14): 43-44.

陈威如，余卓轩. 平台战略：正在席卷全球的商业模式革命[M]. 北京：中信出版社, 2013.

陈晓宇. 云计算那些事儿：从 IaaS 到 PaaS 进阶. [M]. 北京：电子工业出版社, 2020.

陈莹. 探析新媒体广告传播模式运作[J]. 传媒论坛, 2021, 4(2): 79-80.

崔人元. 新媒体环境下高校思想政治教学创新路径[J]. 山西财经大学学报，2021，43(S2): 123-126.

丹・吉摩尔. 草根媒体[M]. 陈建勋, 译. 南京: 南京大学出版社, 2010.

道格拉斯・凯尔纳. 媒体文化: 介于现代与后现代之间的文化研究、认同性与政治[M]. 丁宁, 译. 北京: 商务印书馆, 2004.

第一财经. 腾讯公布 2020 年财报经调整净利 1227.42 亿超预期增长 30%[EB/OL]. http://mtw.so/61Ma13, (2021-03-24)[2022-04-08].

丁柏铨. 新闻采访与写作(第 2 版)[M]. 北京: 高等教育出版社, 2009.

菲力普・科特勒. 市场营销管理: 分析、规划、执行和控制(第六版)上册[M]. 陈乃新, 等, 译. 北京: 科学技术文献出版社, 1991.

符绍强, 陈淼. 健康类新媒体平台的营销模式探析——以"丁香医生"为例[J]. 传媒, 2021(5): 62-64.

高晨峰. 新媒体广告的传播方式及营销策略[J]. 新媒体研究, 2018, 4(24): 50-51.

高宏存. 比较视野下网络新媒体管理机制探索[J]. 行政管理改革, 2010(12): 75-79.

勾俊伟. 新媒体运营: 产品运营+内容运营+用户运营+活动运营[M]. 北京: 人民邮电出版社, 2018.

勾俊伟, 刘勇. 新媒体营销概论[M]. 第二版. 北京: 人民邮电出版社, 2019.

古丽巴合夏・马德. 新媒体影响下广播新闻内容传播的变革与突围[J]. 传媒论坛, 2021, 4(15): 1-2.

郭庆光. 传播学教程(第 2 版)[M]. 北京: 中国人民大学出版社, 2011.

国秋华, 武艳婷. 平台化生存: 微博用户可持续运营的未来——以"微博搞笑排行榜"为例[J]. 新闻知识, 2020(8): 49-54.

国务院办公厅. 国务院办公厅关于推进政务新媒体健康有序发展的意见 [EB/OL]. http://www.gov.cn/zhengce/content/2018-12/27/content_5352666.htm, (2018-12-27)[2021-12-10].

国务院办公厅. 国务院办公厅关于印发 2018 年政务公开工作要点的通知 [EB/OL]. http://www.gov.cn/zhengce/content/2018-04/24/content_5285420.htm, (2018-04-24)[2021-12-10].

韩燕飞. 我国新媒体广告现状与发展趋势研究[J]. 中州大学学报, 2020, 37(2): 67-71.

胡启恒. 什么是真正的互联网精神[EB/OL]. http://www.71.cn/2016/0412/883864.shtml, (2016-04-12)[2021-10-20].

黄国育, 邓世雯. 社交媒体对人际传播的负向影响[J]. 西部广播电视, 2021, 42(3): 15-17.

黄鸣奋. 网络媒体与艺术发展[M]. 厦门: 厦门大学出版社, 2004.

黄婷玉. 新媒体政治传播功能分析[D]. 吉林大学, 2013.

贾广宇. 完善我国互联网治理体系问题的研究[D]. 山东大学, 2018.

姜晓丽. 图像式社交媒体 Instagram 营销发展的启示[D]. 江西财经大学, 2019.

姜亚玲. 探究智能化技术对新媒体发展的影响[J]. 传媒论坛, 2021, 4(15): 15-16.

杰奥夫雷・G. 帕克, 马歇尔 W. 范・埃尔斯泰恩, 桑基特・保罗・邱达利. 平台革命: 改变世界的商业模式[M]. 志鹏, 译. 北京: 机械工业出版社, 2017.
金惠敏. 积极受众论: 从霍尔到莫利的伯明翰范式[M]. 北京: 中国社会出版社, 2010.
匡文波. 新媒体概论(第 3 版)[M]. 北京: 中国人民大学出版社, 2019.
雷葆华, 饶少阳, 张洁, 等. 云计算解码[M]. 2 版. 北京: 电子工业出版社, 2012.
李丹阳. 媒介伦理基本论域的嬗变与应对[J]. 新闻传播, 2021(2): 16-17, 20.
李国顺. "丁香医生"微信公众号的内容传播策略[J]. 新闻爱好者, 2021(6): 43-45.
李海敏. 微信公众号"丁香医生"的传播策略[J]. 青年记者, 2020(5): 60-61.
李海敏, 郑达威. "丁香医生"微信公众号的运营策略研究[J]. 传媒, 2020(17): 57-59.
李良荣. 网络与新媒体概论[M]. 北京: 高等教育出版社, 2014.
李明文, 刘卉. 新媒体语境下聚合类新闻客户端分析[J]. 今传媒, 2021, 29(8): 11-15.
李卫东. 网络与新媒体应用模式: 创新设计及运营战略视角[M]. 北京: 高等教育出版社, 2015.
李宇鹏. 后真相时代媒体伦理道德的反思——以重庆公交车坠江事件为例[J]. 传播与版权, 2020(1): 3-5.
李悦. 新媒体融合视域下高校创新创业型人才培养[J]. 食品研究与开发, 2021, 42(16): 249.
李智慧. 新闻传播伦理问题研究[D]. 北京交通大学, 2008.
列夫・马诺维奇. 新媒体的语言[M]. 车琳, 译. 贵阳: 贵州人民出版社, 2020.
刘光耀. 新媒体视域下短视频新闻的发展策略研究[J]. 传媒论坛, 2021, 4(14): 24-26.
刘泓吟. 我国《广告法》面临的挑战及其应对[D]. 湘潭大学, 2015.
刘静, 凌以民. 我国政务新媒体矩阵的建设分析[J]. 出版广角, 2020(19): 23-25.
刘静涵. 网络自制剧发展路径研究[D]. 长春工业大学, 2019.
刘时雨, 许静. 中国政治传播研究现状的一种可视化分析[J]. 浙江传媒学院学报, 2015, 22(6): 43-49.
刘婷. 健康类微信公众号文章标题的制作规律——基于"生命时报""丁香医生"等公众号的分析[J]. 青年记者, 2018(5): 92-93.
刘逍潇. 短视频 APP 的发展现状与对策分析[D]. 江西师范大学, 2017.
刘勇. 浅谈微信的传播特征[J]. 西部广播电视, 2016(23): 16-17.
刘振兴. 浅析 UGC、PGC 和 OGC[EB/OL]. http://yjy.people.com.cn/n/2014/0120/c245079-24169402.html, (2014-01-20)[2021-12-10].
陆艳. 探究新媒体时代下动画的跨媒介传播与发展[J]. 艺术市场, 2021(5): 122-123.
罗杰・菲德勒. 媒介形态变化: 认识新媒介[M]. 明安香, 译. 北京: 华夏出版社, 2000.
吕红桥.《2019 中国大数据产业发展报告》显示: 我国大数据产业规模超过 8000 亿元[EB/OL]. http://mtw.so/61PrdB.(2019-12-11)[2022-04-07].
马歇尔・麦克卢汉. 理解媒介: 论人的延伸[M]. 何道宽, 译. 北京: 商务印书馆, 2000.
毛志勇, 庞宇, 岳立柱. 基于偏序集的微信公众号传播力评价研究[J]. 情报探索, 2021(2):

49-54.
欧阳照, 张鑫蕾. 新媒体语境下媒介伦理问题的再思考[J]. 青年记者, 2019(33): 37-38.
盘剑. 2019 年中国动画电影观察与分析[J]. 当代电影, 2020(2): 27-34.
彭兰. 新媒体时代语态变革再思考[J]. 中国编辑, 2021(8): 4-8.
彭兰. 新媒体用户研究: 节点化, 媒介化, 赛博格化的人[M]. 北京: 中国人民大学出版社, 2020.
彭兰. 中国网络媒体的第一个十年[M]. 北京: 清华大学出版社, 2005.
齐震. 抖音短视频的内容生产与运营研究[D]. 辽宁师范大学, 2020.
覃小倩. “四川观察”抖音号短视频的叙事研究[J]. 视听, 2021(7): 212-213.
邱月. 中国网络自制剧发展新趋势及存在的问题[J]. 当代电视, 2017(9): 87, 90.
沈月娥. 新媒体伦理缺失及其体系构建[J]. 甘肃社会科学, 2012 (2): 19-21.
舒敏, 张开扬. 中国网络剧当下发展困境与对策[J]. 当代电视, 2019(5): 89-92.
宋雨. 分析 5G 技术下媒介的变革和影响[J]. 中国传媒科技, 2021(1): 44-46.
孙海悦, 杜一娜. 新媒体产业格局与生态持续优化[N]. 中国新闻出版广电报, 2021-07-23(003).
谭辉煌, 刘淑华. 新编新媒体概论[M]. 重庆: 重庆大学出版社, 2018.
汤姆・斯丹迪奇. 从莎草纸到互联网: 社交媒体 2000 年[M]. 林华, 译. 北京: 中信出版社, 2015.
汤清寅. 浅析新媒体环境下网络剧的发展[J]. 记者摇篮, 2018(11): 101-102.
唐绪军. 中国新媒体发展报告 No. 10(2019)[M]. 北京: 社会科学文献出版社, 2019.
腾讯研究院. 腾讯 WeCity 未来城市 2.0 发布, 56 页报告深入诠释智慧城市运行之道 [EB/OL]. https://baijiahao.baidu.com/s?id=1677977695012567235&wfr=spider&for=pc, (2020-09-16) [2021-12-10].
田常清, 孟鑫. 喜马拉雅 FM 运营特色及启示[J]. 青年记者, 2020(20): 101-102.
瓦尔特・本雅明. 迎向灵光消逝的年代: 本雅明论艺术[M]. 许绮玲, 林志明, 译. 桂林: 广西师范大学出版社, 2004.
王彬凯. 我国互联网法治的现状和困境[D]. 安徽大学, 2018.
王晨阳. 网络短视频 APP 的问题及发展策略研究[D]. 山东师范大学, 2019.
王珩, 纪文亮. 微信传播特征与舆论引导策略[J]. 青年记者, 2019(2): 28-29.
王佳华. 新媒体传播伦理问题透视与伦理规范建构[J]. 南通职业大学学报, 2019, 33(3): 14-18.
王家琦. 从 IP 增值论看中国新媒体动画的崛起和发展[J]. 中国电视, 2017(6): 45-48.
王雷, 冯湘. 高等计算机网络与安全[M]. 北京: 北京交通大学出版社, 2010.
王敏. “互联网+”背景下政府治理能力现代化研究[D]. 中共中央党校, 2018.
王敏. 微信公众号新闻内容的编辑策略[J]. 新闻文化建设, 2021(3): 161-162.
王培培. 互联网背景下新媒体广告的传播方式及营销策略[J]. 现代营销(经营版), 2019(5): 106-107.

王群. 计算机网络安全技术[M]. 北京: 清华大学出版社, 2008.
王仕勇, 马逸凡. 情绪共振视域下微信公众号的正能量传播: 理论与实证[J]. 重庆工商大学学报(社会科学版), 2021, 38(3): 102-111.
王松, 王洁. 移动互联网时代的新媒体概论[M]. 上海: 上海交通大学出版社, 2018.
王子凡. 新媒体动画与设计艺术传播探讨[J]. 新闻传播, 2019(23): 31-32.
王梓湞. 新时代新媒体广告传播中的视觉呈现方式研究[J]. 今传媒, 2021, 29(7): 27-29.
吴淑逸, 高云. 互联网时代我国公民网络政治参与的对策研究[J]. 西部学刊, 2021(3): 26-29.
吴雨桐. 视频网站自制剧及其营利模式研究[D]. 南京艺术学院, 2020.
吴紫巍. 分众化时代从网络剧看电视剧的发展趋势[J]. 今传媒, 2020, 28(4): 108-110.
伍欣. 新媒体时代刑事错案报道中的伦理失范与规范——以“张玉环案”为例[J]. 科技传播, 2021, 13(1): 47-49.
谢胜男. 英国新媒体广告自律管理[J]. 编辑之友, 2015(10): 107-112.
新华社. 中华人民共和国国民经济和社会发展第十四个五年规划和 2035 年远景目标纲要[EB/OL]. http://www.gov.cn/xinwen/2021-03/13/content_5592681.htm, (2021-03-13) [2021-12-10].
新华社. 中共中央提议制定完善对网络直播、自媒体等新媒体业态和算法推荐、深度伪造等新技术应用的规范管理办法[J]. 中国广播, 2020(12): 56.
新浪微博. 2020 年微博用户发展报告[EB/OL]. http://www.199it.com/archives/1217783.html, (2021-03-19)[2021-04-07].
徐莉莉. 论网络媒体时代广告的隐性化传播[J]. 东南传播, 2008(1): 61-63.
徐倩. 共建高校新媒体实务课程共享平台[EB/OL]. http://mtw.so/5MMEAv, (2017-11-13) [2022-04-07].
徐文燕. 新媒体背景下广告营销策划的发展路径探索[J]. 现代营销(经营版), 2021(8): 78-79.
薛敏芝. 美国新媒体广告规制研究[J]. 上海师范大学学报(哲学社会科学版), 2013, 42(3): 61-69.
伊丽莎白·诺尔-诺依曼. 沉默的螺旋: 舆论——我们的社会皮肤[M]. 董璐, 译. 北京: 北京大学出版社, 2013.
佚名. 教育部公布新一批普通高等学校本科专业备案和审批结果[EB/OL]. http://www.moe.gov.cn/jyb_xwfb/gzdt_gzdt/s5987/202003/t20200305_427816.html , (2020-03-05) [2021-12-10].
尹冰璐, 刘湘渼, 钱函晓竹. 融媒体语境下电视媒体新闻类短视频制作策略探析——以“四川观察”抖音号为例[J]. 新闻研究导刊, 2021, 12(9): 126-128.
尹琨. 喜马拉雅发布 2021 年听书报告[EB/OL]. http://wap.gdpg.com.cn/view?id=1279, (2020-05-07) [2021-12-20].
余红升, 罗彬. 智能传播中媒介伦理的困境及反思[J]. 齐齐哈尔大学学报(哲学社会科学版), 2020(11): 135-139.
余明阳, 陈先红. 广告学(修订版)[M]. 合肥: 安徽人民出版社, 2000.

喻国明. 新媒体范式的历史演进与社会构建——兼论传播学学科发展的着眼点与着手处[J]. 现代出版, 2021(4): 5-8.

张海霞. 新媒体时代下主流媒体新闻传播的创新模式[J]. 记者摇篮, 2021(8): 27-28.

张宏科, 苏伟. 移动互联网技术[M]. 北京: 人民邮电出版社, 2010.

张素. 基于社交媒体的展会品牌传播效果评价研究——来自微博与微信的比较分析[J]. 哈尔滨学院学报, 2021, 42(6): 46-49.

张辛欣. 中国初步建成全球最大规模 5G 移动网络[EB/OL]. https://baijiahao.baidu.com/s?id=1697553660387771957&wfr=spider&for=pc, (2021-04-20)[2021-10-20].

张秀丽, 李开渝, 李智. 从并立到融合: 中国新媒体研究路径及其出路[J]. 中国人民大学学报, 2021, 35(4): 131-140.

张燕翔. 新媒体艺术[M]. 北京: 科学出版社, 2005.

张宇川. 新媒体时代移动短视频的发展困境与治理[J]. 新闻世界, 2021(8): 21-23.

张聿. 新媒体动画的形态特征[J]. 信息与电脑(理论版), 2020, 32(21): 142-144.

赵伟. 社会治理中新闻媒体伦理问题研究[D]. 湖南科技大学, 2019.

赵宇翔, 范哲, 朱庆华. 用户生成内容(UGC)概念解析及研究进展[J]. 中国图书馆学报, 2012, 38(5): 68-81.

郑朔儿. 华为 Mate 40 系列产品宣发中的媒介运营策略分析[J]. 新媒体研究, 2021, 7(8): 62-64, 94.

中共中央网络安全和信息化委员会办公室，中华人民共和国国家互联网信息办公室，中国互联网络信息中心. 第 47 次中国互联网络发展状况统计报告[EB/OL]. http://www.cac.gov.cn/2021-02/03/c_1613923423079314.htm, (2021-02-03)[2021-12-10].

中国电影家协会网络电影工作委员会. 2020 中国网络电影行业年度报告[EB/OL]. https://wenku.baidu.com/view/0234a76e0229bd64783e0912a216147916117ee3.html, (2021-01-15)[2021-10-21].

中国作协网络文学中心. 2020 中国网络文学蓝皮书[EB/OL]. http://www.chinawriter.com.cn/n1/2021/0602/c404023-32119854.html, (2021-06-02)[2021-12-10].

钟瑛, 芦何秋. 中国新媒体社会责任研究报告(2019)[M]. 北京: 社会科学文献出版社, 2020.

周贤善, 王祖荣. 计算机网络技术与 Internet 应用[M]. 北京: 清华大学出版社, 2011.

周晓璐. 浅谈新媒体广告[J]. 中外企业家, 2009(12): 135.

朱梦月, 丁一琦, 张明君. 微博信息传播特点与模式分析[J]. 遵义师范学院学报, 2020, 22(1): 172-176.

朱茜. 预见 2021:《2021 年中国大数据产业全景图谱》(附市场规模、竞争格局、发展趋势)[EB/OL]. https://www.qianzhan.com/analyst/detail/220/201120-25afc839.html, (2020-11-24)[2021-04-07].

朱严峰. 自媒体伦理研究[D]. 广西大学, 2013.

最高人民法院，最高人民检察院. 关于办理利用信息网络实施诽谤等刑事案件适用法律若干问题的解释 [EB/OL]. https://www.spp.gov.cn/spp/zdgz/201309/t20130910_62417.shtml, (2013-09-06) [2021-12-10].

Babbie E. The Practice of Social Research[M]. Cambridge: Wadsworth Publishing, 2006.

Baym N. K. Introduction: Internet research as it isn't, is, could be, and should be[J]. Information Society, 2005, 21(4): 229-232.

Dewdney A., Ride P. The Digital Media Handbook[M]. New York: Routledge, 2013.

Gane N., Beer D. New Media: The Key Concepts[M]. London: Bloomsbury Academic, 2008.

IT168 河北分站. 人工智能 科大讯飞志在何方？ [EB/OL]. http://m.it168.com/article_1678119.html, (2014-10-30)[2021-12-10].

Lievrouw L. A., Livingstone S. The Handbook of New Media: Social Shaping and Consequences of ICTs[M]. London: Sage, 2006.

Manovich L. The Language of New Media[M]. Cambridge: MIT Press, 2002.

Park, D. W., Jankowski N. W., Jones S. The Long History of New Media: Technology, Historiography, and Contextualizing Newness[M]. New York: Peter Lang, 2011.

Rifkin J. The Zero Marginal Cost Society: The Internet of Things, the Collaborative Commons, and the Eclipse of Capitalism[M]. New York: St. Martin's Press, 2014.

Watzlawick P., Bavelas J. B., Jackson D. D. Pragmatics of Human Communication: A Study of Interactional Patterns, Pathologies and Paradoxes[M]. New York: W. W. Norton & Company, 2011.